本书获厦门理工学院学术专著出版基金资助

中国国际发展研究丛书

中国与国际发展融资体系

陈燕鸿　黄梅波◎著

中国社会科学出版社

图书在版编目(CIP)数据

中国与国际发展融资体系 / 陈燕鸿, 黄梅波著. —北京: 中国社会科学出版社, 2017.4

(中国国际发展研究丛书)

ISBN 978-7-5203-0814-4

Ⅰ.①中⋯ Ⅱ.①陈⋯②黄⋯ Ⅲ.①国际金融体系—研究 Ⅳ.①F831

中国版本图书馆 CIP 数据核字 (2017) 第 187366 号

出 版 人	赵剑英
责任编辑	陈雅慧
责任校对	李永斌
责任印制	戴 宽

出　　版	中国社会科学出版社
社　　址	北京鼓楼西大街甲 158 号
邮　　编	100720
网　　址	http://www.csspw.cn
发 行 部	010-84083685
门 市 部	010-84029450
经　　销	新华书店及其他书店
印　　刷	北京君升印刷有限公司
装　　订	廊坊市广阳区广增装订厂
版　　次	2017 年 4 月第 1 版
印　　次	2017 年 4 月第 1 次印刷
开　　本	710×1000 1/16
印　　张	13.75
插　　页	2
字　　数	233 千字
定　　价	66.00 元

凡购买中国社会科学出版社图书,如有质量问题请与本社营销中心联系调换
电话: 010-84083683

版权所有　侵权必究

目　录

导论 …………………………………………………………………………（1）
　　第一节　研究背景 ……………………………………………………（1）
　　第二节　文献综述 ……………………………………………………（2）
　　第三节　研究意义和内容 ……………………………………………（17）
第一章　中国在国际发展融资体系中的地位和角色 ……………………（20）
　　第一节　中国在现有国际发展融资体系中的地位 …………………（20）
　　第二节　国际发展融资的国际需求与中国的参与空间 ……………（27）
　　第三节　中国主导的 MDB 与现有 MDB 的互补性与竞争性分析：
　　　　　　以 AIIB 为例 ………………………………………………（30）
　　小结 ……………………………………………………………………（42）
第二章　新开发银行的治理结构分析：基于主要 MDB 的
　　　　运作实践 ………………………………………………………（44）
　　第一节　NDB 的制度框架 ……………………………………………（44）
　　第二节　NDB 治理结构的特征 ………………………………………（47）
　　小结 ……………………………………………………………………（55）
第三章　新开发银行的业务运作前景分析：基于主要 MDB 的
　　　　运作实践 ………………………………………………………（56）
　　第一节　NDB 的潜在业务规模及财务可持续性分析 ………………（56）
　　第二节　NDB 的业务可持续性分析 …………………………………（64）
　　小结 ……………………………………………………………………（85）
第四章　亚洲基础设施投资银行对治理结构的探索 ……………………（86）
　　第一节　AIIB 的股权、投票权及决策机制 …………………………（86）
　　第二节　AIIB 的董事制度 ……………………………………………（92）

第三节　AIIB的董事席位分配方案 …………………… (100)
小结 ………………………………………………………… (113)

第五章　亚洲基础设施投资银行对业务运作的探索 …………… (115)
第一节　现有MDB最佳实践：项目评估体系 ……………… (115)
第二节　现有MDB最佳实践：事前政策制定 ……………… (128)
第三节　AIIB贷款项目及对环境与社会安全保障政策的
　　　　探索 ………………………………………………… (147)
小结 ………………………………………………………… (162)

第六章　国际发展融资体系的构建与多边发展机构的
　　　　协调合作 ……………………………………………… (163)
第一节　国际发展融资体系中的主体构成 ………………… (163)
第二节　国际发展融资机构的合作与协调 ………………… (172)
小结 ………………………………………………………… (184)

第七章　中国参与国际发展融资体系的效应 …………………… (186)
第一节　发展融资和借款国经济增长：理论分析与实证
　　　　检验 ………………………………………………… (186)
第二节　发展融资与贷款国对外直接投资：理论与案例
　　　　分析 ………………………………………………… (198)
第三节　中国参与国际发展融资体系的效应分析 ………… (208)
小结 ………………………………………………………… (212)

主要缩略语索引 ……………………………………………………… (214)
后记 …………………………………………………………………… (216)

导　　论

第一节　研究背景

国际发展融资，是由一些国家共同投资组建并共同管理的国际金融机构（主要是多边开发银行），为发展中国家提供以发展基础产业为主的中长期贷款，为低收入的贫困国家提供开发项目以及文教建设方面的长期贷款，为发展中国家的私人企业提供小额中长期贷款。

多边开发银行（the Multilateral Development Banks，MDB）作为国际发展融资活动的主要主体，通过为发展中国家提供发展融资，帮助特定地区实现区域经济一体化，以及为其经济和社会发展提供专业咨询等，实现发展与减贫目标。自 1945 年世界银行（the World Bank，WB，当时特指国际复兴开发银行 IBRD）成立后，由 MDB 构成的国际发展融资体系逐步建立并完善，形成了以 WB 为首的全球性 MDB 和多个区域性 MDB，如欧洲复兴开发银行（the European Bank for Reconstruction and Development，EBRD）、欧洲投资银行（the European Investment Bank，EIB）、亚洲开发银行（the Asian Development Bank，ADB）、泛美开发银行（the Inter-American Development Bank，IDB）、非洲开发银行（the African Development Bank，AfDB）等，以及次区域开发银行，如安第斯开发银行（the Andean Development Bank，CAF）。长期以来，国际发展融资体系主要由经济合作与发展组织（the Organization for Economic Co-operation and Development，OECD）国家主导。

过去二三十年来，世界经济格局的发展变化对国际发展融资体系产生了深刻的影响。当前，全球为数众多的国家正处于工业化、城市化的起步或加速阶段，对能源、通信、交通等基础设施存在巨大的需求，它们面临建设资金供给严重不足，技术和经验明显不足的困境。以亚洲为例，据 ADB 估计，在 2010 年至 2020 年 10 年间，亚洲各经济体的基础设施要达到世界平均水平，内部基础设施投资需要 8 万亿美元，区域性基础设施建设另需 3000 亿美元。以上两项相加已接近亚洲各国 GDP 总和的一半。[①] 但随着世界经济增长重心"东移"或"南移"，OECD 国家总体经济增长乏力，财政负担沉重，它们所主导的传统 MDB 供资能力无法大幅增长以适应上述需求。与此同时，随着广大发展中国家尤其是新兴经济体在世界经济中的实力不断增强，地位不断上升，新兴经济体逐渐进入国际发展融资体系并为其带来新的资源和革新动力。以中国为例，近年来中国开始融入全球发展融资体系：一方面，中国逐步增加其在 WB、ADB 及 AfDB 等 MDB 中的出资；另一方面，中国积极发挥自身的比较优势，筹建金砖国家新开发银行（the New Development Bank，NDB）和亚洲基础设施投资银行（the Asian Infrastructure Investment Bank，AIIB）等区域性 MDB。

中国对国际发展融资体系的积极参与得到了众多国家的支持与响应，同时也引发了国际社会的广泛关注与讨论。由中国主导和参与的 MDB 与现有 MDB 之间是否存在重复建设或恶性竞争，其治理结构和业务运行模式是否遵循国际发展融资体系中的一些既定规则，它们的经济效应如何，以及它们对国际发展融资体系的影响如何等都成为亟须探讨和研究的热门课题。

第二节 文献综述

长期以来，相关研究成果是相当丰富的，它们既包括对当前国际发展融资体系的研究，也包括对国际发展融资体系改革最新趋势的研究。

一 对当前国际发展融资体系的研究

对当前国际发展融资体系的研究具体包括对机构的治理结构、运作特征、业绩评估以及经济效果问题的研究。

（一）MDB 的决策机制研究

关于发达国家特别是美国对 MDB 的影响问题。一些文献讨论美国或强权

[①] ADB, Infrastructure for Supporting Inclusive Growth and Poverty Reduction in Asia, 2012. http://www.adb.org/sites/default/files/publication/29823/infrastructure-supporting-inclusive-growth.pdf.

政治对WB贷款的影响，例如Andersen等人（2005）[1]认为美国对1993—2000年的IDA贷款决策具有重大影响。而Dreher等人（2010）[2]通过对WB项目成果进行分级，发现存在潜在政治动机的项目（例如承诺给有联合国安理会非永久性席位或WB执董席位的国家政府的贷款）得到负面质量等级的可能性并不会比其他项目高；但当贷款对象是短期债务水平较高的安理会成员时，出现负面质量等级的可能性就更高。因此，仅当借款方具有经济脆弱性时，WB项目的质量才受害于政治影响。Kilby（2013）[3]发现在WB贷款项目中，那些（尤其对于美国等强势贷款方而言）具有重要地缘政治意义的国家的项目准备期较短，由于这些国家在联合国或WB执董会投票中支持强势贷款方，作为回报WB为它们加速了项目准备。此外，Ascher（1990）[4]、Woods（2006）[5]、Fleck和Kilby（2006）[6]、Harrigan、Wang和El-Said（2006）[7]、Babb（2009）[8]、Dreher等人（2009）[9]、Kilby（2009a[10]、2009b[11]）、Kilby和

---

[1] Andersen, T., Hansen, H. & Markussen, T., "US Politics and World Bank-IDA Lending", *Journal of Development Studies*, 2005, 42（5）：772 – 794. http：//www.econ.ku.dk/okotand/images/IDA050804.pdf.

[2] Dreher, A., Klasen, S., Vreeland, J. & Werker, E., The Costs of Favoritism: Is Politically-Driven Aid Less Effective? IZA Discussion Papers 4820. March 2010. http：//ftp.iza.org/dp4820.pdf.

[3] Kilby, Christopher, "The Political Economy of Project Preparation: An Empirical Analysis of World Bank Projects", *Journal of Development Economics*, 2013, 105：211 – 225.

[4] Ascher, William, "The World Bank and US Control", in Margaret Karns and Karen Mingst（eds.）*The United States and Multilateral Institutions: Patterns of Changing Instrumentality and Influence*, Boston: Unwin Hyman, 1990, pp. 115 – 39.

[5] Woods, Ngaire, *The Globalizers: The IMF, the World Bank, and Their Borrowers*, Ithaca: Cornell University, 2006.

[6] Fleck, Robert K., Kilby, Christopher, "World Bank Independence: A Model and Statistical Analysis of U.S. Influence", *Review of Development Economics*, 2006, 10（2）：224 – 240.

[7] Harrigan, J., Wang, C. & El-Said, H., "The Economic and Political Determinants of IMF and World Bank Lending in the Middle East and North Africa", *World Development*, 2006, 34：247 – 270.

[8] Babb, S., *Behind the Development Banks: Washington Politics, World Poverty, and the Wealth of Nations*, Chicago: University of Chicago Press, 2009.

[9] Dreher, Axel, Sturm, Jan-Egbert, Vreeland, James Raymond, "Development Aid and International Politics: Does Membership on the UN Security Council Influence World Bank Decisions?" *Journal of Development Economics*, 2009, 88：1 – 18.

[10] Kilby, Christopher, "The Political Economy of Conditionality: An Empirical Analysis of World Bank Loan Disbursements", *Journal of Development Economics*, 2009, 89（1）：51 – 61.

[11] Kilby, Christopher, Donor Influence in International Financial Institutions: Deciphering What Alignment Measures Measure, Villanova School of Business Economics Working Paper No. 8, 2009.

Bland（2012）① 以及 Kilby（2013）② 等都研究了美国对 WB 贷款决策的影响力。部分学者研究了美国对区域性 MDB 的影响，如 Kilby 和 Bland（2012）③ 指出，与针对 WB、ADB 的研究结论不同的是，在 IDB 中，并没有充分证据表明美国在 IDB 中存在持续的非正式影响力。此外还有 Schoultz（1982）④ 以及 Kilby（2006）⑤ 等都对此有研究。

关于其他发达国家对区域性 MDB 的影响。例如日本和 ADB 的关系，Wan（1996）⑥ 认为，虽然 1972 年之后日本变得更加强大，但也逐渐降低对其在 ADB 中的直接经济利益的关注，日本官方对其在 ADB 中利益的定义主要着眼于财务省与 ADB 之间的紧密联系。Lim 和 Vreeland（2013）⑦ 通过研究日本在 1968—2009 年对 24 个发展中国家（同时是联合国安理会成员）提供的贷款，发现临时安理会成员获得的 ADB 贷款显著增加，这种趋势在 1985 年后日本加大介入多边组织时期尤为明显。Kilby（2011）⑧ 认为日本对 ADB 的许多影响是通过"非正式"渠道产生，有趣的是，日本的这种影响只有在研究样本不包括中国时才比较显著。Nielson 和 Tierney（2006）⑨ 通过研究 1980—2000 年 WB、AfDB、ADB、IDB 和伊斯兰开发银行（the Islamic Development Bank，IsDB）发放的超

---

① Kilby, C. & Bland, E., Informal Influence in the Inter-American Development Bank, Villanova School of Business Economics Working Paper No. 22, 2012.

② Kilby, Christopher, "An Empirical Assessment of Informal Influence in the World Bank", *Economic Development and Cultural Change*, 2013, 61（2）: 431-464.

③ Kilby, C. & Bland, E., Informal Influence in the Inter-American Development Bank, Villanova School of Business Economics Working Paper No. 22, 2012.

④ Schoultz, Lars, "Politics, Economics, and U.S. Participation in Multilateral Development Banks", *International Organization*, 1982, 36（3）: 537-574.

⑤ Kilby, Christopher, "Donor Influence in Multilateral Development Banks: the Case of the Asian Development Bank", *The Review of International Organizations*, 2006, 1（2）: 173-195.

⑥ Wan, Ming, "Japan and the Asian Development Bank", *Pacific Affairs*, 1995-1996, 68（4）: 509-528.

⑦ Lim, Daniel Yew Mao & Vreeland, James Raymond, "Regional Organizations and International Politics: Japanese Influence over the Asian Development Bank and the UN Security Council", *World Politics*, 2013, 65（1）: 34-72.

⑧ Kilby, Christopher, "Informal Influence in the Asian Development Bank", *The Review of International Organizations*, 2011, 6（3-4）: 223-257.

⑨ Nielson, Daniel L. & Tierney, Michael J., Principals and Interests: Common Agency and Multilateral Development Bank Lending, November 2006. http://www.princeton.edu/~pcglobal/conferences/IPES/papers/nielson_tierney_F200_1.pdf.

过 7500 笔贷款，认为 MDB 的环境改革、环境贷款发放的频率与执董会中国家联盟的环境偏好显著正相关。

关于发展中国家或借款方与多边发展融资机构的决策问题。Krasner（1981）[①]研究发展中国家在 IDB、ADB 和 AfDB 三大主要区域性 MDB 中的情况。在 IDB 中，发展中国家成员同时具有影响力和资金安全；在 ADB 中，发展中国家成员具有资金安全但几乎没有影响力；而在 AfDB 中，它们具有影响力但没有资金安全。这归因于三大银行中的权力结构不同：IDB 在霸权结构下运行；ADB 在两极结构下运行；而 AfDB 在多极结构下运行。Humphrey 和 Michaelowa（2013）[②]依据股东结构将多边发展融资机构分为三种类型：由非借款方主导的机构（如 WB）、由借款方主导的机构（如 CAF）以及非借款方和借款方力量较为均衡的机构（如 IDB）；认为在多边发展融资中，来自借款方的需求因素正发挥越来越重要的作用。

（二）MDB 的内在运行特征及比较研究

一些文献研究了 MDB 的运行特征并对其进行了比较，试图探寻其角色实质。White（1970）[③]全面研究了 ADB、AfDB 和 IDB 三大区域性 MDB，认为虽然它们的创设原因表面上是类似的，但其内在特征因各自环境差异而存在极大不同；事实上，将"区域性开发银行"作为一种区别于其他金融机构的"银行"类别是一种错觉。Artzi（2005）[④]关注区域性开发银行对"发展"的作用与其作为"银行"的作用，研究认为，它们具有相互冲突的特征：在结构和运作政策上类似于私营银行，但正式制度安排是旨在帮助发展中国家减贫和发展。论文通过对四大主要区域性开发银行（IDB、AfDB、ADB 以及 EBRD）的比较，认为区域性开发银行的运行并不完全遵循"开发机构"或"银行"中的任一种模式（它们并不必然是发展中国家私人投资的"催化剂"，也不同于私人银行）；它们都

---

① Krasner, Stephen D., "Power Structures and Regional Development Banks", *International Organization*, 1981, 35 (2): 303–328.

② Humphrey, Chris and Michaelowa, Katharina, "Shopping for Development: Multilateral Lending: Shareholder Composition and Borrower Preferences", *World Development*, 2013, 44: 142–155.

③ White, J., *Regional Development Banks: A Study of Institutional Style*, 1970, London, Produced by Penna Press, St. Albans: Overseas Development Institute Ltd.

④ Artzi, Ruth Ben, Great Expectations: Banking on Development the Case of Regional Development Banks, Degree of Doctor of Philosophy, Columbia University, 2005.

是风险规避者，并不会将大规模贷款都提供给非区内最贫困的国家；它们也并非完全是执董会强权国家的外交政策工具，但没有霸权势力的介入就会缺乏有效性；虽然区域性MDB之间具有相似的创设结构，但它们所提供的产品体现了各自成员国及机构特征。

Humphrey（2014）[①]指出，借款方与非借款方股权占比对MDB贷款定价有重大影响。长期以来，WB（非借款方主导）、IDB（借款方和非借款方力量相当）和CAF（借款方主导）的贷款成本波动幅度都相当大，且大致趋势相同，MDB受国际资本市场价格波动的影响，且通过调整贷款利率向借款者转移了供资风险；CAF的贷款成本高于WB和IDB，但其贷款利率仅略高于WB和IDB，而IDB贷款利率则经常略低于WB贷款利益；股权结构通过影响利息收益及其分配、所有者权益积累方式等，最终影响了贷款定价。

Prada（2012）[②]通过比较研究关注MDB的内在发展动力，他认为在拉美地区，MDB以及其他发展融资来源之间的竞争与合作平衡已经形成了分散的、以客户为导向的体系。MDB中存在三种动力：MDB之间的劳动分工和比较优势；在资金实力、内部成本和发展有效性之间寻找平衡；考虑净收入的分配以增强向成员国提供服务的能力，上述三种动力影响到MDB的运行优势和未来潜力。

（三）MDB的业绩评估研究

为了更好地衡量MDB，通用业绩评估标准和最佳实践标准体系的建立受到重视。WB、AfDB、ADB、EBRD、IDB以及伊斯兰开发银行（the Islamic Development Bank）等机构于2005年建立了MDB的通用业绩评估体系（Common Performance Assessment System，COMPAS），用于跟踪MDB对发展结果的管理能力。COMPAS已成为确定的、公认的关于MDB内部及之间进行建设性对话以及参与方更具针对性地管理发展结果（Managing for Development Results，MfDR）的报告。COMPAS着重衡量MDB实施和改善业务运作过程的能力。虽然COMPAS为各MDB间的相互学习提供了

[①] Humphrey, Chris, "The Politics of Loan Pricing in Multilateral Development Banks", *Review of International Political Economy*, 2014, 21 (3): 611–639.

[②] Prada, Fernando, World Bank, Inter-American Development Bank, and Sub-regional Development Banks in Latin America: Dynamics of a System of Multilateral Development Banks, Asian Development Bank Institute Working Paper No. 380, September 2012, Manila: ADB.

机会，但它的目的并非直接比较各机构。COMPAS 的发展可参见 WB 等 (2012)[①] 的说明。此外，评估合作小组（Evaluation Cooperation Group, ECG)[②] 出台了 MDB 的最佳实践标准（Good Practice Standards，GPS)，对 MDB 的治理和评估独立性、公共部门的运作、私人部门的运作以及国家战略和计划等方面都做出规定。[③]

Kindornay 和 Besada（2011)[④] 指出为加强多边发展合作，国际社会必须就透明的、广泛运用的多边评价框架达成一致，减少重叠并提高多边发展合作体系的有效性，这种框架应该能够识别机构之间存在的重叠，并指明 MDB 如何且在何种程度上致力于对发展结果产生作用，设立业绩标准，建立淘汰机制将未能改进有效性的机构清除出局。Nelson（2003)[⑤] 指出，MDB 意识到必须将透明度作为良好治理的一个原则。关于政策和项目的信息公布是透明度的核心内容，五大 MDB 都在 20 世纪 90 年代采取了新政策提高此类信息的可获性。这对于提高社会和环境保障（Environmental and Social Safeguards）的有效性并确保获得公共支持是非常重要的。但 MDB 的部分政策有时与透明度相矛盾，每个 MDB 在向私营企业提供贷款时调整了信息发布规则，给予企业客户更大的自由裁量权，同时企业项目对环境和社会的影响存在较大的争议。WB（2011)[⑥] 认为，总体

[①] WB et al., Common Performance Assessment System（COMPAS）2012, http://www.mfdr.org/Compas/index.html.

[②] 成立于 1996 年，成员包括 AfDB、ADB、EBRD、EIB、IDB、国际农业发展基金评估办公室（International Fund for Agricultural Development Office of Evaluation）、IMF 独立评估办公室（International Monetary Fund Independent Evaluation Office）、伊斯兰开发银行业务评估部（Islamic Development Bank Group Operations Evaluation Department）以及 WB 独立评估小组（World Bank Group Independent Evaluation Group）。

[③] ECG, Good Practice Standards, 2012, https://wpqr4.adb.org/LotusQuickr/ecg/Main.nsf/h_9BD8546FB7A652C948257731002A062B/daf1de8e9ecece6c48257731002a0631/?OpenDocument.

[④] Kindornay, Shannon & Besada, Hany, Multilateral Development Cooperation: Current Trends and Future Prospects, Multilateral Development Cooperation: Current Trends and Future Prospects, Canadian Development Report 2011, pp. 11 – 26. http://cso-effectiveness.org/IMG/pdf/cdr2011_kindornaybesada.pdf.

[⑤] Nelson, Paul J., "Multilateral Development Banks, Transparency and Corporate Clients: 'Public-Private Partnerships' and Public Access to Information", *Public Administration and Development*, 2003, 23: 249 – 257, Published online 28 May 2003 in Wiley InterScience.

[⑥] World Bank, The World Bank Aid and Effectiveness: Performance to Date and Agenda Ahead, November, 2011.

上多年来 WB 在构建国际援助有效性议程方面起了关键作用。CIDA（2013）[1] 则以 ADB 的援助效果评估为研究对象，探讨了 ADB 在 2006—2010 年所批准的项目中的援助有效性，指出大部分项目达到了发展有效性目标和预期结果，但援助结果和效益的可持续性有待于改进，在 38 份相关评估报告中有 20 份报告指出此项标准"不令人满意"或更差。

（四）MDB 贷款的经济效果

大部分文献关注 MDB 贷款对"借款方"经济增长和社会发展的作用和影响，也有部分文献研究 MDB 贷款对"贷款方"的影响。

1. 对借款方的经济影响

大部分学者认为发展融资对借款方经济增长具有正向作用。Kimura 和 Todo（2010）[2]通过引力方程研究发现，日本提供给欠发达借款方的发展融资对促进后者的外国直接投资确实存在正向效应，但这种正向效应基本来自于日本对该借款方的直接投资，即日本所提供的发展融资并未吸引来自第三国的直接投资。Massa（2011）[3] 研究 MDB 对宏观经济的影响，将广义矩估计用于面板数据分析，以 1986—2009 年的 101 个国家为样本，研究认为 MDB 的投资对借款方经济增长起到显著的正向作用，并且这种作用在低收入国家强于在高收入国家。MDB 的投资承诺每增加 10%，可使低收入国家的经济增长 1.3%，高收入国家的经济增长 0.9%。MDB 投资于基础设施、工农业部门，对促进经济增长的作用最大，低收入国家主要受益于农业和基础设施，而高收入国家主要受益于基础设施和工业部门。Mallick 和 Tomoe（2005）[4] 采用政策驱动增长模型对 30 个国家的样本数据进行处理，统计和动态面板预测均显示，在控制汇率、国内信贷增长率以及通胀率的条件下，WB 贷款的增长对发展中国家的经济增长和宏

---

[1] Canadian International Development Agency (CIDA), Development Effectiveness Review of the Asian Development Bank 2006 – 2010, March 2013, Final Report. p. 18. www.oecd.org/development/evaluation/Devel_ Effectiveness_ ADB_ MAY2013. pdf.

[2] Kimura, H. & Todo, Y., "Is Foreign Aid a Vanguard of Foreign Direct Investment? A Gravity-Equation Approach", *World Development*, 2010, 38 (4): 482 – 497.

[3] Massa, Isabella, Impact of Multilateral Development Finance Institutions on Economic Growth. August 2011, http://www.odi.org/publications/5980-impact-multilateral-development-finance-institutions-economic-growth.

[4] Mallick, S. & Tomoe M., "Impact of World Bank Lending in An Adjustment-Led Growth Model", *Economic Systems*, 2005, 29 (4): 366 – 383.

观经济指标存在显著的正向效应。胡鞍钢（2005）[①] 认为国际金融公司（IFC）对华贷款项目是中国实行对外开放的重要起点和重要组成部分，对中国的经济增长、私人投资和外国直接投资均产生了很强的引致效应；在中国中西部地区，贷款项目是直接促进了经济增长，在中国东部地区，贷款项目通过改善投资环境促进私人投资和外国直接投资间接地促进经济增长。胡鞍钢、王清容（2005）[②] 以柯布—道格拉斯生产函数的派生模型为基础建立了修正模型，分别利用 1978 年以来的国家和省级两层数据，对中国经济增长作了一个尝试性的评价。研究指出，20 世纪 90 年代的数据表明，国际金融机构贷款在拉动中国西部地区的经济增长方面效率最高；90 年代以后，国际金融组织贷款在东部的边际贡献已经不突出，东部的发展已经不再处于投资拉动的阶段。

少部分文献认为发展融资对借款方经济造成负面影响。例如，Dženan Donlagié、Amra Kožarié（2010）[③] 认为国际融资机构（IMF、WB）在为经济基本面较差的国家筹集资金以及帮助其维持长期经济增长和发展方面并不成功；此外，这些国际金融机构在促进减贫，增加发展中国家参与、创造更加有效的贷款机制等方面并未取得实质性进展。

2. 对贷款方的经济影响

各国积极参与国际融资体系，一方面是着眼于帮助发展中国家及欠发达国家的经济社会建设，另一方面也有其自身的战略考虑，通过发展融资机构增加发展融资贷款，加强与受援方的经贸交流，可促进援助方对受援方的直接投资，从而有利于援助方的经济增长。夏路（2003）认为美国推行所谓的"欧洲复兴计划"的目的之一在于以恢复西欧经济为手段，促进美国自身经济发展。[④] 张博文（2014）认为，日本对东南亚的政府贷款也大大加强了日本与东南亚的贸易投资关系。[⑤] 袁新涛（2014）认为，

[①] 胡鞍钢：《国际金融组织对华贷款的宏观经济评估（1981—2001）》，《开放导报》2005 年第 6 期。

[②] 胡鞍钢、王清容：《1981—2002 年间国际金融组织贷款对中国经济增长的贡献研究》，《当代经济科学》2005 年第 1 期。

[③] Dženan Donlagié & Amra Kožarié, Justification of Criticism of the International Financial Institutions, Economic Annals, 2010, 55 (186), http://www.doiserbia.nb.rs/img/doi/0013 – 3264/2010/0013 – 32641086115D. pdf.

[④] 夏路：《论马歇尔计划对西欧经济的影响》，《阴山学刊》2003 年第 3 期。

[⑤] 张博文：《日本对东南亚国家的援助：分析与评价》，《国际经济合作》2014 年第 4 期。

中国积极促进丝绸之路经济带建设,有利于加强中国与亚洲国家和世界各地的基础设施投资和经贸交流。①

二 国际发展融资体系的改革及新兴市场国家的崛起

近年来,国际发展融资体系改革及其最新趋势主要体现在以下几个方面。

第一,新兴经济体的介入显著增多,原"借款方"的作用逐渐增强;部分借款方转变为贷款方,并积累了一些独特的经验。此外,部分借款方转变为贷款方。20世纪90年代中期以来,新兴经济体和发展中国家经济飞速发展并积累了大量的外汇储备,中国、印度、印尼、巴西、墨西哥和秘鲁等国,作为WB的主要借款方的同时,也逐渐成为贷款方。特别是中国,主导建立了AIIB和NDB等新的发展融资机构,同时,利用自身在30余年的改革发展进程中形成的"中国发展经验"和"开发式扶贫"等有效做法助力其他落后国家的经济发展。

第二,国际发展融资机构(包括各MDB、基金和其他私人部门)越来越多样化,且它们间出现了复杂的伙伴关系网络和共同融资安排。职能、法律要求和融资程序的差异,以及无效率、无效果和角色重叠等问题使各主体间的协调尤显重要。例如,随着私人部门作用的增强,对加强公私部门间的合作(包括公共部门与私人企业合作伙伴关系,Public Private Partnership,PPP)的关注逐渐增多。IFC(2011)②、Tomlinson(2012)③ 全面分析、考查了私人部门在全球发展融资中的现状、问题及角色和作用。Davies(2011)④、Griffiths等人(2014)⑤ 指出当前吸引私人资本作为发展融

---

① 袁新涛:《丝绸之路经济带建设和21世纪海上丝绸之路建设的国家战略分析》,《东南亚纵横》2014年第8期。

② IFC, International Finance Institutions and Development through the Private Sector, 2011.

③ Tomlinson, B. et al., Aid and the Private Sector: Catalysing Poverty Reduction and Development? Philippines, 2012, published by IBON International IBON Center, the Reality of Aid International Coordinating Committee.

④ Davies, Penny, The Role of the Private Sector in the Context of Aid Effectiveness, Consultative Findings Document of OECD, February 2011, http://www.oecd.org/dac/effectiveness/47088121.pdf.

⑤ Griffiths, J., Marttin, M., Pereira, J. & Strawson, T., Financing for Development Post – 2015: Improving the Contribution of Private Finance, Paper Requested by the European Parliament's Committee on Development, April 2014, http://www.europarl.europa.eu/RegData/etudes/etudes/join/2014/433848/EXPO-DEVE_ET(2014)433848_EN.pdf.

资的贷款方的政策存在不足。Lancaster（2006）[①]认为在私人部门作为发展融资的借款方问题上，问责性以及数据和评估质量等都亟待改善。另有学者认为，随着中国主导的新兴发展融资机构的进入，国际发展融资领域变得更为多元化、碎片化；各机构之间标准的统一变得更加重要。[②]

第三，发展融资的新议题不断地被提出。Birdsall（2013）[③]认为，现有MDB和日益壮大的国家开发银行及以借款方为导向的发展银行将成为未来两大主要发展融资主体；到2030年外来援助的重点将从消除贫困转向增加发展中国家的中等消费，而这将主要通过"借贷"而非传统的官方发展援助来实现；未来，高收入国家向全球公共产品提供融资将逐渐取代当前的双边ODA。随着基础设施建设需求增加，可持续发展融资（基础设施建设、气候变化、环境治理）的重要性日益凸显；同时，为避免中等收入陷阱，发展中国家需加大教育、人力资源投资，快速城市化要求的医疗保健水平的提升，这些内容都将进入发展融资议题。特别是在基础设施建设方面，2014年G20布里斯班峰会的重要进展之一是确认了有必要创建并维系能够承担巨额基础设施投资的开发银行。WB等MDB（2014）[④]发表联合声明，欢迎新的G20全球基础设施协议（the G20 Global Infrastructure Initiative）并期待为其实施出力；推动发展WB旗下的"全球基础设施基金"（The Global Infrastructure Facility，GIF）；支持在悉尼建立一个以知识共享、数据收集为基础的新的全球基础设施中心（Global Infrastructure Hub），承诺共同致力于知识共享并创设基础设施网络。Wiener（2014）[⑤]强调了可持续基础设施在融资体系重构中的重要

---

① Lancaster, C., Nuamah, K., Lieber, M., & Johnson, T., Foreign Aid and Private Sector Development, Report of Watson Institute for International Studies, 2006, http://www.watsoninstitute.org/pub/ForeignAid.pdf.

② Elgin-Cossart, Molly & Melanie Hart, China's New International Financing Institutions Challenges and Opportunities for Sustainable Investment Standards, September 22, 2015, Center for American Progress, https://cdn.americanprogress.org/wp-content/uploads/2015/09/21140703/RaceToTheTop-brief.pdf.

③ Birdsall, Nancy, 2013, The Future of Aid – 2030: ODA No More, http://www.globalpolicyjournal.com/blog/08/11/2013/future-aid-2030-oda-no-more (accessed 1 December 2013).

④ WB et al., Statement by the Heads of the Multilateral Development Banks and the IMF on Infrastructure, 2014, http://www.imf.org/external/np/msc/2014/111214.pdf.

⑤ Wiener, Daniel, Sustainable Infrastructure as An Asset Class, Ecology, Economy and Social Responsibility, January 19, 2014, http://www.gib-foundation.org/content/uploads/2014/03/Sustainable-Infrastructure-as-an-Asset-Class_V7.1.pdf.

性。Miyamoto 和 Biousse（2014）[①] 考察了双边和多边贷款方对发展中国家基础设施建设中的私营部门参与者的支持，指出针对基础设施的官方发展融资呈增长趋势，且相当大的比例是对私营部门的直接支持，但其中近 70% 提供给了中高收入国家的基础设施；对私人部门的支持中，60% 流向能源行业，特别是水力、风力、太阳能和热能等可再生能源，其次是交通、通信和供水等。

第四，新兴市场国家的介入，使对原有国际发展融资体系进行改革的必要性进一步得到认可。托森伯格等人（2012）[②] 认为，过去二三十年以来，发展融资体系发生了巨大变化，反映了世界经济的重大调整：发展融资体系历史上由 OECD 国家主宰，随着新兴经济体的崛起，它们也积极地融入发展融资体系，并带来新的资金资源、改革创新动力和知识。Einhorn（2006）[③] 和 Mallaby（2005）[④] 等在谈及 WB 改革时，也都意识到新兴经济体从借款方转变为贷款方这一事实。Kanbur（2013）[⑤] 指出，当旧体系原则上是可改革以反映新的现实经济比重时，（新兴经济体）创设新的机构是无效率的；对现有机构进行根本性的改革是首选；同时他也意识到传统贷款方不愿支持这种改革。Wihtol（2014）[⑥] 将二战后多边发展融资体系的发展划分为五个阶段，指出当前第五个阶段正在形成；非发展合作安排体系内的银行（指非 DAC 成员）所发挥的作用越来越大；多边发展融资体系可能出现分化，由新兴经济体主导的发展融资机构将淡化与其他机构（主要指 DAC 成员）的协作并建立起经济、发展、环境、社会和治理标准；旧体系迎来了实质性改革的机会。郭红玉、任玮玮（2014）[⑦] 认为金砖国家在世界经济中的地位与其在国际金融体系中的地位并不匹

[①] Miyamoto, K. and K. Biousse, Official Support for Private Sector Participation in Developing Country Infrastructure, OECD Development Co-operation Working Papers No. 19, July 2014, OECD Publishing, http://dx.doi.org/10.1787/5jz14cd40nf0-en.

[②] 阿克塞尔·冯·托森伯格、罗西奥·卡斯特罗、叶玉：《发展融资体系概览》，《国际展望》2012 年第 9 期。

[③] Einhorn, J., "Reforming the World Bank", *Foreign Affairs*, 2006, pp. 17 – 23.

[④] Mallaby, S., "Saving the World Bank", *Foreign Affairs*, 2005, pp. 75 – 85.

[⑤] Kanbur, R., India, the World Bank, and the International Development Architecture, Presentation delivered on 15 May 2013, Center for Global Development, p. 24.

[⑥] Wihtol, Robert, Whither Multilateral Development Finance? Asian Development Bank Institute Working Paper No. 491, July 2014.

[⑦] 郭红玉、任玮玮：《金砖银行：金融合作的新丝绸之路》，《学术前沿》2014 年第 18 期。

配，NDB将有利于金砖国家在促进发展中国家基础设施建设和平衡国际收支方面发挥更大的作用，也将对金砖国家出口贸易、对外投资带来积极影响，同时也将加强金砖国家特别是中国对其他发展中国家的影响力。

第五，在国际发展融资体系改革过程中，中国的角色转变和作用受到关注和认可；西方国家逐渐顺应潮流。Heilmann等人（2014）指出，当前中国通过AIIB以及一系列周边外交举措正使全球金融和货币秩序产生惊人的变化，以中国为中心的并行机制使西方货币和西方主导的国际组织明显弱化。[1] Griffith-Jones（2015）认为AIIB和NDB等机构的产生，将为现有发展融资框架提供有益补充，同时，标志着中国在国际发展融资框架中的作用增强；"南南合作"的增加意味着发展中国家和新兴经济体的作用增强。[2] 孔玥（2015）指出，AIIB的建立是中国在新时期转变外交观念主动作为，实施新一轮周边金融外交政策的重大举措，是扩大中国在大湄公河次区域影响力，提高中国国际话语权，拓宽周边金融外交新维度，提升软实力的重要保障。[3] 对此，许多学者指出，西方国家必须顺应潮流，适应中国在国际发展融资领域的战略调整，并与中国等新兴经济体合作。当前中国的外交战略逐渐从"韬光养晦"转向"有所作为"。中国团结了一群志同道合的国家，通过构建"小多边主义"，为增强在全球治理领域的影响力另辟蹊径。为确保中国的这种外交政策新趋势有助于推进全球层面的多边合作，国际社会应努力适应中国的改革日程，同时，鼓励中国的小多边主义保持"开放"的形式。而对此，最佳的途径是保持西方的小多边安排也对中国开放。[4] Wihtol（2015）指出，中国正向全球金融架构发起挑战。对此，西方国家应及时使新兴经济体在布雷顿森林机构中的地

---

[1] Heilmann, S. et al., China's Shadow Foreign Policy: Parallel Structures Challenge the Established International Order, China Monitor of Mercator Institute for China Studies, No. 18, October 28, 2014. http://www.merics.org/fileadmin/templates/download/china-monitor/China_ Monitor_ No_ 18_ en.pdf.

[2] Griffith-Jones, Stephany, The Role of the BRICS Bank in the Development Finance Architecture, German Development Institute Briefing Paper 13/2015, 2015, https://www.die-gdi.de/uploads/media/BP_ 13.2015.pdf.

[3] 孔玥：《新时期中国周边金融外交战略——以亚投行筹建对GMS成员国影响为例》，《云南社会科学》2015年5月。

[4] Wang, Hongying, From "Taoguang Yanghui" to "Yousuo Zuowei": China's Engagement in Financial Minilateralism, CIGI Papers No. 52, December 2014, https://www.cigionline.org/sites/default/files/cigi_ paper_ no52.pdf.

位获得有效提升；应及时意识到新的经济现实，抓住机遇，加入中国主导的新机构，与中国和其他新兴经济体开展合作。① 认为AIIB意味着中国外交的胜利和美国外交的受挫的学者为数众多，例如Dollar（2015）②，他指出AIIB完全有可能通过竞争证明其有效性，它是对现有体系的有益补充；AIIB致力于"硬件"方面的一体化，而TPP则致力于"软件"方面的一体化，未来双方合作（即中国加入TPP，美国加入AIIB）的可能性大于对抗的可能性。王达（2015）认为，面对"AIIB热"，美国需要深刻反思；中国经济的崛起是经济全球化进程的必然结果，世界应当认识到这一点并有所呼应。③ 还有一些学者对中国所产生的具体影响程度作出判断。例如，王达和项卫星（2015）认为由中国主导的AIIB是当前全球金融治理领域最为重要的事件之一。"AIIB热"折射出的主要问题是经济问题政治化、区域问题全球化、多边问题双边化以及技术问题复杂化；AIIB对全球金融治理的冲击更多的是观念层面上而非实际意义上的冲击，其全球金融治理意义则是增量上的改革以及对全球金融治理体系的贡献和改变。④ Renard（2015）指出，中国首次创造了在全球范围内广受认可的新多边机构，展示了领导力和说服力。这可能是时代变革的标志，可能意味着以西方为中心的秩序的结束；同时，在可预见的将来，现有秩序并不会发生"断裂"性的结果。⑤

三 文献评价

已有文献深入探讨了与国际发展融资体系相关的广泛议题，同时新形势下的某些相关问题尚未得到系统、深入研究。

---

① Wihtol, Robert, Beijing's Challenge to the Global Financial Architecture, Georgetown Journal of Asian Affairs, Spring/Summer 2015, https://asianstudies.georgetown.edu/sites/asianstudies/files/GJAA%202.1%20Wihtol,%20Robert_0.pdf.

② Dollar, David, China's Rise as a Regional and Global Power The AIIB and the "One Belt, One Road", Horizons, Summer 2015, No. 4, http://www.brookings.edu/~/media/research/files/papers/2015/07/15-china-rise-as-regional-and-global-power-dollar/china-rise-as-regional-and-global-power.pdf.

③ 王达：《亚投行的中国考量与世界意义》，《东北亚论坛》2015年第3期。

④ 王达、项卫星：《亚投行的全球金融治理意义、挑战与中国的应对》，《国际观察》2015年第5期。

⑤ Renard, Thomas, The Asian Infrastructure Investment Bank: China's New Multilateralism and the Erosion of the West, Security Policy Brief of EGMONT Royal Institute for International Relations No. 63, April 2015, http://www.egmontinstitute.be/wp-content/uploads/2015/04/SPB63-Renard.pdf.

(一) 已有文献的贡献及研究趋势

关于国际发展融资机构的决策机制的研究受到了广泛重视，在这一领域的文献中，以 WB 或美国（主要是美国对 WB 的影响，少部分涉及对区域性 MDB 的影响）为研究对象的居多，其次是关注其他发达国家对区域性 MDB 决策的主导性影响（例如日本与 ADB），以发展中国家或借款方为研究对象的较少。总体上，强势股东对国际发展融资机构的决策过程和结果存在政治影响力；这种影响力在借款方经济实力越弱时越显著；发展中国家或借款方在国际发展融资机构中总体处于弱势地位，但来自借款方的需求因素的作用逐渐显现。

发展银行究竟是"发展机构"还是"银行"？一部分文献研究了 MDB 的运行实质。它们显然有别于商业"银行"；但实际上，不同发展融资机构之间的个体差异非常大；即便被统称为"发展机构"，它们仍具有显著不同的运作特征；它们之间的运作差异体现于发展历史、股东结构和决策规则、金融产品类型、定价水平及定价机制等。

多边发展机构通用业绩评估体系（COMPAS）和评估最佳实践标准（GPS）的建立和不断完善是客观衡量发展融资业绩、大力加强多边发展合作的重要基础，部分文献关注这一领域。但目前对这一领域的研究仍存在许多值得进一步思考的问题，例如，上述体系主要基于西方发达国家标准，在指标体系设置、数据统计口径方面没有考虑到发展中国家的实际情况，存在适用性问题；上述体系对公共部门与私营部门的要求存在一定程度上的不一致性，给予私营企业更大的自由裁量权；对存在职能重叠、无效率或无效果的情形或机构缺乏有效的解决机制。

近年来，"MDB 贷款的经济效果"也日益受到关注。发展融资对"借款方"经济增长的正向影响总体上得到认可，但学者们对这种正向影响的来源及作用机制存在不同看法，所采取的研究方法也各有特点。关于发展融资对"援助方"经济影响的研究仍然较为缺乏，但总体上其正向作用也同样受到认可。

鉴于世界经济政治格局变化所产生的影响，关于"国际发展融资体系的改革及新兴市场国家的崛起"的研究也显著增多。众多文献意识到新兴经济体作用的增强以及原有的国际发展融资体系正面临改革与调整的总体趋势，但对是否有形成新体系的必要性存在不同看法；随着新兴经济体的崛起和中等收入国家的增多，关于基础设施、气候变化等新的发展议题逐渐受到更多关注,未来对它们的研究也将进一步增多。

(二) 已有文献的不足

首先,不少文献主要体现西方国家立场。例如,在探讨 MDB 的发展趋势和发展融资效果问题时,相当多的文章立足于西方国家(或 DAC 成员),对新兴经济体及其所主导的发展融资机构持有先入为主的偏见或怀疑态度。例如,Wihtol (2014)[1] 指出"'非发展合作安排体系'内的银行所发挥的作用越来越大",特指"非 DAC 成员",将西方发达国家所设立的规则和体系理所当然地归为"正统";他又进一步指出,已有证据表明发展融资体系已出现了"分化",同时对新兴经济体及其所主导的发展融资机构是否要实现真正的多边化,是否将在国家层面上提供透明的数据,是否会与已有机构存在职能上的重叠与冲突,是否能够提高融资体系的效率等问题表示极大担忧。事实上,这些问题都未以借款方的经济发展为首要目标,同时,其潜在的假设似乎是已有国际发展融资体系已然十分完善,而这是有失偏颇的。再如,Hermano 和 Martín-Cruz (2013)[2] 认为相对于通过非政府组织的发展融资资金传输渠道而言,双边融资方式更为复杂并具有更大的劣势和风险。当然也有一些持有中立立场的文章,例如 Greenhill 等人 (2013)[3] 认为,各贷款方在不同的融资模式下共同学习更具建设性,而不必试图就"一刀切"的发展融资方式达成一致。但此类文章少之又少。

其次,已有文献鲜有涉及新兴经济体和发展中国家作为一种独立的角色对发展融资体系产生作用与影响的问题。例如,在大部分文献中"贷款方"是指 DAC 成员,"借款方"是指广大新兴经济体和发展中国家。虽有少数文献意识到新兴经济体作为"贷款方"的事实,但它们并未系统地分析新兴经济体及其主导的发展融资机构对发展融资体系的具体参与情况及实际效果。再如,已有文献也基本未反映广大"借款方"对发展融资体系发展变化的推动作用。战后建立的传统发展融资体

---

[1] Wihtol, Robert, Whither Multilateral Development Finance? Asian Development Bank Institute Working Paper No. 491, July 2014.

[2] Hermano, Víctor & Martín-Cruz, Natalia, How to Deliver Foreign Aid? The Case of Projects Governed by the Spanish International Agency, World Development, 2013, 43: 298 – 314.

[3] Greenhill, R., A. Prizzon & A. Rogerson, The Age of Choice: Development Countries in the New Aid Landscape, ODI Working Papers 364, Overseas Development Institute, London. January 2013. http://www.odi.org/sites/odi.org.uk/files/odi-assets/publications-opinion-files/8188.pdf.

系（包括机构及规则）由西方发达国家主导，把发展融资贷款与借款方的社会发展和民主化进程相结合，在为发展项目提供贷款时附加种种政治条件，强调人权、民主及自由市场经济秩序，而发展中国家反对过分强调"发展融资"本身，认为经济增长的主要动力来自发展中国家自身，必须使发展融资服务于国家整体发展战略。近年来，作为借款方的发展中国家的诉求逐渐受到重视，DAC国家开始意识到，发展融资应适当基于受援方的政策目标和选择，而这种变化与借款方、贷款方之间的长期互动是分不开的。

再次，已有文献未分析在新的经济格局下，如何建设更加和谐有效的、更具包容性的全球发展融资网络，今后新兴经济体如何更好地融入发展融资体系的问题。当前的发展融资体系中存在诸多需要进一步思考的问题：新兴经济体和发展中国家力求在全球治理结构（包括发展融资体系）中获得相应的投票权和发言权，已有发展融资机构（如 WB 和 ADB）都受制于西方发达国家，它们避免来自新兴经济体的大规模注资，但同时又无法从其他途径有效地获取充足资金；包括中国、印度在内的广大发展中国家力图寻找其他途径（包括设立 NDB 和 AIIB 等新的发展融资机构）以提升自身地位，这些机构对借款方和贷款方双方的经济发展将产生怎样的效应；它们与已有机构之间存在怎样的互补性与竞争性；以及它们与已有机构之间的关系如何，发展融资网络的未来发展趋势如何。上述问题在已有文献中都未得到系统研究。

第三节 研究意义和内容

一 理论价值与应用价值

（一）理论价值

1. 研究对象方面，已有发展融资相关文献主要以西方发达国家援助方为研究对象，对新兴经济体和发展中国家作为借款方的系统性研究不足，在新形势下，中国等新兴经济体更是作为"贷款方"的角色出现，探讨新形势下，中国这一主体对国际发展融资体系的进一步参与和融入问题具有重要的理论意义。

2. 研究内容方面，不少文献主要基于西方发达国家立场，对新兴经济体及其主导的发展融资机构持有偏见或怀疑态度，全面考察中国通过

AIIB 和 NDB 等新建机构对国际发展融资体系的参与、融入与贡献有利于更为客观地评价中国等新兴经济体在这一过程中的作用和影响。

(二) 应用价值

1. 研究战后建立的国际发展融资体系存在诸多问题,一方面已有多边发展融资机构无法满足广大发展中国家的发展融资资金需求(特别是基础设施建设资金需求),另一方面,由西方发达国家主导的发展理念并未充分考虑发展中国家的复杂历史和现实因素。在此基础上,研究中国等新兴经济体的积极参与对发展资金供给和发展融资理念等方面的影响,具有重大现实意义。

2. 研究 AIIB 和 NDB 等新建国际发展融资机构如何融入旧体系,如何构建更加和谐有效的、更具包容性的国际发展融资体系,对于国际发展融资体系的进一步完善和存在资金需求的广大发展中国家而言,具有重大现实意义。

3. 中国参与国际发展融资体系,首先是基于借款国经济发展及对基础设施建设的需要;其次也源于中国国内产能过剩、产业升级等阶段性问题,基于外汇储备充足等有利条件,服务于人民币国际化等战略方向。研究中国通过积极参与国际发展融资体系,如何推进借款国经济发展,如何促进中国企业对外直接投资具有重大现实意义。

二 研究思路和研究内容

本书导论部分介绍了研究背景,对已有相关文献进行梳理、评述,在此基础上指出本书的研究意义并提出研究内容与逻辑框架,具体如图 0—1。

当前由多种主体构成的国际发展融资体系主要形成于 20 世纪中后期。WB 作为全球性的 MDB,在某种程度上,是当前全球发展领域的领导者。现有区域性 MDB 包括 EBRD、EIB、ADB、AfDB、IDB 以及 CAF 等,主要致力于区域内外基础设施建设和可持续发展项目融资。

第一章至第六章,将中国主导和参与的新建国际发展融资机构 NDB 和 AIIB 与上述七大现有 MDB 进行对比,以现有 MDB 的长期实践与 NDB 和 AIIB 的相关法律文件为基础,分析 NDB 和 AIIB 的治理结构特征和业务运作前景,并探讨未来中国融入国际发展融资体系的空间与战略方向。

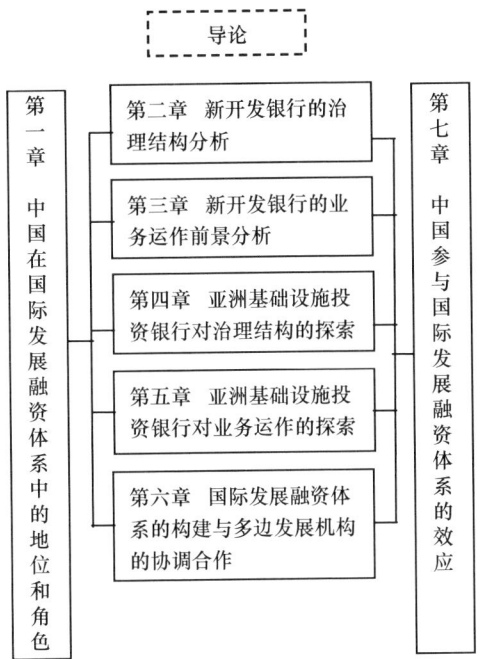

图 0—1 本书的内容框架与逻辑结构

基于国际发展融资体系的长期运行实践及发展变化趋势,第七章着重分析了国际发展融资活动对借款国、贷款国双方经济增长的影响机制,在这一框架下,进一步探讨中国通过 NDB 和 AIIB 等新建机构参与国际发展融资体系的经济效应。

第一章 中国在国际发展融资体系中的地位和角色

金砖国家"新开发银行"(the New Development Bank, NDB)与亚洲基础设施投资银行(the Asian Infrastructure Investment Bank, AIIB)分别于2015年7月和2016年1月开业。

在现有发展融资体系中,中国组建新发展融资机构具有显著的必要性。正如潘庆中、李稻葵和冯明(2015)指出,NDB等机构是在世界经济格局不断演变、以美欧等发达国家为主导的现有MDB和全球金融治理体系不能及时作出调整、新兴市场经济体在外围寻求突破的大背景下成立的。[1]

鉴于中国本身所积累的丰富发展经验和充足的外汇储备,以及现有MDB的积极支持与配合,组建新机构也具有一定的可行性。同时,由于现有国际发展融资机构无法满足巨大的发展融资资金需求,其融资规则也未充分立足于发展中国家的历史和现实情况,中国所倡议组建的新发展融资机构与现有MDB构成了有益的互补和竞争关系。

第一节 中国在现有国际发展融资体系中的地位

长期以来,中国是全球性MDB(如WB)以及区域性MDB(如ADB)主要借款国之一,主要处于"获得贷款"和"接受既定规则"的地位。近年来,随着经济社会的飞速发展,中国逐渐积累了大量的外汇储备,为国际发展融资体系供资的能力日益增强,但它在全球性MDB(如WB)以

---

[1] 潘庆中、李稻葵、冯明:《"新开发银行"新在何处——金砖国家开发银行成立的背景、意义与挑战》,《国际经济评论》2015年第2期。

及区域性 MDB（如 ADB）中的捐赠和增资额度并不充分，所拥有的地位和发言权也仍是十分有限的。这是因为，为保持既有的利益结构，发达国家尽可能避免对全球性 MDB（如 WB）以及包括 ADB 在内的区域性 MDB 进行重大改革以及接受新兴经济体的大规模注资。在现有国际发展融资机构改革不力，新兴市场国家的地位和发言权难以提高的情况下，为弥补现有国际发展融资机构的资金缺口，也为了充分提升自身在国际发展融资体系中的地位和发言权，中国倡议组建新的国际发展融资机构。

一 中国在 WB、ADB 等现有 MDB 中的地位

（一）作为借款国

由于历史原因以及中国自身的经济发展需要，长期以来，中国是 WB 和 ADB 等 MDB 的主要贷款对象。

截至 2015 年 6 月底（2015 财年年底），中国从 WB 获得的贷款总额接近 560 亿美元，是 WB 的主要借款国之一。2011—2014 财年，中国所获 WB 贷款额度占当年 WB 贷款承诺总额的 4.19%、3.66%、5.22% 和 4.09%（见图 1—1）。

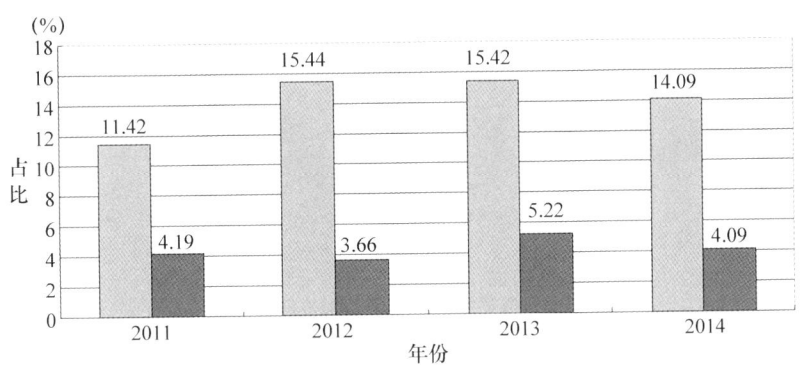

图 1—1　中国所获 WB、ADB 贷款占各机构贷款承诺总额度比（2011—2014 年）

注：ADB 数据截至 2014 年底（自然年度数据），WB 数据截至 2014 年 6 月底（财年数据）。

资料来源：ADB、WB 官方网站。

2015 财年，WB 的贷款总额为 425 亿美元。在该财年中，WB 前十个贷款国中，包括 4 个亚洲地区国家，它们的排名分别为印度（1）、孟加

拉国（2）、中国（3）和巴基斯坦（7），它们所获贷款额占 WB 贷款总额的占比分别为：印度（8.91%）、孟加拉国（4.53%）、中国（4.29%）以及巴基斯坦（3.18%）。[①]

作为亚洲国家，中国与 ADB 之间的业务往来对于研究中国与现有国际发展融资体系的关系意义重大。中国于 1986 年加入 ADB。截至 2014 年底，中国获得 ADB 批准的贷款、赠款及技术援助累计 321.13 亿美元，是 ADB 的第二大借款国（详见表 1—1）。

表 1—1　　中国获得 ADB 批准的贷款、赠款和技术援助累计金额（截至 2014 年底）

单位：百万美元

行业	项目数	总金额	占比
农业、自然资源和农村开发	201	3591.01	11.18
教育	23	161.05	0.50
能源	170	4631.12	14.42
金融	84	757.67	2.36
卫生医疗	16	8.72	0.03
工业和贸易	51	698.60	2.18
多部门	40	535.14	1.67
公共部门管理	111	59.89	0.19
交通	242	17196.33	53.55
供水和其他市政基础设施及服务	107	4473.24	13.93
总计	1045	32112.77	100.00

注：数据包含主权贷款、非主权贷款和技术援助，包含 ADB 自有资金以及联合融资，因四舍五入，各数值加总与总数有微小差异。

资料来源：ADB, People's Republic of China and ADB, http://www.adb.org/zh/publications/peoples-republic-china-fact-sheet。

2011—2014 年度，中国所获 ADB 贷款额度占当年 ADB 贷款承诺总额的 11.42%、15.44%、15.42% 和 14.09%（见图 1—1）。2014 年度，ADB 承诺资金总额为 229.3 亿美元，其中前十大借款国所获额度占比分别为：印度（15.08%）、中国（14.09%）、巴基斯坦（13.20%）、越南（10.30%）、

[①] 资料来源：WB 2015 财年年报。

印度尼西亚（7.68%）、菲律宾（7.02%）、孟加拉国（6.51%）、斯里兰卡（4.00%）、老挝（3.22%）和乌兹别克斯坦（3.10%）①

（二）作为捐资国

MDB的每个成员国都必须认购"股本"，这种认购在很大程度上决定了该成员国在MDB中的投票权占比。但长期以来，为保持既有利益结构，发达国家尽可能避免对资金不足的现有MDB进行重大改革以及接受新兴经济体对"股本"的大规模注资。因此，中国虽然拥有巨额的外汇储备，同时也希望提升自身在MDB中的地位和发言权，但其对现有MDB股本的大量增持难以实现。

鉴于此，近年来中国越来越多地以"合作伙伴"的身份捐资并参与到MDB的活动中，但它在全球性MDB（如WB）以及区域性MDB（如ADB）中的捐赠和增资额度仍然是并不充分的。例如，2006—2014年，中国向WB旗下的IBRD、IDA和IFC信托基金实际累计捐资仅为380万美元。②

与WB相比，中国对区域性MDB的支持力度相对较大一些。中国通过直接捐资或设立合作基金等多种方式，加强与ADB、AfDB、IDB、西非开发银行（Banque Ouest Africaine de Development，BOAD）以及加勒比开发银行（Caribbean Development Bank，CBD）等机构的合作，促进更多资本流入发展中国家的基础设施、环保、教育和卫生等领域，截至2012年底，中国向上述机构实际累计捐资约13亿美元。其中，中国对AfDB的支持额度最高，合作形式也最为丰富。除了作为成员国参与增资外，截至2014年5月，中国已累计向非洲开发基金（AfDF）"承诺捐资"9.38亿美元，向AfDF落实多边减债行动（MDRI）承诺捐款2亿美元以上。2014年5月，中国与AfDB就总额20亿美元的联合融资基金"非洲共同增长基金"（the Africa Growing Together Fund，AGTF）签订协议，将在未来十年向非洲的主权担保和非主权担保项目提供联合融资，以支持非洲基础设施及工业化建设。中国对ADB的支持方面，截至2012年底，中国累计向ADB的亚洲开发基金（ADF）捐资1.1亿美元，"减贫与区域合作基金"是中国与ADB合作的重要方式之一。2005年，中国出资2000万美

---

① 资料来源：亚洲开发银行2014年度报告、ADB业务报告（Statement of the ADB's Operations in 2014）。

② https://finances.worldbank.org/zh/countries/China.

元在 ADB 设立"减贫与区域合作基金"（Poverty Reduction and Regional Cooperation Fund），成为首个由 ADB 的发展中成员国建立的信托基金；2012 年 4 月，中国再次出资 2000 万美元续设该基金，使其 2005—2016 年的累计出资额达到 4000 万美元。

（三）投票权

中国在现有主要 MDB 中的投票权占比仍是十分有限的（详见图 1—2）。投票权占比基本上取决于成员国在 MDB 中缴纳的"股本"。截至 2014 年底，中国在 IBRD 和 IDA 中的投票权占比分别为 4.83% 和 2.12%。截至 2014 年底，中国在 AfDB 中的投票权占比仅为 1.12%，远低于美国（6.61%）、日本（5.51%）和德国（4.14%）等发达国家；中国在 ADB 中的投票权占比为 5.47%，远低于美国（15.66%）和日本（12.84%）。中国在现有 MDB 中的投票权占比与其日益增长的经济实力是不相匹配的，根据 IMF 的 WEO 数据库，2015 年中国 GDP 世界占比（PPP）约为 17%。

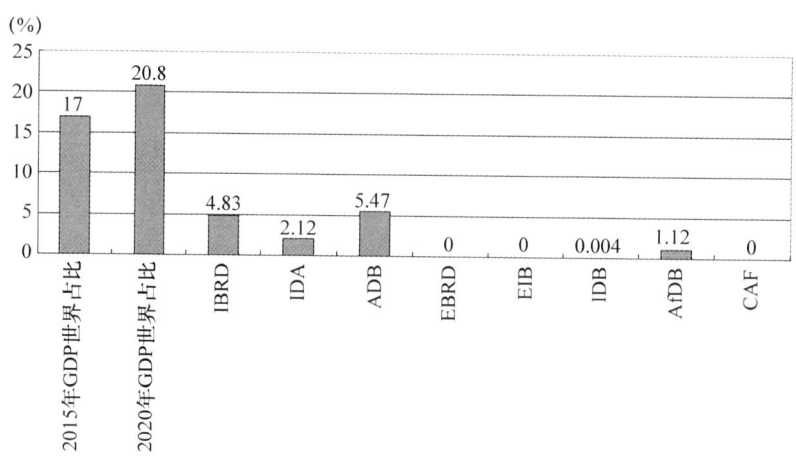

图 1—2　中国 GDP 世界占比及其在各 MDB 中的投票权占比

注：数据截至 2014 年底。

资料来源：GDP 世界占比（PPP）数据来自 IMF 的 World Economic Outlook Database；其他数据来自各 MDB 网站。

长期以来，WB、ADB 等 MDB 受美、日等发达国家的操控，并且，相关 MDB 的改革实践表明，既定利益结构不易打破以至于中国等新兴经济体在国际发展融资体系中难以发挥更大的作用。鉴于此，中国不得不提出组建新的国际发展融资机构的倡议。

二 中国组建新的国际发展融资机构

(一) 新开发银行 (NDB)

美国金融危机以来,为了避免再次受到货币不稳定的冲击,巴西、俄罗斯、印度、中国和南非金砖国家于 2012 年提出筹建金砖国家"新开发银行"(the New Development Bank, NDB),计划构筑一个共同的金融安全网。2014 年 11 月 15 日,在出席 G20 布里斯班峰会前夕,习主席同巴西、俄罗斯、印度、南非等金砖国家领导人进行会晤。他指出,金砖国家要继续致力于建设一体化大市场、金融大通道,基础设施互联互通,人文大交流,建立更紧密经济伙伴关系,要抓紧落实建立新开发银行(NDB)和应急储备安排(CRA)。2015 年 7 月 21 日,NDB 在上海开业,初始法定资本为 1000 亿美元。

当前金砖国家国内的发展融资渠道不畅。"金砖五国"中印度、巴西和南非是储蓄不足和经常账户逆差国家,国内储蓄不能满足国内投资需求,需要依靠外部资金流入来支持国内投资增长。因此其国内基础设施投资相对较依赖国际开发机构提供的融资便利。与之相反,中国和俄罗斯是储蓄过剩和经常账户顺差国家,一般认为其国内投资可以通过国内融资来实现,甚至国内资金还可以进行对外净投资。但实际上,中国和俄罗斯的储蓄投资转换体系并不完善,基础设施投资的国内融资渠道并不畅通。例如,中国国内的基础设施投资有很大一部分是靠地方政府来完成的,但地方政府的财政收入与其财政支出功能不匹配,依靠土地和融资平台为基础设施建设来融资的模式已经产生了很大的问题。要改变这一模式,关键在于财税体制改革和地方政府的融资体制改革,其中开发性融资将是一个重点领域。

现有 MDB 也无法满足金砖国家的发展融资需要。尽管现有 MDB 对金砖国家基础设施融资能起到一定的补充作用,但一方面,现有 MDB 也承受着巨大的压力,其资本总额相对于全球发展融资需求而言是非常有限的;另一方面,现有 MDB 的服务对象众多,金砖国家在其中的投票权和话语权都较低,因此所能获得的贷款额度也是极低的。即便现有 MDB 扩大贷款能力,"金砖五国"最终可获资金与其庞大的融资需求相比仍是杯水车薪。

NDB 的设立对金砖五国意义重大,但具体到各国作用又各有不同。对于中国和俄罗斯来说,其基础设施建设融资问题均依赖于国内融资渠道的改革和畅通，而外部融资如来自 MDB 的融资仅在其国内融资渠道受阻时起补充作用。因此，组建 NDB 对中国和俄罗斯的主要作用并不在于解决国内的基础设施建设融资问题，而在于巩固金砖国家合作机制，建立以自身为主导的国际发展融资机构，提升在国际发展融资体系中的话语权的同时，促进境外资产配置的多样化。而印度、巴西和南非三国基础设施建设需求巨大，但国内融资规模和渠道非常有限，因此组建 NDB 可在很大程度上缓解其融资压力。同时，"金砖五国"充足的资金条件也为发展融资合作提供了可能性。中国和俄罗斯是经常账户顺差国，有大量外汇储备；印度、巴西和南非虽是经常账户逆差国，但目前有充足的外资流入，也积累了为数不少的外汇储备。

综上，尽管"金砖五国"在政治、社会、文化等方面存在较大差异，但金砖国家彼此间经贸关系的不断深化以及在世界经济中影响力的日益扩大，强烈要求它们在多领域尤其是金融领域展开全面深入的合作。而建立NDB 正是推动金砖国家开发性金融领域务实合作的具体体现。

（二）亚洲基础设施投资银行（AIIB）

在 2013 年 10 月印尼的 APEC 会议期间，习近平提出筹建亚洲基础设施投资银行（the Asian Infrastructure Investment Bank，AIIB）的倡议。2015 年 6 月 29 日，AIIB 的 57 个创始成员国在中国的主导下签署《建立亚洲基础设施投资银行的协定》，AIIB 初始法定资本为 1000 亿美元，于 2016 年 1 月正式开业。AIIB 是一个政府间性质的亚洲区域性 MDB，为促进本地区互联互通建设和经济一体化进程，向包括东盟国家在内的本地区发展中国家基础设施建设提供资金支持。AIIB 实施"开放的地区主义"原则，其成员资格向区外国家（包括非主权机构）开放。

目前，全球很多发展中国家正处在工业化、城市化的起步或加速阶段，对能源、通信、交通等基础设施需求很大，但供给却严重不足，面临建设资金短缺、技术和经验缺乏的困境。加强基础设施建设，完全可以成为今后一个时期全球经济新的增长点。正如苏西洛指出："（亚太地区）需要改善低效的供应链，我们必须让跨境服务和货物贸易变得更容易、更便宜和更快捷，这需要大力发展基础设施。这不仅可以推动经济，更能创造就业。"[1] AIIB 正是在这一背景下，由中国发起的专注亚洲区域内最具

---

[1] 盛斌、褚欣宇、高础拉乎：《亚洲基础设施投资银行》，《中国海关》2013 年第 12 期。

全局性的、重大的民生利益的基础设施项目的投融资业务的区域发展融资银行。对亚洲各经济体，它能够为当地经济社会发展提供高效而可靠的中长期的金融支持，可有效缓解亚洲发展中国家由于经济实力和自身可用财力有限、资本市场发展滞后、融资渠道少、资金短缺严重制约互联互通建设的问题，从而加快亚洲地区互联互通建设。对中国自身来说，AIIB 也有利于推进中国与东道国的贸易投资关系，扩大人民币跨境结算和货币互换的规模，助推人民币的国际化。

第二节 国际发展融资的国际需求与中国的参与空间

中国组建新的国际发展融资机构并非仅仅出于提升自身在国际发展融资体系中的地位的目的，从市场需求和供给角度来看，这种方案存在一定的必要性；从国内外发展形势来看，这也具备充分的可行性。

一 必要性分析

（一）需求角度

新兴经济体和广大发展中国家存在巨大的发展融资资金需求。中国积极组建新的国际发展融资机构，不但是以自身经济实力的增强为坚实基础，更是适时地顺应市场的需求。一方面，鉴于全球发展的步伐逐步加快，众多发展中国家对交通、通信、能源等基础设施的需求与日俱增，但它们却面临着资金和技术等瓶颈。以亚洲为例，据 ADB 估计，在 2010 年至 2020 年这 10 年间，亚洲各经济体的基础设施要达到世界平均水平，各国所需投资总额高达 8 万亿美元，区域性基础设施建设另需 3000 亿美元，以上两项相加已接近亚洲各国 GDP 总和的一半。[①] 而 WB 和 ADB 等 MDB 的业务范围则十分宽泛，其宗旨主要致力于减少全球和区域内的贫困，因此很大一部分资金流入社会领域，而流入亚洲区域内基础设施的资金非常有限，资金缺口依然很大。另一方面，由于资本的逐利性，全球私人金融

---

① Bhattacharya, A., Romani, M. and Stern, N., Infrastructure for Development: Meeting the Challenge. December, 2012, http://www.g24.org/TGM/Infrastructure% 20for% 20Development% 20Final.pdf. Bhattacharya, A. and Romani, M., Meeting the Infrastructure Challenge: the Case for A New Development Bank, October, 2013, http://www.g24.org/TGM/Bhattacharya.pdf.

机构的基础设施投资主要流向发达国家的成熟资产,包括亚洲在内的广大发展中国家和新兴经济体的基础设施建设需求始终难以得到真正满足。巨大的基础设施需求,带来了对全球发展融资的庞大需求,在此背景下,国际上也积极呼吁新兴经济体积极参与全球发展融资体系,共同为全球的基础设施建设和全球发展做出贡献。中国作为重要的新兴经济体,有必要顺应全球发展需求,为发展融资建设贡献出力所能及的一份力。而 NDB 和 AIIB 的发起正是中国参与国际发展融资的一大重要举措。

(二) 供给角度

新兴经济体和广大发展中国家一方面具有参与国际发展融资体系的能力,另一方面渴望在国际发展融资体系中获得足够的发言权和话语权。以金砖国家为例,它们在全球多边发展融资机构和主要区域性发展融资机构中的投票权远小于其相对经济实力(见表1—2)。

表1—2 美欧日和金砖国家GDP及其在国际发展融资框架中的相对地位　　单位:%

国家 (地区)	GDP 世界比重(PPP)			在 WB 的投票权		在主要区域性 MDB 中的投票权				
	2010年	2015年	2020年	IBRD	IDA	IDB	EBRD	EIB	ADB	AfDB	CAF
美欧日	45.7	41.3	38.0	51.33	51.21	45.16	81.87	100	41.31	30.59	4.6
美国	19.5	18.1	17.0	16.13	10.47	30.01	10.12	—	12.75	6.56	—
欧盟	20.4	18.0	16.5	27.73	32.29	10.14	63.13	100	15.72	18.54	4.6
日本	5.8	5.2	4.5	7.47	8.45	5.01	8.62		12.84	5.49	
金砖五国	25.6	30.0	34.4	13.43	7.26	10.90	4.05		10.85	6.66	8.3
巴西	2.9	2.9	2.8	1.92	1.57	10.90	—			0.42	8.3
俄罗斯	3.0	3.0	2.9	2.83	0.33		4.05				
印度	5.5	6.4	7.2	3.05	2.96				5.38	0.23	
中国	13.5	17.0	20.8	4.83	2.12	0.004			5.47	1.12	
南非	0.7	0.7	0.7	0.80	0.28					4.89	

注:WB 数据截至 2015 年 8 月 7 日,其他数据截至 2013 年底。欧盟在 IDA 中的投票权指除保加利亚和马耳他之外的 26 个成员国之和;欧盟在 IDB 中的投票权指奥地利、比利时、克罗地亚、丹麦、芬兰、法国、德国、意大利、荷兰、葡萄牙、斯洛文尼亚、西班牙、瑞典、英国 14 国之和;欧盟在 EBRD 的股权包括欧盟 28 国、"欧盟"及"EIB"的总和;欧盟在 ADB 中的投票权指奥地利、比利时、丹麦、芬兰、法国、德国、爱尔兰、意大利、卢森堡、荷兰、葡萄牙、西班牙、瑞典和英国 14 国之和;欧盟在 AfDB 中的投票权指奥地利、比利时、丹麦、芬兰、法国、德国、意大利、荷兰、葡萄牙、西班牙、瑞典和英国 12 国之和。投票权数据参见各机构官方网站;GDP 世界比重(PPP)来自 IMF, World Economic Outlook Database。

从国际发展融资规则和秩序角度看,新建国际发展融资机构能够践行中国及其他发展中国家倡导的南南合作规则和南南合作的新发展观。首先,在政治上,它们坚持中国的"和平共处五项原则"(互相尊重主权和领土完整,互不侵犯,互不干涉内政,平等互利,和平共处),坚持大小国家一律平等,相互不干涉内政,尊重各国自主选择的发展道路和社会制度;在经济上,尊重对方意愿,不强人所难,不乘人之危,不附加任何政治条件。其次,它们使南南合作成为互利共赢的合作。中国秉持义利相兼、先义后利的正确义利观,将他国发展当作自身机遇,不追求利益最大化和我赢你输的零和模式。中国与他国互通有无、优势互补,联手开发国际市场,全面融入全球产业链、价值链,共同在新一轮科技革命和产业变革中争取有利地位。再次,它们使南南合作成为团结互助的合作。中国通过不结盟运动、七十七国集团等机制保持沟通和协调,维护国际公平正义,捍卫正当权益,成为维护世界和平、促进共同发展的重要力量。中国照顾最不发达国家、内陆国家、小岛屿发展中国家的特殊需求,向它们提供发展融资,帮助它们提高自身发展能力。

从资金等生产要素的供给角度看,改革开放以来,中国经济迅猛发展,经济总量跃居世界第二,当前已成为全球重要经济体。中国改革开放以来积累了5万多亿美元的对外金融资产,而对外直接投资大概只有5000亿美元,[①]资本的配置不够合理和多元化。同时,参与国际发展融资体系对中国而言具有重要的战略意义。张燕生表示:只有资本走出去,产业链才能走出去,完成中国"走出去"的发展战略。[②]因此中国参与国际发展融资体系不仅仅是资本走出去的主要路径,更是中国利用庞大的外汇储备和生产能力,重新开拓新的国际市场和进行对外直接投资的关键一步,中国通过参与发展融资体系,能有效内化过剩产能,提高人民币的国际地位,同时还能实现产业升级。

二 可行性分析

中国积极参与国际发展融资不仅顺应了国际需求以及国内需要,同时

[①]《中国将出400亿美元成立丝路基金 解读两大焦点》,《新京报》,http://finance.people.com.cn/n/2014/1109/c1004-25997781.html。

[②] 同上。

也具备可行性。

首先，中国积极参与发展融资体系在国际上被广泛接纳。中国同印度、俄罗斯、巴西和南非等国共同筹建的 NDB 是金砖五国共同建立金融安全网、维持币值稳定以及实现金砖五国基础设施互联互通的重要一步，因此得到五个主要参与国的全力支持。由中国发起的 AIIB 得到全球范围内的广泛支持，创始成员国达 57 个，包括德国、英国、法国和意大利等欧洲发达国家。

其次，中国积极参与国际发展融资体系需要强大的经济实力支撑。AIIB 是由中国主导的发展融资机构，是以主要推动力量——中国的经济实力为支撑的，中国的庞大的生产能力和外汇储备是其成功的基本保障。而 NDB 更是以金砖五国的经济实力为其坚强后盾的。

最后，中国积极参与国际发展融资体系还需要其他 MDB 的支持。对于中国主导的发展融资机构，争议较多的是与 ADB 共同位于亚洲且性质较为类似的 AIIB。尽管不少舆论报道认为，AIIB 对 WB 形成了挑战，甚至有论调称 AIIB 的成立对 ADB 构成了威胁。然而，事实并非如此。2014 年 7 月 8 日，WB 行长金墉访问北京，对中国倡议筹建区域性基础设施投资银行表示欢迎，称基础设施建设领域对新投资有"巨大需求"。① 尽管有不少媒体报道 ADB 对 AIIB 的成立表示反对，但 2014 年 5 月 2 日，ADB 行长中尾武彦公开表示，"亚洲开发银行自身贷款能力有限，如果 AIIB 建立起来，我们非常愿意与其展开合作"，对 AIIB 的成立持欢迎姿态。②

第三节　中国主导的 MDB 与现有 MDB 的互补性与竞争性分析：以 AIIB 为例

AIIB 的建立，为国际发展融资体系注入了新鲜血液，与现有 MDB 形成了互补与竞争关系，这种关系有利于存在巨大基础设施建设资金需求的广大发展中国家，也有利于国际发展融资体系的建设。

---

① 《世行支持中国倡建多边基础设施投资行》，中华人民共和国商务部网站，http://www.mofcom.gov.cn/article/i/jyjl/k/201407/20140700659459.shtml。
② 《日媒：中国主导的亚洲基础设施投资银行将日印排除在外》，新浪财经，http://finance.sina.com.cn/world/yzjj/20140504/172818994808.shtml。

一 互补关系

AIIB 所带来的互补性是显而易见的，这主要基于以下原因：发展中国家（包括亚洲）的基础设施投资存在巨大的资金缺口；AIIB 的宗旨和职能在一定程度上有别于现有 MDB；此外，现有 MDB 的发展融资效果存在不足。

（一）现有 MDB 难以满足基础设施投资资金需求

从资金需求的角度看，当前基础设施建设资金缺乏已成为制约发展中国家经济增长的最大瓶颈之一。Bhattacharya、Romani 和 Stern（2012）[1]以及 Bhattacharya 和 Romani（2013）[2]指出，鉴于经济增长、结构转变，更具包容性及可持续性的经济复苏需要，未来新兴经济体和发展中国家的基础设施建设每年的融资缺口高达10000亿美元以上，亚太地区的缺口占其中的大部分。

从资金供给的角度看，目前的年投入资金（见图1—3）最主要来源为政府预算，它与政府开发银行资金同属国家公共支出，都受限于国家债务和预算赤字的可持续性；私人资金的作用虽越发显著，但它具有明显的"顺周期性"特征，其额度在危机期间或之后都会急剧下降；从 OECD 的数据看，受 2008—2009 年国际金融危机及欧洲债务危机影响，近年来海外发展援助和 MDB 融资渠道面临压力。[3]

根据 ADB 的数据，目前亚太地区的发展中国家每年所需基础设施投资约为 8000 亿美元。但现有 MDB 无法满足如此巨额的资金需求，例如 ADB 每年所能提供的贷款不超过 100 亿美元。[4] 东盟国家设立了东盟基础

---

[1] Bhattacharya, A., Romani, M. and Stern, N., Infrastructure for Development: Meeting the Challenge, December 31, 2012, Available at: http://www.g24.org/TGM/Infrastructure% 20for% 20Development % 20Final. pdf, December 6, 2014.

[2] Bhattacharya, A. and Romani, M., Meeting the Infrastructure Challenge: the Case for A New Development Bank, October 17, 2013, Available at: http://www.g24.org/TGM/Bhattacharya.pdf, December 22, 2014.

[3] OECD, Development Aid of DAC Countries: Net Disbursements, July 20, 2014, Available at: http://www.oecd.org/statistics/, December 20, 2014.

[4] Biswa Nath & Bhattacharyay, Estimating Demand for Infrastructure in Energy, Transport, Telecommunications, Water and Sanitation in Asia and the Pacific: 2010 – 2020, ADBI Working Paper Series, Available at: http://www.adbi.org/files/2010.08.09.wp248.infrastructure.demand.asia.pacific.pdf, December 27, 2014.

设施基金,但其初始资本仅 4.853 亿美元(其中东盟十国出资 3.353 亿美元,ADB 出资 1.5 亿美元),预计到 2020 年总资本将达 130 亿美元,将向成员国提供贷款 40 亿美元。亚洲巨大的基础设施缺口不是仅凭 ADB 就能满足的,需要更广泛的资金支持。因此,AIIB 的建立并不会对 ADB 构成威胁,相反,它能弥补亚洲基础设施建设的资金缺口,ADB 与 AIIB 均有广阔的发展空间。因此,AIIB 可为亚洲地区的基础设施建设增加新的融资渠道。

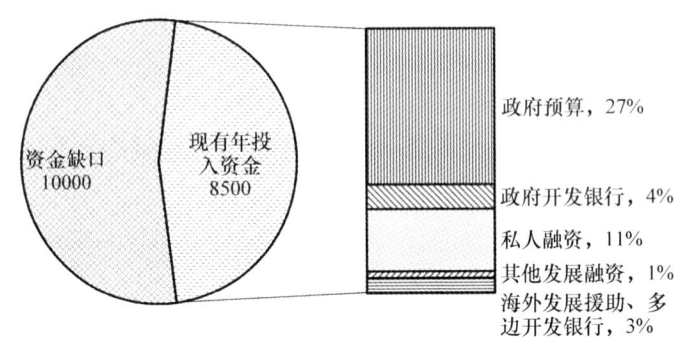

图 1—3 新兴经济体和发展中国家基础设施投资
每年资金需求状况(2020 年前)(亿美元)

注:2008 年实际价格;仅包括资本投资(不含运营和维护成本);

资料来源:作者根据 Bhattacharya, Romani and Stern, Infrastructure for Development: Meeting the Challenge; Bhattacharya and Romani, Meeting the Infrastructure Challenge: the Case for a New Development Bank 等资料绘制。

(二)AIIB 的宗旨和职能与现有 MDB 各有侧重

现有 MDB 的设立宗旨和服务职能大致可分为以下四个层面。第一是致力于全球或区域范围内的减贫和经济社会发展,这是现有 MDB 的基本职能和传统目标。例如,ADB 的《2020 战略》[①] 将"基础设施建设"列为未来十大战略重点的第四位,列在其前面的有"消除贫困和包容性增长"、"环境和气候变化"以及"区域合作和一体化"。ADB 强调"持续性和包容性增长",通过投资基础设施建设、健康保障服务、金融和公共

[①] ADB, Strategy 2020: the Long-Term Strategic Framework of the Asian Development Bank 2008-2020, April 2008, Available at: http://www.adb.org/sites/default/files/institutional-document/32121/strategy2020-board-doc.pdf, January 4, 2015.

管理体系，应对气候变化、管理自然资源等方式达到这一目标，除了参照市场利率提供普通资金（Ordinary Capital Resources，OCR）贷款外，还专注于向低收入国家提供优惠贷款和知识共享。第二是促进区域发展和融合，如 ADB 旨在促进亚洲及远东地区经济增长和合作，AfDB 旨在促进非洲经济一体化，CAF 则通过为成员国公私客户提供高附加值的金融服务，致力于拉美地区的区域经济一体化建设。第三是促进中小企业的发展，如 EIB 为促进欧盟国家经济发展的中小型企业提供最优条款、服务以及附加价值，IDB 鼓励私人在项目、企业和促进经济发展活动中的投资。第四是促进可持续发展，为应对全球气候变化、环境污染，EIB 以可持续发展为目标，IDB 和 CAF 也都致力于促进区内可持续发展事业。在筹资方式上，现有 MDB 主要依靠传统模式，即普通贷款的资金来源主要是依靠主权担保从国际资本市场获得融资，优惠贷款的资金来源主要是依靠赠款或捐款。近年来，现有 MDB 的非传统筹资模式以及与私人部门的合作有所扩张，但仍是有限的。

AIIB 的宗旨是通过支持亚洲地区的基础设施建设（重点集中于水坝、港口物流、公路、桥梁和铁路等交通基础设施，以及能源、城市发展、通信管网等）和相关领域投资，加强互联互通和区域经济合作，从而加速成员国和地区经济发展。[①] AIIB 的运营模式性质属于准"商业投资"，它投资于准商业性的大型基础设施项目。AIIB 的具体业务形式包括贷款、股权投资、贷款担保以及技术援助等。AIIB 提供的贷款类似于已有多边发展融资机构的"硬贷款"[②]（如 WB 的 IBRD 贷款和 ADB 的 OCR 贷款），此外它还对基础设施部门进行股权投资或为贷款提供担保，还为项目设计与管理等方面提供技术援助。在筹资方式上，AIIB 更多地引入公私合作伙伴关系（Public-Private-Partnership，PPP）[③]，积极动员包括主权财富基金、养老金及私营部门等在内的多方社会资本参与。

[①] Syadullah, Makmun, "Prospects of Asian Infrastructure Investment Bank", *Journal of Social and Development Sciences*, September 2014, Vol. 5, No. 3, pp. 155 – 167.

[②] 硬贷款：MDB 利用借入资金（包括在国外发行的债券和利用的外资）发放的贷款。软贷款：资金主要来源于捐赠，贷款条件比硬贷款优惠，除偿还时间表比一般银行贷款长、利率较低外，软贷款还设有宽限期。

[③] 指政府与社会资本为提供公共产品或服务，所建立的"全过程"合作关系。特征是授予特许经营权、利益共享和风险共担，通过引入市场竞争和激励约束机制，提高公共产品或服务的质量和供给效率。

AIIB 的业务领域仅涉及基础设施建设,而 ADB 的业务领域更为广泛,它涉及农业、教育、健康、社会治理等社会发展领域。AIIB 的建立并不会威胁到 ADB 的业务发展,二者是互为补充的。此外,尽管 AIIB 和 ADB 的业务领域均涉及基础设施领域,但二者可以分工协调。基础设施的需求种类极为丰富,如:房屋建造、铁路、公路、桥梁、隧道建造、自来水供应、电力供应、燃料供应等方面,广泛的基础设施领域足以为 ADB 和 AIIB 提供广阔的发展空间,二者完全可以相互协调,发挥各自的比较优势,在自身专业技术相对成熟的基础设施领域上分工协作。

(三) 现有 MDB 发展融资效果不足

并非所有 MDB 都能高效运作,如 ADB 就存在多方面亟待解决的问题。

从业务运行来看,首先是项目设计和实施有待改善。由于设计和实施的问题,2011—2013 年,约有 23% 的 ADB 项目并不成功,主要原因为:在设计方面过于复杂、好高骛远、不充分或不恰当,未正确估计当地条件、政府能力和承诺等;在实施阶段,存在复杂或不明确的制度安排、漫长的工作流程、低质量的顾问或承包商、ADB 反应迟缓或不充分、政府执行问题以及负面的外部因素等。在 2011—2013 年度,所有成功的 ADB 项目中,约有 16% 的项目面临成本超预算或不得不降低产出目标的问题,约有 47% 的项目需延迟 1 年以上。大部分已完成项目的完成时间与设计时间间隔在 6 年以上,许多项目存在后期保障不到位以及顾问和承包商不合格等问题。[1]

其次是贷款发放率低下,2013 年的 ADB 贷款发放率还比 2012 年明显下降了。以 MDB 最主要贷款 OCR 主权贷款为例,2013 年发放的 OCR 主权贷款额度为 51.78 亿美元,占所批准额度 87.61 亿美元的 59.1%,而 2009—2012 年该比例分别为 70.49%、64.43%、65.04%、75.05%。[2] 贷款发放率低下的主要原因是借款方对已批准贷款的吸收能力低,特别是在落后地区,借款方合作机构的相对经验不足并且执行力较弱,使 ADB 运

---

[1] ADB, Development Effectiveness Review 2013, pp. 63-65. Available at: http://www.adb.org/documents/series/development-effectiveness-review, December 28, 2014.

[2] ADB, Annual Report (2009-2013). Available at: http://www.adb.org/documents/series/adb-annual-reports, December 27, 2014.

作难度加大。因此，现有 MDB 在如何将贷款资金顺利用于最需要的项目方面，仍需继续思考。

从发展融资遵循的原则来看，由西方发达国家主导的传统国际发展融资体系（包括机构及规则）强调发展援助"过程"中的公平、透明、问责、参与等原则，同时认为人权、民主都是维持发展的基础。因此，它们把发展融资与发展中国家的社会发展和民主化进程相结合，在为发展项目提供贷款时附加种种政治条件，强调人权、民主及自由市场经济秩序。这些价值观以西方发达国家的实践经验为基础，忽略了发展中国家复杂的历史和现实环境，因而往往无法在这些区域取得预期效果。

二 竞争关系

AIIB 作为全球发展融资领域中的"后起之秀"，对现有 MDB 构成一定的竞争压力。

（一）对现有国际发展融资体系和秩序构成挑战

AIIB 将在一定程度上推动国际发展融资体系乃至国际金融体系的民主化、多元化趋势。

首先，从国际发展融资格局的影响方面，AIIB 使旧的发展融资体系中的力量结构有所调整。由西方国家主导的现有 MDB（特别是全球性机构 WB）为避免引起治理结构的大幅调整，不愿向印度、中国及巴西等新兴经济体大规模引入资本，但又无法通过其他有效的制度吸引足够的资金，从而陷入援助能力不足的困境。与此同时，中印等国拥有大量的外汇储备，但在国际发展融资体系中没有足够的投票权和发言权，它们通过组建 AIIB，一定程度上可以增强新兴经济体和发展中国家在发展融资领域的地位，同时也进一步加强区域性 MDB 的实力。

其次，从发展融资机构的治理结构方面，AIIB 主要受借款国股东控制。AIIB 的定位是"以发展中国家为主导"的 MDB，西方国家的决策地位将受到严格限制。AIIB 的投票权将以基本票与加权票为基础。基本票只面向创始成员国，以用公式（由以购买力平价衡量的 GDP 规模等因素决定）计算而得的占比为基础，而加权票的分配以出资占比为基础。按照上述规则，愿意出资 50%（500 亿美元）的中国将成为第一大股东，而印度则是第二大股东。楼继伟在多种场合公开表示，愿意出资 50% 只是表明中国对 AIIB 强有力的支持，中国并不寻求"一股独大"，随着 AI-

IB 成员的逐渐增多，中国的占股比例会相应下降。① 就区内外成员国力量对比而言，AIIB 股本的 70%—75% 由区内成员供资，25%—30% 由区外成员供资，区内成员股权占比高于 ADB、AfDB 以及 EBRD（见表 1—3）。

表 1—3　　　　　　　各 MDB 的投票权集中度　　　　　　单位：%

投票权分布	全球性 MDB	区域性 MDB					
	IBRD	IDB	EBRD[1]	EIB	ADB	AfDB	CAF
非借款国	63.08	49.99	83.38	0.00	64.12	40.14	4.60
借款国	36.92	50.01	16.62	100.00	35.88	59.86	95.40
非区内成员	—	15.94	36.87	0.00	34.87	40.14	4.60
区内成员	—	84.06	63.13	100.00	65.13	59.86	95.40

注：[1] EIB 与 EU 也是 EBRD 的股东，（非）借款国与区内外成员的投票权占比包括它们在这两大机构中所占比例。

资料来源：各 MDB 官方网站。

再次，在发展融资的标准和原则方面，AIIB 将构建更适用于发展中国家的、无偏见的发展融资标准。发展中国家反对过分强调"发展援助"本身，认为经济增长的主要动力来自发展中国家自身，必须使发展援助服务于国家整体发展战略。中国在 30 余年的改革发展进程中，形成了独特的"中国发展经验"和"开发式扶贫"等有效模式。同样，其他新兴经济体和发展中国家也在减贫中进行了丰富的探索。广大发展中国家能够互相深刻理解各自特有的发展历程以及彼此遇到的共同问题和困难。AIIB 将会尊重借款国对发展道路的选择，不会借发展融资附加政治条件或干涉借款国的内部经济事务，并能够制定、实施更具灵活性和针对性的贷款方案。

除此之外，AIIB 还可通过采用本币注资和基于本币的贷款项目推动新兴经济体的跨境支付体系和国际货币体系的多元化；可在项目评级中要求同时出具国际知名评级机构的评级报告以及亚洲地区新兴经济体评级机构的评级报告，以推动发展中国家的评级和审计体系建设。

———————
① Available at: http://news.xinhuanet.com/2014-07/03/c_1111448768.htm, December 27, 2014.

(二) 对现有 MDB 业务构成挑战

在重点业务领域、供资能力以及贷款条件方面，AIIB 将对现有 MDB 构成竞争关系。

1. 业务领域的竞争性

"基础设施建设"是现有 MDB 的重要业务领域，是当前它们据以达到减贫和社会发展目标的重要途径之一。例如 ADB，尽管在《2020 战略》中，基础设施建设只是其十大重点领域之一，但据表 1—4，2013 年 ADB 向亚太地区批准的 210.2 亿美元贷款总额中，60% 的额度用于基础设施建设（包括交通运输和信息通信技术、能源、供水和其他市政设施服务等相关设施），而用于教育、卫生和社会保障等"包容性增长"重点领域的不足 7%。

表 1—4　　　　各 MDB 的贷款结构：按部门划分　　　　单位:%

MDB	WB	EBRD	EIB	ADB	CAF	IDB	AfDB
向各部门（行业）提供的贷款（%）	1. 公共管理、法律和司法 22 2. 交通运输 17 3. 能源与采矿 16 4. 供水、环卫和防洪 11 5. 医疗卫生等社会服务 8 6. 农业、渔业和林业 8 7. 教育 8 8. 金融 5 9. 工业与贸易 4 10. 信息与通信 1	1. 基础设施 20 2. 金融部门 28 3. 企业 31 4. 能源 21	1. 基础设施 65 交通 20 通信 31 水、污水处理 10 城市发展 4 2. 工业服务农业 25 3. 教育 5 4. 健康 5	1. 基础设施 60 交通运输和信息通信技术 24 能源 27 供水和其他市政设施服务 9 2. 金融 14 3. 多部门 8 4. 公共部门管理 6 5. 工业和贸易 – 6. 农业和自然资源 5 7. 教育 4 8. 卫生和社会保障 3	1. 基础设施 30 2. 金融 35 3. 社会和环境发展 15 4. 生产部门 13 5. 结构改革 7	1. 基础设施、环境 32 2. 发展机构 29 3. 社会部门 37 4. 一体化与贸易 9	1. 基础设施 58 2. 多部门 13 3. 农业和农村发展 12 4. 社会 9 5. 金融 8

注：WB 为 2014 财年（2013 年 7 月至 2014 年 6 月）数据，其他机构为 2013 年度数据。

资料来源：各 MDB 年报。

此外，作为 AIIB 主导方的中国，其对外援建的基础设施（包括铁路、公路、机场、电力设施等）遍及非洲、亚洲、中东欧和拉美等地区，在项目规划、建设以及融资方面都积累了相当丰富的经验，具有较强的国际竞争力。以水利基础设施为例，一个国际组织——国际河流（International Rivers）指出中国公司在海外 74 个国家共参与了约 304 个水坝建设。[①] AIIB 的建立将使发展中国家获取贷款的渠道增多，在一定程度上和一定范围内，MDB 间对优质项目存在竞争关系。

2. 供资能力上的竞争性

AIIB 的初始法定资本为 1000 亿美元，这一规模相当可观（见表 1—5），约为 ADB 现有法定资本的 2/3，而 ADB 在 2009 年增资前的法定资本仅为 550 亿美元。AIIB 的初始认缴资本为 500 亿美元，其中，实收资本为 100 亿美元，可随时催缴资本为 400 亿美元。2014 年 3 月，中国组织了 AIIB 筹建工作小组，讨论了 AIIB 的初期供贷能力等问题。AIIB 的实收资本 100 亿美元须在早期阶段（5 年内）支付，预计最初每年可提供贷款 40 亿—60 亿美元。随着 AIIB 获得法人实体资格后开始通过发行债券等方式融资，其未偿贷款总额与实收资本比例逐渐上升，在第三年末上升为 5 倍并在此后达到稳定。AIIB 筹建工作小组为 AIIB 早期阶段的实收资本和贷款规模计划作了两套方案，中国倾向于第一套方案（见表 1—6）。

表 1—5　　　　　　　各 MDB 的资本结构和贷款规模

MDB	法定资本	认缴资本	实收资本	可随时催缴资本	实收/认缴（%）	所有者权益	未偿贷款	权益/贷款（%）
IBRD[1]	2784	2328	140	2188	6.0	400	1540	26.0
EBRD[2]	300	297	62	235	21.0	141	210	67.1
EIB[2]	3291	2433	217	2216	8.9	606	4494	13.5
ADB	1638	1531	77	1454	5.3	169	559	30.2
AfDB	1030	94	71	873	8.1	109	183	59.6
IDB	1709	1443	54	1389	3.9	237	746	31.8
CAF[3]	100	100	62	38	62.0	88	191	46.1

注：[1] IBRD 为 2014 年 6 月底数据；其他机构为 2014 年底数据。[2] EBRD 和 EIB 数据单位为亿欧元，其他机构数据单位为亿美元。[3] CAF 资本统计指标不同于其他 MDB。在 CAF 年报中，截至 2014 年底，CAF 的"认缴和实收资本"为 61.6 亿美元，而穆迪和标普等机构对 CAF 的评级报告都将这一数值直接归入"实收资本"指标。

资料来源：相关年份的各 MDB 年报以及三大评级机构（标普、惠誉和穆迪）的评级报告。

---

① Available at：http：//www.thirdworldcentre.org/aiibankst.pdf, December 29, 2014.

表1—6　　　　早期阶段AIIB的累计实收资本及计划贷款规模　　　单位：亿美元

	第一年	第二年	第三年	第四年	第五年
方案1					
累计实收资本	30	50	70	85	100
计划放贷规模	62	204	387	472	569
方案2					
累计实收资本	20	40	60	80	100
计划放贷规模	41	163	333	443	565

资料来源：Syadullah, Makmun, "Prospects of Asian Infrastructure Investment Bank", *Journal of Social and Development Sciences*, September 2014, Vol. 5, No. 3, pp. 155-167。

AIIB未来的供资能力将随着增资以及可随时催缴资本在认缴资本中占比的上升而进一步增强。在设立初期，实收资本在认缴资本中的占比对确保资本充足性和信用评级有着重要作用，因此，AIIB该比率的初设值为20%。根据其他MDB的初始资本结构，这一比率基本都在20%以上，正常运行一段时间后，许多MDB逐渐将它调低。根据表1—5，目前IDB的该比值仅为3.9%。未来AIIB的该比率也可适当下降，这意味着其运营可更多地依靠可随时催缴资本。值得注意的是，至今现有MDB对可随时催缴资本的"催缴"从未发生过。

3. 贷款条件的竞争性

AIIB有能力以合理的利率提供长期贷款，其标准类似于现有MDB的"硬贷款"（例如WB的IBRD贷款和ADB的OCR贷款）[1]。MDB的贷款利率主要取决于其融资成本和盈利能力。

融资成本的重要影响因素是信用评级。一般而言，MDB大部分资金都来自于国际资本市场融资。同样，未来AIIB将通过国际资本市场融资逐渐扩大资产总额，主要方式是发行债券。毫无疑问，风险越高的债券须向投资者支付的利率就越高。由于WB、IDB、ADB、EBRD、EIB以及AfDB等MDB具有非常高的信用评级（AAA），所发行的债券具最低风险，因此须向投资者支付的利率就最低。CAF的信用评级稍低，2014年标普、惠誉对它的评级为"AA-"，穆迪对它的评级为"Aa3"，因此其融资成本就高于其他MDB。作为政府间机构，特别是在运行的早期阶段，

---

[1] Syadullah, Makmun, "Prospects of Asian Infrastructure Investment Bank", *Journal of Social and Development Sciences*, September 2014, Vol. 5, No. 3, pp. 155-167.

AIIB 的信用评级很大程度上受资本结构和成员国政府信誉的影响。与各 MDB 相同，AIIB 将凭借所有者权益（包括实收资本和所积累的公积金）和可随时催缴资本在国际资本市场上发行债券，而可随时催缴资本在数额上往往比所有者权益大得多，此时成员国政府信誉相当于是 AIIB 提供给国际资本市场的融资担保。来自高评级国家的可随时催缴资本占比直接影响了评级结果，而来自低评级国家的可随时催缴资本根本不被计算在内。由于中国的主权债券评级在 AIIB 所有的创始国中是相当高的（见表1—7），中国承诺出资 50% 对于 AIIB 的信用评级而言显然具有积极影响。

表1—7　　　　　部分 AIIB 创始国的主权债券评级

	国家/评级	标普		穆迪		惠誉	
		评级	展望	评级	展望	评级	展望
域内	新加坡	AAA	稳定	Aaa	稳定	AAA	稳定
	澳大利亚	AAA	稳定	Aaa	稳定	AAA	稳定
	新西兰	AA	稳定	Aaa	稳定	AA	稳定
	科威特	AA	稳定	Aa2	稳定	AA	稳定
	卡塔尔	AA	稳定	Aa2	稳定	—	—
	阿联酋	AA	稳定	Aa2	稳定	AA	稳定
	中国	AA−	稳定	Aa3	稳定	A+	稳定
	韩国	A+	稳定	Aa3	稳定	AA−	稳定
	沙特阿拉伯	A+	负面	Aa3	稳定	AA	负面
	阿曼	A	稳定	A1	稳定	—	—
	伊朗	A+	稳定	Baa1	积极	A−	积极
	马来西亚	A−	稳定	A3	正面	A−	负面
	哈萨克斯坦	BBB+	稳定	Baa2	正面	BBB+	稳定
	泰国	BBB+	稳定	Baa1	稳定	BBB+	稳定
	菲律宾	BBB	稳定	Baa3	正面	BBB−	稳定
	印度	BBB−	稳定	Baa3	稳定	BBB−	稳定
	印尼	BB+	稳定	Baa3	稳定	BBB−	稳定
	土耳其	BB+	负面	Baa3	负面	BBB−	稳定
	孟加拉国	BB−	稳定	Ba3	稳定	BB−	稳定
	俄罗斯	BB+	负面	Ba1	负面	BBB−	负面
	斯里兰卡	B+	稳定	B1	稳定	BB−	稳定
	蒙古国	B+	稳定	B2	负面	B+	负面
	柬埔寨	B	稳定	B2	稳定	—	—
	越南	BB−	稳定	B1	稳定	BB−	稳定
	巴基斯坦	B−	稳定	Caa1	稳定		

续表

国家/评级		标普		穆迪		惠誉	
		评级	展望	评级	展望	评级	展望
域外	德国	AAA	稳定	Aaa	稳定	AAA	稳定
	英国	AAA	负面	Aa1	稳定	AA+	稳定
	法国	AA	负面	Aa2	稳定	AA	稳定
	意大利	BBB-	稳定	Baa2	稳定	BBB+	稳定
	巴西	BB+	负面	Baa3	稳定	BBB-	负面

注：数据截至2015年6月底；域外成员只选择投票权占比大于2%的国家；部分域内成员缺少信用评级数据，例如，标准普尔、穆迪和惠誉未对老挝、乌兹别克斯坦、缅甸、文莱、马尔代夫和尼泊尔等国做出信用评级。中国信用评级机构大公于2013年3月首次发布乌兹别克斯坦信用等级（BBB，稳定）；中国信用评级机构中诚信于2013年11月首次发布缅甸、老挝信用等级（均为Bg-，稳定）。

资料来源：各MDB国际三大评级机构评级报告、http://www.tradingeconomics.com/country-list/rating。

即便未来AIIB不具有"AAA"评级（其融资成本可能高于WB、ADB等机构），但根据其他MDB的长期实践经验，这并不意味着它无法提供具有竞争力的贷款利率。Humphrey（2014）[①] 采用了复杂的方法，对WB、IDB和CAF等MDB非优惠贷款窗口的利率水平做了比较后发现：虽然CAF在国际资本市场上的融资成本较高，但它与WB等机构的利率差距并不如预想中的那样大，且近年来这一差距逐渐缩小，利率仅略高于WB；而IDB作为区域性MDB，贷款利率常能够略低于WB贷款。事实上，长期以来各MDB都存在可观的年净利息收入并积累了大量的公积金余额（见表1—8）。此外，所有者权益/未偿还贷款比率（Equity to Loans ratio，E/L比率）是金融市场判断金融机构的资本充足率以及净收入分配的主要标准。根据表1—5，大部分MDB的E/L比率高于30%，远高于商业银行。例如瑞士银行集团在2008年末至2014年第一季度间的一级资本比率（Tier 1 capital ratio）[②] 为11%—16.7%[③]；2010—2013年，花旗银

[①] Humphrey, Chris, "The Politics of Loan Pricing in Multilateral Development Banks", *Review of International Political Economy*, Feb. 05, 2014, Vol. 21, Issue 3, pp. 611-639.

[②] 一级资本（Tier 1 capital），根据巴塞尔 I 和 II 定义，将所有者权益与留存收益作为风险加权资产的一部分。

[③] UBS, Quarter Report 2008-2014. Available at: http://www.ubs.com/global/en/about_ubs/investor_relations/quarterly_reporting, January 4, 2015.

行集团的一级资本比率在12%和14%之间浮动①。大部分MDB的E/L比率高于抵抗金融风险所需水平。

表1—8　　　　　各MDB的盈利情况（2009—2013年）

单位：百万美元、百万欧元

指标	MDB	2009年	2010年	2011年	2012年	2013年
年净利息收入	IBRD[1]	3789	2460	2451	2141	1939
	EBRD[2]	582	617	783	875	418[3]
	EIB[2]	2242	2545	2872	2981	3006
	ADB	666	670	662	636	576
	AfDB	445	507	401	520	430
	IDB	1882	1904	1388	1531	1672
	CAF	215	188	189	226	188
公积金余额[4]	IBRD[1]	25670	25951	26351	26742	26889
	EBRD[2]	4409	6019	6288	7103	7419
	EIB[2]	26301	28566	30858	33598	36241
	ADB	10782	11933	12346	12323	12973
	AfDB	4029	4040	4048	4046	4237
	IDB	15441	15771	15488	13494	16307
	CAF	2262	2939	3122	3228	3875

注：[1] 2013数据指2013年7月—2014年6月底数据；其他2013数据指自然年度数据；[2] 百万欧元；[3] 2013年6月底数据；[4] 含当年净收入。

资料来源：相关年份的各MDB年报以及三大评级机构（标普、惠誉和穆迪）的评级报告。

小　　结

长期以来，中国在国际发展融资体系中的角色主要是"借款国"，例如，它是ADB和WB的主要借款国；近年来，随着经济社会飞速发展，中国越来越多地以"捐资国"和"合作伙伴"的角色参与到国际发展融资体系中。但不论是在全球性MDB的WB（包括IBRD和IDA）中，还是

---

① Citigroup, Annual Report, 2010 – 2013. Available at: http://www.citigroup.com/citi/investor/overview.html, January 1, 2015.

在 ADB 和 AfDB 等区域性 MDB 中，中国的地位和发言权远落后于发达国家，与中国在世界经济中的分量及贡献严重不匹配。鉴于此，中国倡议设立 NDB 和 AIIB 等新发展融资机构，从而为国际发展融资体系注入新的资金资源和改革动力，改善新兴经济体和发展中国家的地位和发言权，同时，切实有效地推广"南南合作"发展理念。

在现有国际发展融资体系中，中国倡议组建新的发展融资机构具有显著的必要性和可行性。在必要性方面，首先，在现有国际发展融资体系中，新兴经济体和广大发展中国家存在对发展"资金"等生产要素的巨大需求缺口；其次，它们需要适合发展中国家的发展融资"规则"，同时还希望提升自身的地位和发言权。而设立新机构一方面可弥补资金缺口，另一方面，可践行"南南合作"新发展观。在可行性方面，随着经济政治实力不断增长，中国积极参与国际发展融资体系逐渐得到国际社会的认可和接纳，更重要的是，得到了其他 MDB 的有力支持和配合。

中国所倡议组建的新发展融资机构与现有 MDB 构成了有益的互补和竞争关系。以 AIIB 为例，AIIB 对现有 MDB 形成了有益补充。AIIB 主要致力于亚洲地区的基础设施建设，加强区域互联互通与经济合作，以加速成员国和地区经济发展，这与现有 MDB 的宗旨与职能各有侧重。此外，现有 MDB 的实力相对于发展中国家（包括亚洲）的基础设施建设的资金缺口而言，存在显著不足；现有 MDB 大多受西方价值观主导，所提供的发展项目融资不够切合借款方实际，在项目设计和实施、贷款发放率等方面都有待提高。AIIB 也在一定程度上对现有 MDB 构成了竞争关系。一方面，AIIB 将推动国际发展融资体系的民主化和多元化趋势，提升新兴经济体、发展中国家以及借款国在发展融资体系中的地位，基于南南合作理念，推行更适合于发展中国家的发展融资标准；另一方面，AIIB 将在重点业务领域、供贷能力、贷款条件等方面成为现有 MDB 的竞争对手。在上述互补与竞争的互动关系中，一方面，发展中国家基础设施建设的融资渠道得到拓展，另一方面，全球性与（跨）区域性 MDB 共同推进了更有效、更具包容性的国际发展融资体系的构建。

第二章 新开发银行的治理结构分析：基于主要 MDB 的运作实践

2012 年 3 月，金砖国家第四次峰会提议设立由"金砖五国"（巴西、俄罗斯、印度、中国和南非）主导的南南开发银行（a BRICS-led South-South Development Bank）。金砖国家在 2013 年 3 月的第五次峰会上决定建立"金砖国家新开发银行"（the BRICS New Development Bank，NDB），在 2014 年 7 月的第六次峰会通过《福塔莱萨宣言》，签署《建立新开发银行的协议》，正式启动 NDB。2015 年 7 月 21 日，NDB 在上海正式开业。

《建立新开发银行的协议》[①] 对 NDB 的治理结构（包括股权结构和组织机构设置）等内容作了相关规定，本章拟结合现有 MDB 的长期实践，探讨 NDB 在治理结构方面的特征。

第一节 NDB 的制度框架

2014 年 7 月 15 日，"金砖五国"在巴西福塔莱萨签署了《建立新开发银行的协议》[②]，明确了 NDB 的宗旨、职能以及总体治理框架。

一 NDB 的宗旨与职能

早在金砖国家第五次峰会上，《德班宣言》就提出，NDB"为金砖国

[①] BRICS, Articles of Agreement of the New Development Bank, July 15 2014, http://brics.itamaraty.gov.br/media2/press-releases/219-agreement-on-the-new-development-bank- fortaleza-july-15.

[②] BRICS, Agreement on the New Development Bank, July 15, 2014, Available at: http://www.brics.utoronto.ca/docs/140715-bank.html, September 20, 2014.

家以及其他新兴经济体和发展中国家的基础设施建设和可持续发展项目融资,作为在全球增长和发展领域中现有多边和区域金融机构的补充"。① 为此,中国国家开发银行、巴西开发银行(Brazil's Banco Nacional de Desenvolvimento Economico e Social, BNDE)、俄罗斯开发与对外经济活动银行(Russia's Vnesheconombank)、印度进出口银行(EXIM Bank of India)以及南非开发银行(the Development Bank of South Africa, DBSA)等在此次峰会上共同签署了《金砖国家非洲基础设施联合融资多边协议》(a BRICS Multilateral Infrastructure Financing Agreement for Africa)和《金砖国家可持续发展合作和联合融资多边协议》(a BRICS Multilateral Cooperation and Co-Financing Agreement for Sustainable Development)。

在金砖国家第六次峰会上,《建立新开发银行的协议》进一步明确指出,NDB 的宗旨是为金砖国家和其他新兴经济体及发展中国家的基础设施和可持续发展项目调动资金,对多边和区域融资机构为全球增长和发展所做的已有努力形成补充。NDB 的职能是通过提供贷款、担保、参股和其他融资工具,向金砖国家和其他新兴经济体及发展中国家(包括非成员国)②的公私部门提供资金,以支持基础设施和可持续发展项目(包括跨境项目)建设;与国内公私实体、国家开发银行以及国际金融机构等国际组织合作;为 NDB 所支持的基础设施和可持续发展项目的准备阶段和实施阶段提供技术援助;建立特别基金服务于宗旨。

二 NDB 的组织结构

(一)理事会

NDB 所有权力都授予理事会,理事会由每个成员国各委派 1 名理事和 1 名副理事组成。理事须是部长级的,对委派他的成员国负责。仅当理事缺席时,副理事代为投票。理事会每年选举一位理事为主席。

除以下保留权力外,理事会将大部分权力授予董事会:接受新成员并决

---

① BRICS, Fifth BRICS Summit Declaration and Action Plan, July 15, 2014, Available at: http://www.brics5.co.za/fifth-bricssummit-declaration-and-action-plan/, September 25, 2014.
② 经理事会"特别多数"同意,新开发银行业务可以向非成员国新兴经济体或发展中国家开放。

定其准入条件；增减资本；暂停成员国资格；解释及修订《建立新开发银行的协议》；批准与其他国际组织合作总体战略；决定银行净收入的分配；决定终止银行业务并分配银行资产；决定副行长数量的额外增加；选举行长；批准董事会催缴资本的请求；批准每五年一次的银行总体战略文件。

理事会每年开会一次，其他会议由董事会或董事召集。应成员国（数量由理事会决定）的随时要求，董事应召开董事会。理事会会议的法定人数须为过半理事，并且所持票数不少于投票权总数的 2/3。银行不付薪酬给理事和副理事。理事会需决定行长的薪酬和任职条款。

（二）董事会

董事会实施理事会所委托的所有权力，统筹银行的总体运行，特别是：遵照理事会的总体指示，就业务战略、国家战略、贷款、担保、股权投资、银行借入款项等事项作出决策，设置基本的运行程序和收费，提供技术援助和银行的其他运作。董事负责在行长的提议下批准银行的基本组织设置，包括工作人员中的主要行政职位和专业职位的数量和总体职责等。董事会需委任一个信贷和投资委员会（Credit and Investment Committee），并且在它认为合适的时候，委任其他类似的委员会。

每个创始国各委派 1 名董事和 1 名副董事。董事总数不超过 10 名，增加董事需经理事会特别多数通过。董事任期两年，并且每两年重新选举一次。董事需持续任职直至继任者被选出并且是合格的。副董事在董事缺席时全权代表董事行使权力。董事会会议的法定人数须为过半董事，并且所持票数不少于投票权总数的 2/3。当董事会正在考虑将会对某一成员国产生特定影响的问题时，该成员国可派一名代表出席董事会的任何相关会议。这种权利应由理事会规定。

董事会须以"非常驻"机构运行，每季度开会一次，除非理事会以简单多数决定（必须开会）。如果理事会决定让董事会成为"常驻"机构，则行长将成为董事会主席。

（三）行长、副行长

《建立新开发银行的协议》第十三条对行长及副行长做了相关规定：行长通过理事会选举的方式由金砖国家轮流担任（a 款）；负责银行日常

管理（b款）；可参加理事会会议，但不投票，在董事会中拥有投票权；任期五年，不能连任。NDB的副行长由行长推荐、理事会批准，未轮值行长职位的金砖国家应分别至少占据一个副行长职位（c款），任期五年（第一副行长首届任期为六年），不能连任（d款）。

三 NDB的决策机制及其他

在主体资格、股权结构和投票权分布方面，NDB拥有完整的国际人格，在成员国内，拥有完整的法律人格，可订约、获得或处置动产及不动产，开展法律程序等；NDB的成员国资格向所有联合国成员开放；NDB的法定资本为1000亿美元，分为100万份（每份10万美元），成员国至少认购1份；初始认缴资本是500亿美元（其中，实缴资本为100亿美元，待缴资本为400亿美元），由创始国"金砖五国"平均出资；各成员的投票权占比须与其认缴资本占比一致，五大创始国投票权总占比须为55%以上，非借款国成员投票权占比须为20%以下。

在决策机制方面，每个成员国的投票权占比应等同于其在银行股本中的认缴数额占比。除协定有特别规定外，所有事项由总投票权的简单多数决定。协定中的"有效多数"（qualified majority）指获总投票权的2/3赞成票；"特别多数"（special majority）指获4个创始国赞成，同时获总投票权的2/3赞成票。在理事会投票中，每个理事有权代表委派他的国家投票；在董事会投票中，每个董事有权代表选举他的那些成员国投票（不需以整体投票）。

同时，金砖国家还就以下事项达成一致：NDB的总部设于中国上海，同时在南非约翰内斯堡设立非洲地区中心；首任理事会主席来自俄罗斯，首任董事会主席来自巴西，首任行长来自印度。

第二节 NDB治理结构的特征

根据现有MDB的长期实践，其在治理结构方面面临的主要问题包括：成员国的代表性（包括各国投票权和发言权的分配、关键席位分配以及决策规则的制定等）与MDB的合法性之间难以平衡；小股东国（往往是

MDB 的主要业务对象）因对 MDB 决策的影响力不足而缺乏归属感，更倾向于以尽可能低的成本受益于贷款项目，而大股东国往往能通过将政策偏好强加给 MDB 以保障本国利益从而影响了发展效果；增资虽能提升 MDB 的业务能力，但往往因其将改变既有治理结构而受阻，等等。

根据《建立新开发银行的协议》的规定，NDB 的治理结构总体类似于 IBRD 和其他主要区域性 MDB，但也存在其自身的特点。

一 NDB 股权结构受借款国掌控有助于提高效能

作为受借款国掌控的 MDB，NDB 成员国的"主人翁"责任感可能会比较强，从而减少大部分 MDB 常有的贷款"拖欠"情况。表 2—1 展示了已有七大 MDB 借款国和非借款国投票权占比。根据穆迪评级对各 MDB 的相关年份评级报告，借款国投票权占比最高的 MDB（例如 EIB 和 CAF）的不良贷款/未偿贷款比值保持在七大 MDB 中的最低水平（2009—2014 年，基本都是 0），而借款国投票权占比最低的 MDB（例如 EBRD）的该比值则保持在七大 MDB 中的最高水平（2009—2013 年围绕 3% 上下波动，2014 年度高达 5.6%）。

此外，由借款方主导，有利于使 NDB 建立一种更为精简、垂直的成本节约型行政结构。在现有 MDB 的业务操作中，一个特别有争议的方面是要求每个项目须符合特定的审批和实施流程，包括内部审查、质量控制、环境和社会保障、采购和财务管理规则等。并且，大多数制度设置和实施环节由"非借款国"掌控，而借款国常抱怨官僚主义所造成的沉重负担。由借款国主导有助于使 NDB 遵循 CAF 的模式，加快项目审批和贷款发放速度。同时，NDB 可能主要严重依赖于各成员国的"国家系统"，而不是施加外部环境、社会和采购要求。

表 2—1　　　　　　　各 MDB 的投票权集中度　　　　　　　单位:%

项目/MDB	WB	区域性 MDB					
	IBRD	ADB	EBRD	EIB	AfDB	IDB	CAF
非借款国	63.08	64.12	83.38	0.00	40.14	49.99	4.60
借款国	36.92	35.88	16.62	100.00	59.86	50.01	95.40

第二章 新开发银行的治理结构分析：基于主要 MDB 的运作实践　49

续表

项目/MDB	WB	区域性 MDB					
	IBRD	ADB	EBRD	EIB	AfDB	IDB	CAF
非区内成员	—	34.87	36.87	0.00	40.49	15.94	4.60
区内成员	—	65.13	63.13	100.00	59.51	84.06	95.40
成员数	188	67	66	28	80	48	19
国别集中度	美、日、中、德、法、英、沙特、俄共占46.52	日、美、中、印、澳、加、印尼、韩共占54.66	美、英、日、意、德、法、俄、加、西共占70.23	德、法、意、英共占64.44	日、法、加、摩洛哥、尼日利亚、意、美、埃及、德、阿尔及利亚、科特迪瓦、利比亚、南非共占61.02	美、阿根廷、巴西、墨、委、加共占67.66	秘、委、哥伦比亚、阿根廷、巴西共占71.50

注：IBRD 数据截至 2014 年 6 月底，其他 MDB 数据截至 2014 年年底；"成员数"包含国家和机构；EIB 与 EU 也是 EBRD 的股东，（非）借款国与区内外成员国的投票权占比包括它们在这两大机构中所占比例；CAF 的成员包括 18 个国家和 14 家私人银行，后者所持股份总占比仅为 0.05%，各类报告统计时将它们合并为一个整体或不计，此处将它们看作一个成员。

资料来源：各 MDB 官方网站。

二　NDB 实行"非常驻"董事制，（副）行长成为治理结构的核心

据表 2—2，绝大部分 MDB 实行"常驻"执董（董事）制度，并且执董（董事）会是其组织结构中的核心机构。以 IBRD 为例，《国际复兴开发银行协定》第五条第 4 款（c）至（e）规定，执董应"常驻"总部办公，并能随时根据银行的需要"经常开会"（continuous session）；每名执董应指派一名副执董，在其本人缺席时，由后者全权代行其职责；执董应持续任职，直至继任者得以委任或选出为止。根据协定，常驻执董会的职能包括战略决策、日常事务管理以及内部监督等各项重大职能。但根据 IBRD 的多年实践，"全职工作"的要求并不利于构建强有力的执董会，因为各国不太可能派驻本届政府中的资深官员前往；日益繁杂的日常事务使执董们逐渐失去了谋划宏伟蓝图所必需的时间和远见卓识。此外，《国际复兴开发银行协定》对执董究竟应对 MDB 负责还是对母国负责，定位模糊。特别是对于多国家选区而言，执董一方面必须代表母国，另一方面必须避免其他成员国利益不受损，二者关系的平衡尤为重要。

EIB 实行"非常驻"董事制度。据《EIB 公司治理报告（2014）》，

董事会每年至少开会 6 次，一般开会 10 次。EIB 董事会决策可通过"书面程序"和"默许程序"批准复杂性较低的决定。① EIB 董事中的大部分通常（但不仅限于）在公共部门（通常是财政部，或其他部，或负责国际合作和发展的国家机关）任职。当他们的岗位发生变动时，通常会同时从 EIB 董事会辞职，而让位于继任者。事实上，"非常驻"董事能够更有效地把母国政府的有关看法转达给 MDB。与"非常驻"董事相配合的制度是，管理委员会和行长被设置为 EIB 治理结构的核心。根据《欧洲投资银行条例》第九至十一条以及十九条，管理委员会由 1 位行长和 8 位副行长构成，② 任期 6 年，可连任。管理委员会须在行长（是管理委员会主席）的领导下以及董事会的监督下对银行的当前业务负责。管理委员会必须准备董事会决议，特别是关于筹资和批准供资（特别是贷款和担保形式）的决议；必须确保这些决议得以实施。当管理委员会就筹资和供资（特别是贷款和担保形式）提案发表意见时，需遵循多数制原则。管理委员会负责审查筹资业务是否符合《欧洲投资银行条例》的规定，并提交董事会决策。管理委员会需向董事会提交赞成或反对的建议和观点；当管理委员会持反对意见时，董事会不能批准，除非董事会一致同意。

NDB 借鉴了 EIB 的"非常驻"董事制度，并使金砖国家在组织结构中占主导地位。《建立新开发银行的协议》规定，董事会以"非常驻"机构运行，每季度开会一次（开会次数少于 EIB），除非理事会以简单多数决定必须开会；董事会应从董事中任命一位非执行主席（non-executive chairperson），任期 4 年。③ 同样的，按照现有的制度设计，行长及其所领导的管理层也是 NDB 组织结构的核心。NDB 在正式文件中将副行长席位在创始国之间明确地作出利益分配是与众不同的。尽管 WB（含 IBRD 和

---

① EIB, European Investment Bank Group Corporate Governance Report 2014, May 20, 2015, http://www.eib.org/infocentre/publications/all/2014-eib-group-corporate-governance-report.htm. "书面程序"（written procedure）要求管理部门的成员书面表态是否同意特定的方案，一旦得到足够数量（按照前述规则）的同意，方案即获得通过。"默许程序"（tacit procedure）指在给定期限内，若无足够数量的成员反对，某项方案即获得通过。董事会一般采用上述方式。

② 理事会一致同意，管理委员会成员数量可调整。经董事会特定多数通过的建议，在得到理事会特定多数通过之后，可强制撤掉管理委员会中的某个成员。（《欧洲投资银行条例》第十一条第 1、2 款）

③ 如果 NDB 理事会决定让董事会成为"常驻"机构，则由行长担任董事会主席。

IDA）的行长始终是美国人，但它是一条"不成文"的规矩，正式文件并未作出这样的规定。NDB通过确保金砖国家的行长及副行长席位，从而确保了金砖国家的主导地位。

三 NDB的董事会投票规则有利于弱小成员国

在董事会投票权问题上，CAF实行特殊制度，将股票分为三种类型以平衡各国的出资差异。主要成员（阿根廷、玻利维亚、巴西、哥伦比亚、厄瓜多尔、巴拿马、巴拉圭、秘鲁、乌拉圭和委内瑞拉十国）各购买1份A股票，上述十国与私人银行各购买若干数量的B股票，其他国家（智利、哥斯达黎加、多米尼加、牙买加、墨西哥、葡萄牙、西班牙、特立尼达和多巴哥八国）各购买若干数量的C股票。尽管A股票股东的权力最大（关键问题决策往往要求A股票全体或较高比例的股东赞成），但与此同时，一定比例的B和C股票股东的赞成也是必需的。这种制度以其独特的方式，尽可能避免少数小国代表权不足的问题。CAF所实行的并不是典型的选区制，对代表多个国家的董事是统一投票还是分开投票也没有特别规定。

除了CAF外，其他MDB基本都实行选区制。IBRD、IDB和AfDB等MDB在实行"选区制"的同时还规定，多国家选区内的所有投票权由该选区执董作为一个单位投票。例如，《国际复兴开发银行协定》第五条第四节（g）部分规定，"每一名被指派的董事应按分配给指派该董事的会员国的票数投票；各董事可投的全部票数应作为一个单位投票"。这样，在多国家选区内，持不同意见且投票权占比较低的弱小成员在这个环节中只能"被代表"。

NDB、EIB、EBRD和ADB不存在小国被某位执董"代表"的情况。EIB的28个成员国和EU各提名1名执董，因此，不存在多国共享1个执董席位的情况。据《亚洲开发银行宪章》[①]第三十三条第3款，ADB执董会投票时"每个执董应按其当选所得票数投票，不必作为一个单位投票"，即多国选区内的董事分别替区内所有成员代为投出各自的票数，各成员可经董事之手表达不同立场。EBRD协定第二十九条的规定类似于

---

① ADB, Agreement Establishing the Asian Development Bank, http://www.adb.org/sites/default/files/institutional-document/32120/charter.pdf.

ADB。而 NDB 董事会有 10 个席位，5 个为金砖国家保留（协定第十二条 b 款），意味着其他国家将共同组成"选区"。《建立新开发银行的协议》第六条 d 款规定，"在董事会投票中，每个董事有权将选举他的（那些主体所拥有的）投票权全部计入他的投票，不需作为一个单元来投票"。这表明，NDB 允许多国家选区"分别"投票，即多国选区内的小国即便与执董意见不同，也有机会发出自己的"声音"。

四 NDB 的表决制度增强了金砖国家的主导地位

在投票权的构成上，IBRD、ADB、AfDB 和 IDB 实行"基本票 + 份额票"制度。所有成员拥有定量的"基本票"在一定程度上稀释了出资占比高的成员的影响力。其中，ADB 将总投票权的 20% 作为基本票（ADB 宪章第三十三条第 1 款）。但绝大部分 MDB 的基本票在总投票权中的占比都非常小，根本不足以使发展中国家的发言权得到保障，例如，IBRD 仅将总投票权的 5.55% 作为基本票平均分配给各成员（《国际复兴开发银行协定》第五条第 3 款）。CAF 股东投票权等于其实收资本占比；NDB 与 EIB 和 EBRD 相同，股东投票权等于其认缴资本占比。NDB 在投票权构成方面，有利于金砖国家。

在表决制度上，表 2—2 中的所有 MDB 都实行"简单多数 + 特别多数"的表决制度，但它们在特别多数制度的具体要求以及需要特别多数通过的具体事项上，各不相同。其中，IBRD、ADB、EBRD、IDB 和 AfDB 实行的是典型的"简单多数 + 特别多数"制度，即简单多数指超过 50% 的多数，特别多数则因 MDB 及具体事项而异。CAF 在表决制度中，赋予 A 股票股东以特别重要的主导权。EIB 和 NDB 对简单多数和特别多数的定义与其他 MDB 都不相同。例如，NDB 规定所谓"特别多数"是指"4 个创始国并且总投票权的 2/3 以上"，[①] 这实际上赋予创始国以主导地位。

[①] 《建立新开发银行的协议》规定，NDB 需要特别多数通过的事项包括：成员国资格向联合国所有成员国开放（第五条 b 款）；法定和认缴资本量以及实收资本和待缴资本比例的调整（第七条 d 款）；其他成员国（非创始国）的初始认缴资本占比（第八条 a 款）；董事和副董事数量的增加（第十二条 b 款）；终止行长继续担任公职（第十三条 a 款）；批准在非成员的新兴经济体或发展中国家开展公共或私人项目业务（第十九条 d、e 款）；暂停不履行义务的成员国资格（第三十八条 a 款）；终止银行业务及所有活动（第四十一条）；对成员国分配银行资产（第四十三条 a 款）；本协议的修订（第四十四条 a 款）。

第二章 新开发银行的治理结构分析：基于主要 MDB 的运作实践   53

表 2-2 各 MDB 的执董（董事）会结构及决策方式

MDB	是否常驻	执董（董事）会设置		决策机制		借款国地位	
		是否实行选区制（除 EIB 外，其余 MDBs 每名执董各指派一名副执董）	典型的选区制	投票权中是否设置基本票	表决制度	多国选区执董/董事投票规则	主导格局是否明显	借款国投权占比（%）
IBRD		25 名执董，美、法、日、中、德、英各委任 1 名，其余 19 名由选区（1 个单国家选区和 18 个多国选区）选出。	实行基本票+份额票	基本票（每成员投票量总占 5.55%）+份额票（等于股份数）。	基本都实行简单多数+特别多数制；EIB、NDB 还涉及有效多数标准	简单多数+特别多数（总投票权 3/4 或 4/5 等不同情况）。	应整体投票	主导	36.92
ADB		12 名董事，代表 12 个选区（美、日、中是单国家选区，其余为多国选区；8 名由亚太地区成员选出，4 名由区外成员选出。		基本票（用总投票权的 20% 在各成员中平均分配）+份额票（等于股份数）。		简单多数+特别多数的 2/3 或 3/4 以上，总投票权 2/3 以上并持有总投票权的 3/4 以上)。	不必须整体投票	非借款国主导	35.88
AfDB		20 名执董，13 名由区内多国家选区选出，6 名由区外多国家选区选出，1 名由美国委任。		基本票（每成员 625 票）+份额票（等于股份数）。		简单多数+特别多数的 2/3 或 70%（总投票权 2/3 以上；总投票权 70% 以上）。	应整体投票	不明显	59.86
IDB		14 名执董，9 名美、加各委任 1 名，3 名由区外国家选出，其余委任区内多国国家）各委任区选出。		基本票（每成员 135 票）+份额票（等于股份数），加投票权不低于 30%，美、加投票权不低于 4%；区内发展中国家不低于 50.005%。		简单多数+特别多数的 3/4 以上；成员总数 2/3 以上并持有总投票权的 3/4 以上且区内总投票权 2/3 以上）。	应整体投票	不明显	50.01

54　中国与国际发展融资体系

续表

EBRD	非选区制	23名董事，英、法、德、意、日、美、EIB、EU委任1名，其余15名由多国家选区（13个欧洲国家选区、2个非欧洲国家选区）选出。	各国投票权等于其所认缴股份数。	简单多数+特别多数的2/3以上（总投票权国总数2/3以上并持有总股权的3/4以上）。	应分开投票	非借款国主导	16.62
CAF	非典型选区制	14名执董。A类股票股东（共10国）各指派1名；B类股票股东（与A类股票股东相同）共指派1名，B类股票中的私人银行和金融机构共指派1名；C类股票股东（另外8个国家）共指派2名。	在董事会选举中，每个股东的投票权等于其实收资本的占比。不设基本票	特别股东大会重大决议需经A类股票过半（半数加1个）股东100%及其他股东同意；其他事项需经A类股票过半（半数加1个）股东同意，定期股东大会决议需经A类股票过半股东60%及其他股票过半股东同意。	（未作具体规定）		95.40
EIB	非典型选区制	29名董事，28个欧盟成员国共占董事席位；19位副董事（部分副董事席位由多国共享）。	投票权占比与成员国所认缴资本比例一致。	决策通过须经至少1/3并代表成员的50%以上认缴资本的多数，有效多数则要求18票和认缴资本的68%同意。	（不存在代表多国的董事）	借款国主导	100.00
NDB	典型选区制	董事不超过10名，各任命1名，5个创始国共享5个席位。	各国投票权等于其所认缴股份数。	简单多数+有效多数的2/3（成员国投票权的2/3以上）+创始国（4个创始国共占总票权的2/3以上）。	不必整体投票		80.00以上

注：IBRD数据截至2015年6月底，其他MDB数据截至2015年底；"成员数"包含国家机构；在借款国投票权占比方面，EIB与EU也是EBRD的股东，（非）借款国与选区内外成员国的投票权占比包括它们在这两大机构所占比例；CAF的成员包括18个国家和14家私人银行，后者所持股份总占比仅为0.05%，各类报告统计时将它们合并或作为一个整体不计，此处均作为MDB的其他各成员。

资料来源：各MDB官方网站、《欧洲投资银行条例》和其他各MDB的协定。

小 结

本章根据现有 MDB 的相关情况以及 NDB 的《建立新开发银行的协议》，探讨了 NDB 的治理结构。

现有 MDB 的治理结构，存在成员的代表性与 MDB 的合法性之间难以平衡以及大小股东利益难以平衡等问题。NDB 的治理结构在总体类似于现有 MDB 的同时，也存在自身的特点：NDB 实行"非常驻"董事制度，由行长及副行长领导的管理层为治理结构的核心，董事会投票规则有利于弱小成员，表决制度增强了金砖国家的主导地位。总体上，NDB 是以金砖国家为主导，以借款国为主导的 MDB。

作为"南南合作"的代表，NDB 为推进国际发展融资体系和架构的进一步改革，提供了良好的平台和机会。然而，我们也必须意识到，金砖国家在加强金融领域合作方面尚存在诸多限制：首先，相比于欧盟等经济联盟，金砖国家在财政政策、货币政策、汇率政策等方面的协调程度不高，五国之间还需要长期的磨合。其次，"金砖五国"之间既存在合作，又存在竞争。中国、俄罗斯、巴西、印度以及南非同时作为世界上快速发展的新兴经济体，在争夺全球市场，推广本币影响力等事务上存在正面的摩擦和冲突，能否处理好五国之间的合作—竞争关系，将直接影响到 NDB 的运作过程及效果。

第三章 新开发银行的业务运作前景分析：基于主要 MDB 的运作实践

《建立新开发银行的协议》[①] 对 NDB 的资本规模、业务运作等内容作了相关规定，本章结合现有 MDB 的长期实践，探讨 NDB 在业务规模、业务工具、业务领域及对象、融资渠道等方面的潜在发展路径。

第一节 NDB 的潜在业务规模及财务可持续性分析

根据现有 MDB 的实践经验，资本规模、资本充足率、杠杆率、收益率和融资成本等是影响 MDB 业务规模的重要因素，基于上述因素可初步判断 NDB 的潜在业务规模。

一 资本规模是决定各 MDB 业务规模的最重要因素

现有 MDB 都在其协定或条例中将业务规模上限与认缴资本或实收资本相联系。各 MDB 的资本和业务规模见本书第一章表 1—5。《欧洲投资银行条例》（EIB sStatute）第十六条第 5 款将 EIB 的未偿贷款和担保总余额上限设定为"认缴资本、储备及未分配利润等项之和的 250%"。IBRD（协定第三条第 3 部分）、ADB（协定第十二条第 1 款）、EBRD（协定第十二条第 1 款）、AfDB（协定第十五条第 1 款）、IDB（协定第三条第 5 部分）规定，未偿贷款和担保总额不得超过认缴资本、储备和盈余之和的 100%。CAF 协定第八条规定，公司债务（按存款、债券、第三方贷款和

[①] BRICS, Articles of Agreement of the New Development Bank, July 15 2014, http://brics.itamaraty.gov.br/media2/press-releases/219-agreement-on-the-new-development-bank-fortaleza-july-15.

其他类似债务总和计）的上限应为其（资产）净值（实收资本、储备、盈余、应计净收益和其他权益的总和）的3.5倍。

为扩大业务规模，近年来现有MDB都在尽其所能地实现增资。如图3—1所示，在2007—2014年间，6个MDB的认缴资本都显著上升了，IBRD、ADB、EBRD、EIB、IDB和AfDB的增幅依次为22.65%（从1898.01亿美元升至2327.91亿美元）、173.42%（从559.78亿美元升至1530.56亿美元）、49.91%（从197.94亿欧元升至296.74亿欧元）、47.62%（从1648.08亿欧元升至2432.84亿欧元）、42.90%（从1009.53亿美元升至1442.58亿美元）和175.27%（从342.81亿美元升至943.66亿美元）。

因CAF资本统计指标不同于其他MDB，因此未列入图3—1。在CAF年报中，截至2014年底，CAF的"认缴和实收资本"为61.6亿美元；穆迪和标普等机构对CAF的评级报告都将这一数值直接归入"实收资本"指标；根据穆迪对CAF的评级报告，2007—2014年，CAF的实收资本从2007年底的22.49亿美元上升至2014年底61.62亿美元，增幅为173.99%。2015年，CAF的法定资本将从2014年的100亿美元大幅上升至150亿美元，其中，实收资本升至100亿美元，待缴资本升至50亿美元。[①]

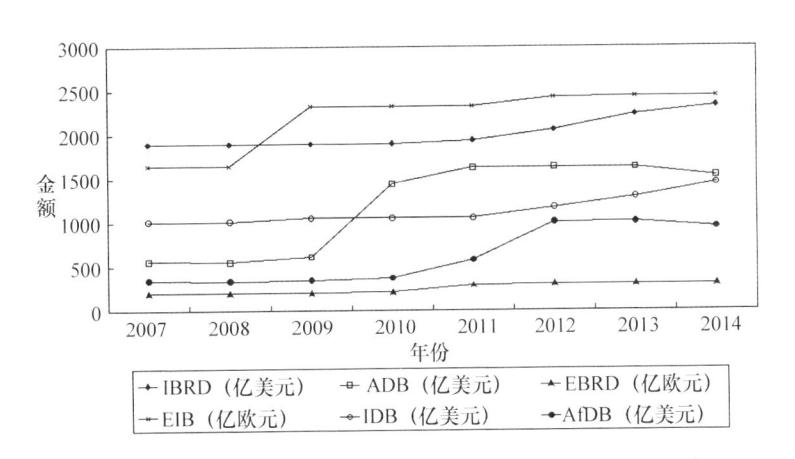

图3—1 各MDB的认缴资本（2007—2014年）

资料来源：各MDB相关年份的穆迪评级报告。

[①] Moody, Capital Increase Demonstrates Shareholder Commitment and Strengthens Countercyclical Role, March 18, 2015, http://www.caf.com/media/2855574/documento_ de_ aumento_ de_ capital_ autorizado_ mar_ 2015. pdf.

ADB 为扩大业务规模，计划合并普通业务和特殊业务资金，这在 MDB 中前所未有，也反映了 ADB 扩大业务规模的迫切性。在 2015 年 5 月日本宣布的"高质量基础设施合作伙伴关系：投资亚洲的未来"的计划①下，ADB 将把亚洲开发基金（ADF）的股本和贷款业务并入普通资金来源（OCR）资产负债表中的"普通储备金"（不改变股东的实缴资本，从而不改变投票权结构），使 ADB 总体融资能力提高 50%（见表 3—1）。②该整合于 2017 年 1 月生效之后，ADB 还将考虑继续增资。

表 3—1　ADB 整合 ADF 和 OCR 后的资产负债表（截至 2017 年 1 月）

单位：十亿美元

项目	ADF	OCR	整合后
股本	34.6	18.3	53.0
未偿贷款[1]	30.8	68.0	98.8
股本/贷款比（%）	112.5	26.9	53.6
整合前年度援助	3[2]	10[3]	—
整合后年度援助	—	—	15—18[4]

注：由于统计口径不同，此处数据与前文有差异。[1]包括未偿还担保。[2]包括优惠贷款（25亿美元）和赠款（5亿美元）。[3]包括贷款、担保和股本投资。[4]包括非优惠与优惠贷款、担保、股本投资和赠款。

资料来源：ADB，http://www.adb.org/zh/news/features/frequently-asked-questions-enhancing-adbs-financial-capacity-50-reducing-poverty-asia.

二　MDB 业务规模的其他影响因素

在初始资本规模既定的情况下，MDB 的放贷能力还受其运作模式和

---

①　在 2015 年 5 月日本宣布的"高质量基础设施合作伙伴关系：投资亚洲的未来"的计划下，在未来五年将向亚洲基础设施建设提供 1100 亿美元的投资，相比之前五年提高了 30%。日本计划以日本国际协力机构（JICA）（出资 335 亿美元）、日本国际协力银行（JBIC）（出资 200 亿美元）以及 ADB（出资 530 亿美元）这三个主要渠道来实现 1100 亿美元的投资。其中，日本国际协力机构是日本的政策性银行，是日本对外实施 ODA 的主要执行者（主要执行其他官方贷款即 OOF），其业务包括出口信贷、进口信贷、出资、担保、为日本企业在海外基础设施建设和海外并购等活动提供贷款等。

②　ADB 提供贷款、担保、股本投资、赠款和技术援助，贷款来自于 OCR 和 ADF，其中，OCR 为中等收入国家提供的准市场利率贷款，ADF 为捐赠基金，每 4 年增资一次，向贫困国家提供优惠贷款（长期限、低利率）和赠款。改革后优惠贷款由扩大后的 OCR 提供，条件与原 ADF 贷款一致；ADF 作为"赠款"专用捐赠基金得以保留。

运行业绩的影响,具体表现为资本充足率、杠杆率、收益率和融资成本等财务指标状况。

(一)资本充足率和杠杆率

可用权益/(未偿贷款+股权投资业务额)是各 MDB 的资本充足率指标,具体而言,它衡量的是单位权益资本对形成贷款组合余额的能力;该值越低,说明单位权益资本形成贷款组合余额的能力越高,反之则反。据表3—2,除 EIB 之外,其余 MDB 的可用权益/(未偿贷款+股权投资业务额)几乎都高于30%(商业银行的同类指标值一般为10%—15%),其中,比值特别高的是 EBRD、AfDB 和 CAF。这是因为 MDB 主要利用股本在国际资本市场上发行债券进行融资,而这反过来又取决于资本市场对 MDB 的信任。由于 EIB 成员基本都拥有 AAA 信用评级,成员支持能力是所有 MDB 中最强的;而 EBRD 的主要业务对象是私人部门,AfDB 有相当一部分成员经济发展水平非常低,CAF 由借款国(都是发展中国家)掌控,它们都需要采取相对审慎的原则,因此这一比值维持在较高位。

MDB 一般采用"债务/可用权益"作为杠杆率指标,它与可用权益/(未偿贷款+股权投资业务额)是大致相对的,即可用权益/(未偿贷款+股权投资业务额)较高的 MDB,杠杆率较低,但两指标的作用是类似的。据表3—2,EIB 的杠杆率最高,基本介于750%—950%之间;而 EBRD、AfDB 和 CAF 的杠杆率较低,其中,EBRD 和 AfDB 介于200%—300%之间,CAF 则仅为100%—200%。一方面,如果杠杆率过低,资本回报率将受到影响;另一方面,杠杆率太高也意味着更高的风险,同等情况下不容易获得高的信用评级。

表3—2 各 MDB 的杠杆率和流动性(2009—2014) 单位:%

项目/年份/MDB		IBRD	ADB	EBRD	EIB	AfDB	IDB	CAF
可用权益/(未偿贷款+股权投资业务额)	2009	37.9	35.5	63.6	11.7	60.8	35.6	44.9
	2010	30.2	33.7	60.8	11.1	56.9	33.3	41.5
	2011	30.0	32.6	53.9	10.7	50.8	29.9	42.1
	2012	26.9	30.5	53.0	13.4	47.2	30.1	41.6
	2013	27.49	31.8	56.7	13.5	48.4	33.3	42.9
	2014	25.3	29.9	54.7	13.5	45.9	31.8	45.1

续表

项目/年份/MDB		IBRD	ADB	EBRD	EIB	AfDB	IDB	CAF
债务/可用权益	2009	274.8	277.3	172.6	803.2	223.2	291.7	146.7
	2010	354.6	326.5	192.5	890.9	248.5	300.3	169.1
	2011	340.8	352.5	241.7	945.1	264.3	322.9	175.9
	2012	396.2	394.5	250.5	769.1	248.7	317.0	208.2
	2013	360.3	359.6	209.9	735.9	222.0	291.7	201.5
	2014	413.0	370.2	250.8	748.7	236.4	326.2	196.6

注：IBRD 是财年数据，截至当年 6 月底，其他 MDB 是自然年度数据，截至当年年底。在资本充足率指标上，ADB = 可用权益/（未偿贷款 + 股权投资业务额 + 风险加权国债资产）；IDB = 可用权益/未偿贷款；其他 MDB 的资本充足率 = 可用权益/（未偿贷款 + 股权投资业务额）。各 MDB 的可用权益 = 实收资本 + 储备 + 利润。

资料来源：各 MDB 2009—2014 年的 Annual Report、Financial Report、Financial Statement 以及穆迪、标普评级报告数据或据其计算而得。

（二）收益率和融资成本

越高的股权收益率（Return on Equity，ROE）和总资产收益率（Return on assets，ROA），表明 MDB 每年能够产生越多的净收入补充到储备中，从而使股东权益总额得到更快速的增长。据表 3—3，EIB 的 ROE 和 ROA 值是最稳定最可观的，EBRD 的 ROE 值最不稳定；据表 3—3 计算，在 2009—2014 年期间上述七大 MDB 的 ROE 和 ROA 平均值分别约为 3.6% 和 0.5%。

收益率又与融资成本紧密相关，而后者在很大程度上与信用评级是互为因果关系的。这是因为贷款利差作为发展项目贷款价格与融资成本之间的差额，是大部分 MDB 收益的重要构成部分，而融资成本又取决于 MDB 所发行债券的买方（投资者）对 MDB 风险的评估。在 MDB 认缴资本中，"实收资本"一般只占小部分，占比较高的"待缴资本"[①]（见本书表 1—5）的质量往往成为市场判断 MDB 风险的重要依据。据表 3—3，EIB 待

[①] 根据现有 MDB 的长期实践，实收资本/待缴资本的初始比值一般都高于 20%，在正常运行一段时间后，许多 MDB 逐渐将它调低，这意味着，MDB 的运营可以跟多地依靠待缴资本。值得注意的是，至今现有 MDB 对待缴资本的"催缴"从未发生过。参见陈燕鸿、杨权，《亚洲基础设施投资银行在国际发展融资体系中的定位：互补性与竞争性分析》，《广东社会科学》2015 年第 3 期。

缴资本中评级为 Aaa – Baa3 的占比是最高的，这说明 EIB 的成员国普遍拥有较高的信用评级，它们对 EIB 的支持能力较强，这是 EIB 获得"AAA"评级的关键因素。同时，这反过来也是 EIB 融资成本较低以及收益率较高的原因。相反，CAF 待缴资本中评级为 Aaa – Baa3 的占比是最低的，这与其较低的信用评级也是互为因果关系的。

表 3—3　　　各 MDBs 的收益率和融资成本（2009—2014）　　　单位：%

项目/年份/MDB		IBRD	ADB	EBRD	EIB	AfDB	IDB	CAF
股权收益率（ROE）	2009	1.4	2.7	-2.0	4.9	4.9	6.3	4.9
	2010	2.2	3.5	12.4	5.3	4.4	6.0	3.2
	2011	2.6	3.6	0.4	5.4	3.4	4.2	2.7
	2012	2.1	2.7	7.8	5.0	3.7	4.4	2.6
	2013	2.2	2.7	7.2	4.3	3.1	3.7	2.6
	2014	1.8	3.1	-3.8	4.2	2.5	2.8	1.6
总资产收益率（ROA）	2009	0.2	-0.1	-2.8	0.5	0.5	1.0	1.6
	2010	0.3	1.0	3.4	0.5	0.4	0.4	1.0
	2011	0.3	0.9	0.4	0.5	0.3	-0.3	0.8
	2012	0.2	0.2	1.7	0.5	0.4	1.0	0.7
	2013	0.3	0.7	1.8	0.5	0.3	1.4	0.8
	2014	0.2	0.5	-1.4	0.5	0.1	0.5	0.5
待缴资本中评级为 Aaa – Baa3 的占比	2009	79.2	78.7	95.9	100.0	48.3	73.9	46.3
	2010	81.5	82.3	94.5	98.8	48.9	74.7	43.6
	2011	82.3	83.5	93.8	96.7	45.1	77.5	56.5
	2012	82.6	89.2	89.5	96.4	64.2	78.7	59.0
	2013	84.1	91.9	94.1	96.0	47.8	82.7	58.8
	2014	83.8	92.2	94.9	96.6	47.8	78.4	58.0
信用评级	惠誉	AAA	AAA	AAA	AAA	AAA	AAA	AA -
	穆迪	Aaa	Aaa	Aaa	Aaa	Aaa	Aaa	Aa3
	标普	AAA	AAA	AAA	AAA	AAA	AAA	AA -

注：CAF 信用评级截至 2015 年 10 月 2 日。
资料来源：各 MDB 2009—2014 年的穆迪评级报告、各 MDB 官方网站。

三　NDB 的潜在业务规模

基于现有 MDB 实践和金砖国家《建立新开发银行的协议》中的相关规定，可分析 NDB 的潜在业务规模。

(一) 资本规模

《建立新开发银行的协议》第七、八条以及附录规定，NDB 的法定资本为 1000 亿美元；初始认缴资本为 500 亿美元（其中的 20% 即 100 亿美元是实收资本），由金砖国家平均出资；根据协定"金砖国家在总资本中的占比须总高于 55%"，所以后续认缴的另外 500 亿美元须由金砖国家成员和非金砖国家成员（包括新兴经济体和发展中国家以及发达国家）共同出资。与其他 MDB 一样，NDB 的业务规模也同样受制于资本规模。因为《建立新开发银行的协议》第二十条 a 款规定，银行普通业务中的未偿贷款总额在任何时候都不得超过其普通资金来源（Ordinary Capital Resources）中的认缴资本、储备和盈余之和。此外，创始国"平均出资"明显限制了 NDB 的初始规模和未来增资空间。根据各 MDB 的实践，大国的出资比例都较高（见本书表 2—1）。而就 NDB 各创始国 GDP 世界占比来看，南非的经济体量与其他金砖国家的差距非常悬殊；从各国的官方外汇储备来看，中国的出资能力超过印度、俄罗斯以及巴西的 10 倍，接近于南非的 100 倍（见图 3—2）。这使得 NDB 的初始资本规模受限于经济实力和官方外汇储备量最小的南非。

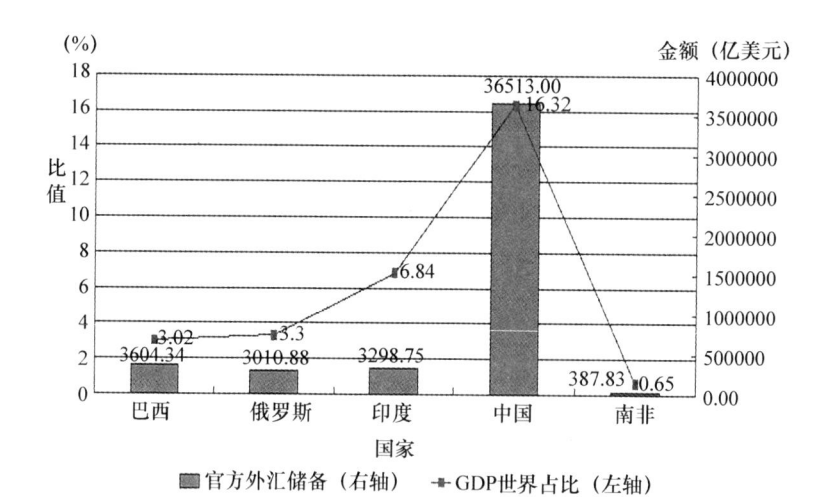

图 3—2　金砖国家的经济规模及官方外汇储备规模

注：GDP 世界占比是基于 GDP（PPP）数据；数据截至 2015 年 7 月末。
资料来源：IMF 官方网站与中国国家外汇管理局。

第三章 新开发银行的业务运作前景分析：基于主要MDB的运作实践 63

（二）资本充足率和杠杆率

就可用权益／（未偿贷款＋股权投资业务额）比率而言，作为债券发行方的NDB（特别是在早期阶段）至少应参照大部分MDB保持在30%左右，以便使潜在债券购买方建立稳健的投资预期。随着业务的顺利开展，NDB有可能逐渐在市场上赢得良好的声誉，并逐渐获得更大的操作空间，即降低该比率，从而能在同等权益水平下，使业务额更高。就杠杆率而言，由于金砖国家普遍缺乏管理高杠杆率风险的经验，因而对NDB杠杆率的设置不应操之过急，而应循序渐进。根据表3—2中MDB的长期实践经验，NDB可将杠杆率保持在300%左右以降低风险，特别是在起步阶段，以低资本回报率换取低风险和高评级的方法是可取的，待具备一定经验之后，可适当提高杠杆率。

（三）收益率与融资成本

在收益率上，NDB的ROE和ROA要达到现有MDB的平均水平3.5%和0.5%，还需投入大量的努力。因为NDB与现有MDB一样，需主要依靠待缴资本质量（成员国的信用评级）在国际市场上发行债券进行融资。从创始国来看，当前，中国的评级是"AA－"，巴西、印度和南非都属于投资级中的最低等级，俄罗斯发行的债权近来则被降为垃圾债券。基于上述状况和主要债券评级机构的基本方法，NDB充其量获得"A"评级。[①] 虽然MDB有可能获得高于其成员国的评级，例如据表3—3，CAF的信用评级是"AA－"或"Aa3"，高于其成员国的评级，但这并非短期内可以实现的，它是CAF长期保持突出业绩和超低不良贷款率的结果。NDB的评级会使其融资成本高于那些AAA级的MDB（甚至评级为AA－的CAF），这将降低NDB的贷款利差。

（四）NDB的潜在业务规模

根据《建立新开发银行的协议》附录，在所有金砖国家批准该协议之后，NDB初始认缴资本（500亿美元）中的实收资本（100亿美元）将由金砖国家按表3—4中的进程缴纳到位，据此计算出五国累计实缴资本（A值），假设运营第一年就产生利润，ROE＝3.5%，当年利润全部

---

① Moody's Investor Service, 2013, "Rating Methodology: Multilateral Development Banks and Other Supranational Entities", 16 December, New York: Moody's.

转入储备（第一年储备为零），且可用权益/（未偿贷款+股权投资业务额）=30%，则当年利润额 B 满足等式 B/（B+A+储备积累）=3.5%，NDB 的可用权益及业务规模（未偿贷款+股权投资业务额）如表 3—4 所示，NDB 在第七年的业务规模介于表 1—5 中的 ADB 与 EBRD 之间。但 500 亿美元只是初始认缴资本，随着 NDB 的进一步扩张，认缴资本将逐渐接近法定资本 1000 亿美元，此时 NDB 的业务规模与表 1—5 中的 IDB 相近。

表 3—4　　　　对 NDB 建立初期业务规模的估计　　　　单位：亿美元

年次	各创始国每年实缴资本	五国累计实缴资本（A）	当年利润（B）	可用权益=B+A+储备积累	未偿贷款+股权投资业务额
1	1.50	7.50	0.27	7.77	25.90
2	2.50	20.00	0.74	21.01	70.03
3	3.00	35.00	1.31	37.32	124.40
4	3.00	50.00	1.90	54.22	180.73
5	3.00	65.00	2.51	71.73	239.10
6	3.50	82.50	3.24	92.43	308.10
7	3.50	100.00	3.99	113.92	379.73

第二节　NDB 的业务可持续性分析

本节根据现有 MDB 的长期实践与《建立新开发银行的协议》的相关规定，分析未来 NDB 的业务领域、业务工具与业务对象。

一　主要业务领域

MDB 的主要业务领域是由其宗旨和职能直接决定的。

（一）现有 MDB 的业务领域

现有 MDB 都具有较为明确的设立宗旨及职能，大致集中在减贫和促进发展、促进区域发展和融合、促进私人部门参与度的提高以及促进可持续发展这四个领域（见表 3—5）。

第三章　新开发银行的业务运作前景分析：基于主要 MDB 的运作实践　65

表 3—5　　　　　　　　　　主要 MDB 的宗旨与职能

MDB	宗旨	职能	其他功能
WB	减少全球范围内的贫困，促进全球经济发展	贷款；信托基金与赠款；分析与咨询服务；能力建设	发展援助、软贷款由国际开发协会（IDA）完成
EBRD	协助东欧和中欧国家向市场经济转化，促使其向民主政体和市场经济过渡	帮助借款方政府制定政策和措施，推动其经济改革，加速其向世界经济的融合	—
EIB	为良好的投资项目提供长期贷款，以实现欧盟的长期目标	为欧盟国家经济发展提供最优条款、服务以及附加价值	对中小企业的风险投资和援助由欧盟投资基金（EIF）完成
ADB	通过发展援助帮助亚太地区发展中国家减少贫困，促进亚太地区的经济和社会发展	促进公私资本投资；为发展中成员国提供资金和技术援助	发展援助、软贷款由亚洲开发基金（ADF）完成
IDB	集中各成员国力量，对拉美国家经济和社会发展提供资金和技术援助，加速区域内经济发展和社会进步	促进公共和私人资本投资；鼓励私人在项目、企业和促进经济发展活动中的投资；为发展计划和项目的准备、融资和实施提供技术援助	软贷款、发展援助由特殊运行基金（FSO）完成
AfDB	减少非洲地区贫穷，以实现非洲经济一体化	为投资项目和计划提供资金，为研究、拟定、资助和执行发展项目或计划提供必要技术援助	发展援助、软贷款由非洲开发基金（AfDF）和尼日利亚信托基金（NTF）完成
CAF	促进可持续发展和实现区域一体化	为股东国家公共和私人客户提供高附加值的金融服务；传输国际市场资源，促进该地区投资	—

资料来源：根据各 MDB 官方网站相关内容整理。

据表 3—5，现有 MDB 的宗旨和职能大致可分为以下四个层面：一是减少贫困和促进经济发展。减贫和促进发展是 MDB 设立的基本职能和传统目标。战后建立的 MDB，如 WB、ADB 以及 AfDB，都以此为设立目标和服务宗旨。WB 主要通过"为欠发达国家和地区提供贷款、信托基金与赠款、分析与咨询服务、能力建设"的职能来实现"减贫和促进发展"这一宗旨；而 ADB 和 AfDB 则分别旨在减少亚洲、远东地区和非洲地区的贫穷和不平等。二是促进区域发展和融合。这类 MDB 的宗旨和职能具有明确的指向性，其服务对象为特定区域内的国家和地区。如 EBRD 通过帮助借款方政府制定政策和措施，协助中欧及东欧国家向市场经济转型；ADB 旨在促进亚洲及远东地区经济增长和合作；IDB 旨在促进拉美地区经济增长和社会发展；AfDB 旨在促进非洲经济一体化；CAF 则通过为股东国家公共和私人客户提供高附加值的金融服务，致力于拉美及加勒比地区的区域经济一体化建设。三是促进私人部门参与度的提高。EIB、IDB 等 MDB 都致力于此。为促进社会弱势领域的发展，这些 MDB 主要服务于中小微型企业，如 EIB 为促进欧盟国家经济发展的中小型企业提供最优条款、服务以及附加价值；IDB 鼓励私人在项目、企业和促进经济发展活动中的投资。四是促进可持续发展。为应对全球气候变化、环境污染，EIB 以"可持续发展"为目标，为合适的投资项目提供长期贷款，以实现欧盟的长期目标。此外，IDB 和 CAF 也都致力于促进区域内国家和地区的可持续发展。

但各 MDB 的具体服务对象及发展目标却各不相同。WB 致力于全球贫困地区的经济发展，EBRD 协助中东欧国家向市场经济转型；EIB 旨在通过支持投资活动促进欧盟长期目标的实现；ADB 的目标是促进亚太地区的经济发展和融合；IDB 注重泛美区内发展中国家的减贫和可持续发展事业；AfDB 和 CAF 则分别致力于非洲地区的减贫、一体化以及拉美地区的可持续发展和区域一体化建设。WB 虽然通过提供长期贷款促进了第三世界国家的发展，提高了人民的生活水平，但是由于严重的政治倾向，从发展战略的制订到具体决策的形成都受到少数发达国家的控制；EIB、ADB、IDB、AfDB 和 CAF 等 MDB 的区域性特征比较明显，关注的重心都在区域内部。其中，EIB 表现得尤为明显，它将目标固定在一个比较小的范围内（欧盟），目的只在于推动欧洲一体化。

此外，多数 MDB 在功能定位上都存在一个较为普遍的现象：将发展援助、软贷款等政策性业务分列。WB、EIB、ADB、IDB 和 AfDB 都设立了特别基金，与发展援助、软贷款业务对接。

由宗旨和职能决定的 MDB 主要业务领域如表 3—6 所示。

表 3—6　　　　　　　现有 MDB 的主要业务领域　　　　　　单位：%

	行业	占比		行业	占比
WB	公共管理、法律和司法	21.64	EIB	基础设施	31.8
	交通运输	17.01		全球信贷	28.7
	能源和采矿	16.38		能源	14.2
	供水、环卫和防洪	10.61		工业	11.2
	教育	8.46		教育	4.4
	卫生和其他社会服务	8.21		健康	3.4

续表

	行业	占比		行业	占比
WB	农业、渔业和林业	7.49		农渔林	0.4
	金融	4.86		交通运输	32.2
	工业和贸易	4.42		能源	16.0
	信息和通讯	0.93		多部门	12.6
ADB	运输和信息通信技术	25	AfDB	农业	12.0
	能源	20		社会	9.4
	农业和自然资源	11		水供应和卫生	8.4
	金融	11		金融	8.1
EBRD	企业	31		通讯	1.0
	金融	28		环境	0.3
	能源	21		交通运输、仓储及通信	35
	基础设施	20		电力、天然气及水的能源供应	34
IDB	机构能源建设与金融	36	CAF	社会及其他基础设施项目	17
	基础设施和环境	34		商业银行	8
	社会部门	21		开发银行	3
	整合与贸易	9		制造业	2
				农业、狩猎和林业	—
				其他	1

资料来源：WB 资料来自 2014 年年报，其余六家 MDB 的数据来自 2013 年年报。

据表3—6，在各 MDB 的业务结构中，基础设施（主要包括交通运输）、能源都占据了较大比重，例如，IDB 的能源和基础设施总占比最高，达到了70%；其次是 CAF，高达69%；AfDB 接近50%，ADB 占比为45%，鉴于宗旨和所在特定区域，这四大 MDB 的该比值高于其他三个MDB。但 EBRD、EIB 和 WB 也仍将大部分贷款用于基础设施建设和能源方面。进一步来看，教育、水和卫生、社会服务以及农渔林是传统项目，但占比很小。此外，近年来，金融行业地位日渐上升，有成为第三大业务领域的趋势，如2013年 EBRD 对金融行业的贷款占总贷款额的28%，超过了能源和基础设施，成为其重要业务领域。

除具有共性外，各 MDB 由于宗旨及自身定位差异，投资的重点领域也有所不同。WB 的第一大业务领域是公共管理、法律和司法，贷款额占比21.64%，可见WB致力于公共管理事业，积极为全球减贫而努力。EBRD致力于促进区域转型和支持中小部门的发展，因此投资集中于企业和金融部门，其中企业部门贷款占比高达31%，是2013年EBRD第一大业务领域。

(二) NDB的业务领域

《建立新开发银行的协议》第二条规定，NDB的宗旨是为金砖国家、其他新兴市场经济体和发展中国家的基础设施和可持续发展项目调动资源，以补充现有多边和地区金融机构为全球增长和发展所做的努力。第三条规定，NDB的职能包括（1）利用资源通过提供贷款、担保、参股和其他金融工具，支持金砖国家和其他新兴经济体和发展中国家的公共或私人基础设施和可持续发展项目；（2）在职责范围内，与银行认为合适的国际组织、国内公私实体，特别是与国际金融机构和国家开发银行进行合作；（3）为银行所支持的基础设施和可持续发展项目的项目准备和实施提供技术援助。（4）为涉及一个以上国家的基础设施和可持续发展项目提供支持。（5）建立（或被委托管理）为服务于宗旨所设立的特别资金。

在NDB的业务领域中，基础设施建设具有绝对的重要性，以体现其"致力于金砖国家间基础设施建设"的宗旨。此外，鉴于金砖国家、其他新兴市场经济体和发展中国家的基础设施仍不完善的现实情况以及资源较为丰富的良好条件，也要求NDB将基础设施作为业务重点。基础设施建设主要包括交通运输、机场、港口、桥梁、通讯、水利及城市供排水供气、供电设施和提供无形产品或服务于科教文卫等部门所需的固定资产的建设活动。金砖国家的基础设施建设需求来源于发展和转型过程中，尤其是城市化过程中的建设需求。NDB开展基础设施建设贷款业务，不仅解决了建设资金不足的问题，而且为金砖国家间基础设施建设的经验交流提供了平台。中国应该在金砖国家间发挥基础设施建设的示范效应。此外，金融机构也应该是该银行的一个重要的业务领域。而能源一直是MDB的传统重点业务领域，也应该得到重视。俄罗斯作为能源大国，应当在能源领域中发挥主要作用。最后，加大对发展中国家中小企业的扶植力度也是促进南南合作的重要手段。除了以上提到的业务领域，NDB还应该针对发展中国家的教育相对落后，城市化程度不高，社会公共部门效率低下的发展现状，对其他相关领域开展业务。

二 主要业务工具

(一) 现有 MDB 的主要业务工具

七大 MDB 的主要业务都是以贷款为核心,包括股权投资、担保、赠款、技术合作等在内的多种业务工具并行。

表 3—7　　　　　　　　　现有 MDB 的主要业务工具

MDB	主要业务投资工具	其他
IBRD	贷款、信托基金与赠款	—
EBRD	贷款、股权投资和担保	通过金融中介如地方银行和投资基金为中小型企业,提供项目融资和咨询服务。
EIB	项目贷款、中间性贷款、结构性融资、担保、风险投资、特别贷款	—
ADB	包括普通资金贷款(包括硬贷款、软贷款和赠款)、担保、股本投资、银团贷款、债务管理、贸易融资;特殊业务:包括 ADF、技术援助特别基金、日本特别基金、其他特别基金	其他特别基金是 ADB 用于特定援助的特别基金,如亚洲海啸基金、巴基斯坦地震基金、区域合作和一体化基金、气候变化基金等。
CAF	贷款、结构性融资、银团贷款、金融咨询服务、部分担保、股权投资、财资服务、技术合作及信贷额度等。	—
IDB	贷款和赠款、知识生产、项目筹备融通资金①。	—
AfDB	贷款、担保、所有权投资。	为应对金融危机而发起的贸易融资倡议②。

资料来源:根据各 MDB 年报整理(其中,WB 数据来自 2014 年年报,其他 MDB 数据来自 2013 年年报)。

---

① 项目筹备融通资金主要是利用一些基金来支持项目筹备,分别是:项目筹备融通资金(Project Preparation Facility, PPF)、项目筹备和执行融通资金(Project Preparation and Execution Facility, PROPEF)、基础设施基金(Infrastructure Fund, InfraFund)、整合基础设施基金(Fund for Integration Infrastructure, FIRII),以及防灾融资基金(Fund for Financing Disaster Prevention, FDP)。

② 贸易融资倡议(Trade, Finance and Investment, TFI)的贷款对象是非洲地区参与贸易融资的金融机构,以应对金融危机期间急剧下降的贸易资金,贷款期限最长 3.5 年,利率是在 LIBOR 等参考利率基础上加上利差,同时还要收取最高贷款金额 1% 的手续费。

1. 贷款

作为一种最为传统的投资工具，贷款是上述七大 MDB 共同选择的最主要投资工具。2007—2014 年，七大 MDB 的贷款业务量及其在总资产中的占比变化情况如表 3—8 所示。EIB 的贷款在总资产中的占比是七大 MDB 中最高的，介于 80%—90% 之间，这与 EIB 是专门服务于投资的政策性银行是直接相关的，其宗旨是通过为良好投资提供长期融资以进一步实现欧盟目标。其次是 IDB 和 CAF，IDB 在大部分年份中都超过 70%，CAF 有一半年份超过 70%。EBRD 的这一比值是最低的，大部分年份低于 40%。

表 3—8　各 MDB 未偿贷款总余额占总资产的比重（2007—2014 年）　　单位:%

MDB/年份	2007	2008	2009	2010	2011	2012	2013	2014
IBRD	64.09	58.82	56.94	65.17	62.66	58.92	62.99	59.20
ADB	43.56	45.63	48.89	45.91	43.94	44.12	45.85	48.53
EBRD	27.08	33.48	40.84	39.32	38.96	38.29	40.20	39.43
EIB	89.81	89.45	88.20	85.86	83.80	81.29	83.55	82.85
CAF	75.84	71.35	73.56	74.31	69.56	65.90	65.66	62.78
IDB	68.60	70.57	69.10	72.24	73.94	74.44	72.86	70.17
AfDB	45.85	46.41	43.87	43.32	46.26	51.92	55.18	55.11

资料来源：各 MDB 相关年份年报、财报，穆迪评级报告。

贷款按期限来划分可分为短期贷款（期限在 1 年以内，含一年）、中期贷款（期限为 1—5 年，含 5 年）及长期贷款（期限为 5 年以上，不含 5 年）。上述各 MDB 由于贷款的主要对象不同，其贷款期限结构也存在一定差异。由于 EBRD 的贷款主要集中在对中小企业的融资业务上，其贷款结构以短期贷款为主，在 2013 年，EBRD 1 年以下的贷款占比为 38.2%，其中占比最大的是一个月以内的贷款，占比为 26.4%。在长期贷款中占比最大的是 3 年以上的贷款，占比达到了 29.6%。其他 MDB（EIB、IDB、CAF 和 AfDB 等）大多以长期贷款为主，中期贷款占据一定比例，短期贷款占比较少。EIB 贷款期限结构倾斜性较明显，2009 年到 2013 年期间，EIB 贷款期限结构表现出中长期贷款需求大，短期贷款需求较小的特点。2013 年，中长期贷款占 EIB 贷款总额的 90% 以上，其中 1—5 年的中期贷款占比 37.34%，5 年以上的长期贷款占比 53.85%，1 年以下的短期贷款占其总贷款比仅为 8.83%。EIB 90% 以上的贷款主要投入到欧盟内部较不发达地区的基础设施建设及能源开发项目中，这些项目普遍具有时间跨度长、耗资大的特点，因此也造成了 EIB 中长期贷款显著高于短期贷款的特点。截至 2013 年底，IDB 5 年以上到期的贷款占比为 63.5%，2—5 年内到期的贷款占比为 29.7%。2013 年，CAF 的长期贷款占总贷款的 47.11%，中期贷款占 38.73%，短期贷款占 14.15%，说明它的贷款期限结构也是明显以中长期为主。2013 年，AfDB 的 1 年期以下的贷款占总贷款的 8.7%，1—5 年的中期贷款占比 32.04%，长期贷款占比为 59.26%。

按贷款条件划分，MDB 的贷款可分为普通贷款、特别贷款和赠款，但并非七大 MDB 都囊括了这三项贷款，如 EBRD 仅有普通贷款。普通贷款是 MDB 与客户间达成的一种协议，客户承诺根据协议中的利率（浮动利率或固定利率）在特定的时间段之后，将借到的款项连同利息、费用及其他支出一并返还给 MDB，上述七大 MDB 都含有最基本的普通贷款。特别贷款（也称"软贷款"）主要根据各 MDB 的援助计划，仅收取较低利息或不计利息，七大 MDB 中的 EIB、ADB 以及 IDB 都设有该项目贷款。赠款则是指无偿向成员国或地区提供资金，WB、ADB 和 IDB 设有赠款这一项。

按贷款方式划分可分为项目贷款、非项目贷款、技术援助贷款等。其中项目贷款是以具体项目为基础提供的贷款，主要用于固定资产投资，这是各 MDB 的传统贷款业务，也是最重要的贷款业务，至今仍占据着主导地位。由于这一类贷款主要投资于固定资产，贷款额度较大，期限较长，往往是一次审批，多次发放，贷款利率一般一年调整一次。非项目贷款一般不与具体工程和项目相联系，是用于成员国进口物资、设备及应付突发事件、调整经济结构等的专门贷款，WB 设有这一贷款形式。技术援助贷款包括与项目结合的以及不与特定项目结合的贷款，WB、ADB 和 IDB 都设有技术援助贷款。

除此之外，上述 MDB 还设有其他特殊形式的贷款。银团贷款（Syndicated loan，又称辛迪加贷款）是指一家金融机构在一笔信贷业务中行使领导权，同时汇集一批银行和其他机构参与者，共同满足同一客户的贷款需求。银团贷款的服务对象为有巨额资金需求的大中型企业、企业集团和国家重点建设项目。银团贷款的主要形式有联合贷款和A/B贷款。WB、ADB、AfDB和CAF等都采用了银团贷款的方式。本币贷款（Local Currency Loan，LCL）是指银行以本币的形式为项目提供资金，是一项极为重要的制度创新。由于MDB提供的贷款多以美元、欧元、日元等国际货币为主，货币集中风险和汇率风险均较高。鉴于此，ADB自2002年10月开始为非主权借款人提供本币贷款，有效规避了汇率风险。2005年8月，ADB将该业务拓展至主权借款人。EBRD为解决其在金融危机中暴露出的地方金融市场不发达、地方货币和机构信任度不够的问题，也于2011年成立了本币贷款项目，允许其以优惠利率为私有部门的发展提供地方货币贷款。

2. 其他工具

首先是结构性融资（Structured finance），指将客户的某项特定资产在未来产生的现金流剥离表外，并以此作为第一还款来源发行债券，从而为客户进行表外融资，提供中长期资金来源。EBRD和CAF均开展了此项业务，且主要投向资源、能源行业，这一方式可提高客户的资产周转率，降低客户的资产负债率，实现信用增级，降低融资成本，丰富投资者的投资品种。

其次是股权投资（Equity investment），它也是MDB的一项传统业务，但由于该项业务的风险较高，它占总资产的比例为1%左右。现有各MDB股权投资的投向差异较大，EBRD的投资方向通常是金融机构，目的是通过股权投资支持地方银行的发展，影响银行的经营策略、加强公司治理和促进银行的机构建设以加快区域转型步伐；IDB本身并不直接进行股权投资，而是通过多边投资基金（MIF）和泛美投资公司（IIC）投资私营企业；AfDB既有直接的股权投资也有间接的股权投资，既有私人部门的股权投资也有公共部门的股权投资，并且AfDB还进行少量的期权投资。

第三是担保（Guarantee）。这种业务投资工具主要是以一般形式或类似于专业保险商提供的债务担保服务的形式为高级和次级债务提供担保，从而使得项目对投资更具吸引力。这种方式有利于引入新的资金来源，改善区域融资环境，促进借款国的投资。现有各MDB除WB外都采用了担保的方式，但是担保额度所占比例很小，如 EBRD 的担保业务仅占银行总业务的 0.6%。此外，CAF 采取的担保方式不同于其他 MDB，它主要以部分担保的形式，向第三方担保其客户的部分信用风险。

第四是技术合作。技术合作有助于提高 MDB 的竞争力和有效应对客户需求和减少贫穷和不平等能力，进一步支持成员国（尤其是发展中国家）现代化建设、体制的加强、能力的建设，知识和研究的转让，这种形式既可以是无偿的（赠款）、可以偿还的（贷款），或是或然回收（若该计划由其他贷款机构提供资金，则获得偿还）。现有 MDB 中的 IDB 和 CAF 都采用了技术合作这种类型的业务投资工具。

此外，MDB 的业务投资工具还包括咨询和指导、债务管理、风险投资等。

（二）NDB 的业务工具

《建立新开发银行的协议》第十九条指出，银行可在任何借款成员国向公共或私人项目，包括公私伙伴关系（Public-Private Partnerships, PPP），提供及参与担保、提供贷款或通过任何其他金融工具提供支持，还可以从事股权投资，承销证券发行或帮助在借款成员国区域内有项目的工、农、服务业企业进入国际资本市场。与此同时，NDB 还着重强调了投资"多元化"的目标。《建立新开发银行的协议》第二十条规定，银行应在股权投资方面寻求保持合理的多元化。因此，NDB 的业务工具应在充分借鉴现有 MDB 实践的基础上，尽可能使其投资工具多样化。在贷款条件方面，《建立新开发银行的协议》只强调"约定本金、利息、服务费、手续费、到期时间、支付货币和日期等"，未约定贷款的发放有无附加条件，以及是否（或如何）对借款国（或项目）开展定期评估以审查贷款发放条件等内容。

1. 金砖国家基础设施建设贷款

NDB 仍应以项目贷款为主要的业务投资工具。截至 2016 年 7 月 20 日，NDB 已向 5 个可再生能源项目批准总额为 9.11 亿美元的贷款（见表3—9），这些贷款的期限为 12—20 年。[①] 其中，向中国上海临港弘博新能源发展有限公司提供的贷款以人民币供贷。提供当地货币贷款的主要收益

---

① NDB, http://ndb.int/BRICS-New-Development-Bank-hopes-to-expand-by-drawing-other-nations-as-members.php.

是减轻外汇波动风险，但相应的当地货币借款利率也往往高于美元市场的借款利率。

表3—9　　　　　　　　　　NDB的贷款项目

项目	借款方	项目名称	贷款金额（亿美元）
1	中国 上海临港弘博新能源发展有限公司（Shanghai Lingang Hongbo New Energy Development Co.）	智慧新能源推广应用示范项目	0.81
2	巴西 国家开发银行（Banco Nacional de Desenvolvimento Econômico e Social, BNDES）	可再生能源转贷项目	3.00
3	印度 卡纳拉银行（Canara Bank）	可再生能源电力装机转贷项目	2.50
4	南非 Eskom Holdings SOC Ltd.	输电网络和可再生能源发电转型项目	1.80
5	俄罗斯 卡累利阿（Karelia）共和国	别洛波罗日斯卡亚1号和2号水电站	1.00

注：数据截至2016年7月20日。
资料来源：根据NDB官方网站（http://ndb.int/news.php）数据整理。

2. 股权投资（equity investments）和国债投资（treasury investments）

近年来部分MDB越来越将私人部门业务作为增收的一部分。例如，根据穆迪相关年份评级报告，2007—2014年间，EBRD的股权投资（穆迪评级报告中称为share investments，即银行业务投资组合中的equity investments）约占其总资产的14%，债券投资（穆迪评级报告中称为debt securities即treasury investments）约占其总资产的25%，这同时也是EBRD的未偿贷款总额在总资产中的比重是七大MDB中最低的原因。

股权投资能够在无须公司或项目承担债务的情况下改善现金流，能够给其他投资者一个强烈的信号，同时，项目建立后可出售给私人投资者，从而增加 MDB 的净收入。但相对于贷款业务而言，股权投资的风险较高，要求 MDB 预留出更大比例的资本（相当于项目价值的 75%—100%）以支撑股权业务，相比之下，非主权贷款预留资本为项目价值的 20%—40%。此外，由于受市场条件影响，股权投资业务的收入水平波动性较大。例如，根据 EBRD 2013—2014 年的财务报告，其股权投资业务的净收入从 2013 年的盈利 3.76 亿欧元骤降至 2014 年的亏损 7.48 亿欧元。如果 NDB 较大规模地介入股权投资业务，将需要投入大量的专业技术以评估和管理项目风险，并且需要相对谨慎。

所有的 MDB 国债投资每年都产生可观的净收入。但根据总体利率环境以及投资策略和 MDB 国债投资所追求的目标，具体收益有很大差异。例如，根据 IBRD 财务报告，虽然国债投资策略是总体保守的，它仍能产生平均 4 亿美元的收入，这是由于 IBRD 的融资成本非常低，行政开支也比发展贷款少得多。但是，由于债券评级较低，融资成本较高，NDB 的投资收入可能也较低。

3. 发展中国家建设融资

如果说基础设施建设贷款是为金砖国家提供专项服务的，那么发展中国家建设融资业务则是针对其他中小发展中国家的建设需求设立的。包含 CAF 在内的现有 MDB 为发展中国家建设提供的融资额度十分有限，NDB 的这项业务旨在增强 MDB 对发展中国家的建设资金支持，同时有助于在广大发展中国家间树立金砖国家的良好形象，从而扩大金砖国家的影响范围。这项业务的内容主要包括促进发展中国家跨境基础设施建设、促进发展中国家间相互投资、向发展中国家提供技术与资金援助等。

4. 金砖国家间本币结算与贷款

2012 年 3 月，金砖国家领导人在印度峰会上共同签署了《金砖国家银行合作机制多边本币授信总协议》（The BRIC National Bank of Cooperation Mechanisms for Multilateral Total Local Currency Credit Agreement）和《多边信用证保兑服务协议》（The Multilateral Credit Confirmation Service Agreement），旨在稳步推进金砖国家间本币如人民币、巴西雷亚尔、俄罗斯卢布等的结算与贷款业务，以应对美元的全球影响力。

《建立新开发银行的协议》第二十四条规定，在避免重大货币错配的政策已比较充分的前提下，银行在业务中可能以项目发生地的当地货币提供融资。NDB 运行后，可以延续这条思路，在业务中继续加强双边或多边货币互换，扩大本币结算范围，提高双边贸易便利度。

近年来，中国在全球政治经济中的作用越来越重要，人民币国际化的进程不断加快，基本已经实现了货币的准周边化。在此情况下，NDB 可在贷款发放以及还款结算中适当地使用人民币，减少对美元依赖的同时，也增加了自主性。

5. 南南国家间外储资产相互投资

由于 NDB 处在南南合作的大框架中，所以应考虑自身的特定条件，进行南南国家间外储资产相互投资。由于金砖国家再产业结构、资源禀赋等方面存在较大差异，其优势领域各自不同，合作空间和潜力巨大。金砖国家积累了大量的外汇资产，其中尤以中国和俄罗斯为典型。如果能发展南南国家之间外储资产的相互投资业务，不仅可改变储备资产流向发达经济体债券的局面，提高储备资产的利用率，还能在海外兼并、市场拓展、知识产权等项目上加大国家间的合作力度。

6. 金砖国家间金融产品研发

近年来，MDB 金融领域业务的重要性慢慢凸显。金砖国家也逐渐加大了金融领域的合作与研究的力度。例如，自 2012 年 3 月 30 日起，"金砖五国"相互挂牌交易各自的基准股指期货（Benchmark stock index futures）。金砖国家交易所联盟的五个成员开始交叉挂牌交易巴西的 Bovespa 指数、俄罗斯的 Micex 指数、印度的 BSE India Sensitive 指数、香港的恒生指数和恒生中国企业指数以及南非的 JSE Top40 指数。引入交叉交易期货衍生品可以填补对各国市场新金融产品的需求，并完成战略伙伴关系的构建。

NDB 可以在基准股指期货的基础上，合作发展其他资产类别的相关产品及服务，如交易基金、现今市场产品等。这些将推动金砖国家间更大规模的资本流动，建立不依赖于石油价格的联合经济战略，以及实现投资组合多元化等。

三 融资渠道及结构

（一）现有 MDB 的融资渠道

各 MDB 的资金来源有许多相似之处，如股东股本、在国际资本市场发行债券及票据、互换资产和投资（股票投资、股权投资等）等金融性

第三章　新开发银行的业务运作前景分析：基于主要 MDB 的运作实践

资产和借款等。另外，WB、ADB 和 AfDB 还长期得到来自其成员或非成员的资金捐助。现有 MDB 资金来源与使用情况见表 3—10。

表 3—10　　　　　　　　现有 MDB 资金来源与使用情况

MDB	资金来源		资金使用	
	来源渠道	具体方式	使用对象	具体方式
CAF	成员国缴纳股本	成员国缴纳股本并多次增资；发行债券和行业票据；从国际商业银行、官方机构和出口信贷机构获得贷款和信贷额度；拉美地区央银和商业银行等机构投资者的存款。	安第斯地区的公共和私人行业，包括股东国、私人企业和金融机构等广大的客户群体	短期、中期及长期贷款，银团贷款，股权投资，结构性融资。
	债券			
	存款			
	商业票据			
	其他中长期借款			
IDB	普通资本	在国际资本市场发行债券和商业票据；成员国多次增资，缴纳股本。	成员国	提供贷款、担保和技术合作，技术援助，提供股权投资赠款、小贷款。
	特殊运行基金			
	IDB 资助基金		大型、中小型、微型私人企业	
	多边投资基金			
	泛美投资公司			
AfDB	普通资金	核定资本认缴；自行筹措资金；提供担保、发放贷款收益；捐赠的特别资金和受托管理资金；其他资金和收入。	成员国	银行一般贷款业务；成员国担保的款项，非政府担保贷款；基金和信托基金；股权投资。
	特别资金			
WB	成员国缴纳股本	成员国缴纳股本并多次增资；在国际资本市场发行债券，通过投资银行、商业银行和储蓄机构等借款；EBRD 的投资和贷款业务收益。	非洲、南亚、东亚、太平洋、欧洲和中亚、拉丁美洲和加勒比海，以及中东和北非的联合国成员国	投资贷款和发展政策贷款，信托基金和赠款，其他发展活动。
	在国际金融市场或向成员国筹资			
	业务收益			
EBRD	权益	成员国股本权益；对金融机构的借款、债券和商业票据。	成员国	贷款、股权投资和担保，技术援助。
	借款		中小型企业	
EIB	权益	股东认缴的股本；存款，在国际资本市场发行债券及票据。	欧盟成员国	项目发展贷款、项目投资、担保、特别贷款，为中小企业投资筹资。
	负债		非欧盟国家	

续表

MDB	资金来源		资金使用	
	来源渠道	具体方式	使用对象	具体方式
ADB	普通资金	股本、借款、普通储备金；佣金和担保费收入；ADB 发达成员国或地区成员的捐赠。	ADB 发展中成员	普通资金贷款，银团贷款，优惠贷款、赠款和技术援助，成员国的公营部门和私人部门的资本投资，股本投资，银团贷款。
	特别基金			
	联合融资			

资料来源：各 MDB 相关年份年报。

大部分 MDB 主要靠在国际资本市场上发行债券或商业票据筹集资金，占 MDB 融资比例的 70%—100%。如 EIB 的融资结构中，发行债券和商业票据融资占其融资总额的 95% 左右。MDB 的信用评级直接决定融资成本，一般而言，信用评级越高的 MDB 通过发行债券和商业票据融资的比例越高，反之则反，例如信用评级较低的 CAF 的债券融资占比为 54% 的和商业票据融资占比为 13%。

近年来，部分 MDB 越来越重视联合融资以及与其他部门的合作。通过联合融资业务，MDB 的融资伙伴政府或其部门、多边融资机构和商业组织等能够参与 MDB 项目的融资。

例如 ADB，在 2014 年 ADB 批准的业务额度中，主权业务为 159.90 亿美元，其中联合融资占 26.47%（其中官方联合融资占 90% 以上）；非主权业务为 69.35 亿美元，其中联合融资占 72.18%（其中商业联合融资[①]占 95% 以上）。[②] 为使联合融资水平在 2020 年之前 100% 达到战略目标，ADB 私人部门业务部（the Private Sector Operations Department, PSOD）计划未来大大加强商业联合融资活动，探索三方融资的担保创新模式，逐渐使用多种风险转移机制更有效地降低风险敞口，积极调动第三方商业资本参与。除了直接价值增值联合融资，PSO 还和其他融资方联合投资于项目融资和

[①] 商业联合融资的形式非常多样，包括 B 类贷款（B loans）、平行贷款（Parallel loans）、贸易融资项目联合融资（Trade Finance Program, TFP）、担保联合融资（Guarantees co-financing）以及风险转移安排（Risk transfer arrangements）等，其中，贸易融资项目联合融资和平行贷款是最主要形式。

[②] 都是指直接增值联合融资（direct value-added co-financing）。资料来源：ADB, Development Effectiveness Report 2013 Private Sector Operations, 2014, http://www.adb.org/sites/default/files/institutional-document/42829/files/defr-2013-psod.pdf.

私募基金。2000—2013年，ADB为项目融资提供的贷款64.34亿美元涉及的项目金额为467.62亿美元（也就是说来自其他融资方的联合投资高达403.29亿美元，是ADB资金的6.3倍）。类似地，ADB投资于私募基金的8.33亿美元与来自其他融资方的49.30亿美元相配对（总承诺金额57.63亿美元，来自其他融资方的资金是ADB资金的5.9倍）。[①]

再如，AfDB提供了8600万UA给非洲50基金（Africa 50 Fund）[②]作为种子基金（seed money）以刺激来自非洲内外的传统和非传统渠道的额外融资，具体而言包括：非洲各国央行储备、养老金、主权财富基金、高净值个人投资者等，促进基础设施建设开发。

此外，个别MDB还接受"存款"。在现有MDB中，只有CAF将接受存款作为融资渠道。根据CAF 2014年财务报告，截至2014年底，CAF接受存款接近37亿美元，约占其总负债的17%，它们大部分来自CAF成员国的中央银行或国库（国债）。但这些资金来源一般都是短期性的，不太适合投资于基础设施项目。

（二）NDB的融资渠道

首先是股本。根据《建立新开发银行的协议》第七、八条以及附录的规定，NDB的法定资本为1000亿美元；初始认缴资本为500亿美元（其中的20%即100亿美元是实收资本），由金砖国家平均出资；后续认缴的另外500亿美元须由金砖国家成员和非金砖国家成员（包括新兴经济体和发展中国家以及发达国家）共同出资。

其次是在国际资本市场上发行债券或商业票据筹集资金。2016年7月18日，NDB在中国的银行间拆借市场发行首只债券。该只债券为总额30亿的5年期人民币绿色债券，约合4.49亿美元，利率为3.07%；由中国银行担任牵头主承销商及簿记管理人，吸引了超过40个国内外机构投资者。经中诚信（China Chengxin Credit Rating Group）和联合资信（China Lianhe Credit Rating）评定，该只债券的主体及债项评级均为"AAA"级。NDB计划发行更多的本币债券，以化解金融风险。2016年10月12

[①] 这种联合投资不同于直接增值联合融资。

[②] 2013年5月建立的"非洲50基金"被定位为"非洲基础设施建设投资银行"，主要关注能源、交通、信息通讯技术以及水利领域的国家和地区级项目，是AfDB在非洲为基础设施建设调动新型融资的里程碑。非洲50基金一定程度上是AfDB的自有资金有限的产物。AfDB大约十年增资一次，2010年，AfDB实现最近一次增资，约由300亿美元增至1000亿美元，2020年前再增资很难。

日，据副行长兼CEO祝宪，NDB将大规模地发行人民币、卢比和卢布等本币债券。NDB的首席财务官莱斯利·马斯多普（Leslie Maasdorp）指出，未来三年，NDB拟筹资约25—30亿美元。①

MDB的信用评级直接决定融资成本，而MDB成员国的主权信用评级又反过来影响MDB的信用评级。目前在金砖国家中，中国的信用评级最高，为"AA-"级，其他国家均介于"BBB-"与"BBB+"级之间，由于缺少"AAA"级信用评级的发达经济体参与，因此，与已有七大MDB相比（包括信用评级较低的CAF），NDB的信用评级可能相对较低。这样，NDB在国际资本市场上发行债券或商业票据的融资成本就可能明显高于现有MDB，从而压缩了盈利空间。因担忧三大主要国际评级机构的评级方法阻碍新兴经济体的增长，金砖国家于2016年10月16日决定建立基于市场导向原则的独立评级机构。②

再次是联合融资。《建立新开发银行的协议》第十九条规定，NDB可与国际金融机构、商业银行或其他合适的实体，对其职能范围内的项目进行联合融资、担保或联合担保。NDB的业务重点基础设施一般都需要投入大量资金，并且其项目准备和实施具有复杂的特征，与其他MDB的联合融资有利于改善资金资源配置，使NDB有限的自有资金发挥更大的作用，同时还能够通过合适的金融工具将合作伙伴带进项目中，降低前期技术人员投入。从现有MDB的长期实践来看，MDB与双边援助机构、国家开发银行共同合作，相互增加单个项目投资的影响，取得了相当大的成功，例如ADB、EIB等MDB。因此，这对于NDB而言，是一个具有吸引力的选择。可动员其他捐赠主体（如信托基金）为低收入国家的优惠贷款融资；还可参照IDA优惠贷款窗口或IFC的股权投资方式；来自成员国的资本公积金或捐赠可促进项目资金支付以及NDB发展融资总体能力的显著增长。③

从融资的期限结构来看，借款结构与贷款结构相互匹配可以实现风险的对冲，降低风险。例如，AfDB出于融资成本的考虑，对外借款中60%

---

① NDB, http://ndb.int/BRICS-nations-led-New-Development-Bank-to-raise-up-to-3-billion-in-next-3-years.php.

② http://indianexpress.com/article/india/india-news-india/brics-agree-to-set-up-credit-rating-agency-3086703/.

③ BRICS, September 26, 2013, Available at: http://www.bricsforum.com/wp-content/uploads/2013/09/long-term-vision-for-BRICS1.pdf, October 14, 2014.

左右为中短期借款，但它的贷款以长期的为主，因此在借贷款的期限结构上存在一定的不匹配。NDB 的经营对象虽然也都是发展中国家，但总体而言经济状况要好于非洲国家，可适当减少长期贷款的比例，既可缩短资金回笼的时间又有利于降低风险。

四 主要业务对象

（一）现有 MDB 的主要贷款对象

MDB 的贷款对象也取决于各自的宗旨和职能。

就贷款对象的性质而言，除了 EBRD 之外，大多数 MDB 的主要贷款对象是主权机构。由于 EBRD 主要服务于无法完全通过市场满足融资需求的私人部门客户，促进区域内国家向开放民主的市场经济过渡，因此其主要贷款对象是非主权机构。根据 EBRD 的 2014 年财务报告，截至 2014 年底，EBRD 未偿贷款余额为 194.87 亿欧元，其中，非主权贷款占 85.60% 左右，而主权贷款仅占 14.40% 左右。其他大多数 MDB（如 ADB、IDB、CAF 和 AfDB）都致力于促进区内成员国的经济发展，因此贷款对象多是主权机构，而对非主权机构的贷款所占比例很小。例如，根据 AfDB 2014 年年报（P122、177），截至 2014 年底，AfDB 的未偿贷款总额为 126.48 亿 UA，其中，公共部门占 75.60%，私人部门占 24.40%。根据 ADB 的 2014 年财务报告，截至 2014 年底，ADB 未偿贷款总额为 559.25 亿美元，其中，主权贷款占 93.61%。而 IDB 的这一比值则更是高达 95%，其主要贷款对象为发展中成员国、机构或这些成员国的政治分支，及在这些成员国领土上开展项目的民营企业。IBRD 和 EIB 的数据则并未做这方面的分类。

就贷款的区域分配而言，各 MDB 基本将资金提供给各自的成员国使用，部分 MDB（如 EIB）还致力于非成员国的资金需求。在具体贷款对象的选择上，MDB 有两方面考虑：一是要在成员之间实现均衡，二是选择需求大、回报高的地区。同时，由于 IBRD 旨在减少全球贫困，促进全球经济发展，其主要贷款流向欠发达的非洲和南亚地区（见表 3—11）。就其余六大 MDB 在 2013 年的贷款地区分布而言，AfDB 和 CAF 的贷款比较均匀地分配至区内的主要成员。在促进欠发达国家或地区经济发展的同时，MDB 也倾向于选择投资回报较高的地区进行投资。如 EBRD 2013 年的贷款中 45% 被用于资源丰富的俄罗斯和经济较为发达的欧洲东南部；而在 EIB 的贷款对象中，仅欧盟就占据了 64% 的比重；IDB 和 ADB 的大部分贷款流向区内经济增速较快的巴西（25.5%）和东南亚（72.9%）。

表 3—11　　　　　　各 MDB 贷款的地区流向（2013 年）　　　　　单位：%

	地区/国家	占比		地区/国家	占比
IBRD	非洲	49.0	IDB	巴西	25.5
	南亚	32.0		墨西哥	15.7
	东亚和太平洋	11.0		阿根廷	9.5
	欧洲和中亚	4.0		哥伦比亚	7.6
	拉丁美洲和加勒比海	2.0		乌拉圭	5.6
	中东和北非	2.0		多米尼克	5.0
EBRD	俄罗斯	24.5		哥斯达黎加	4.1
	欧洲东南部	20.5		厄瓜多尔	3.8
	欧洲中部和波罗的海	18.1		智利	3.2
	东欧和高加索	17		地区性的	3.0
	土耳其	10.6		其他	17.1
	中亚和蒙古国	7.4	AfDB	非洲西部	27.8
	地中海东南部	1.5		非洲南部	17.3
	塞浦路斯	0.4		非洲东部	16.8
EIB	欧盟	64		非洲中部	6.8
	欧盟扩张时期国家	3.9		非洲北部	6.4
	东欧、南高加索和俄罗斯地中海地区	1.8		其他多国	24.8
	亚洲、中美洲及拉丁美洲	1.2	CAF	委内瑞拉	16.5
				厄瓜多尔	15.2
	非洲，加勒比海，太平地区 + OCT	0.7		秘鲁	13.8
				阿根廷	13.7
	地中海地区	0.6		哥伦比亚	10.0
ADB	中亚和西亚	17.5		玻利维亚	9.7
	东亚	6.5		巴西	9.2
	太平洋地区	2.1		巴拿马	4.9
	南亚	1.0		乌拉圭	2.1
	东南亚	72.9		其他	5.0

资料来源：IBRD 数据来自 2014 年年报；其余 MDB 数据来自各自 2013 年年报。

(二) NDB 的主要贷款对象

《建立新开发银行的协议》第二条规定，NDB 的宗旨是为金砖国家、其他新兴市场经济体和发展中国家的基础设施和可持续发展项目调动资源，以补充现有多边和地区金融机构为全球增长和发展所做的努力；同时，第二十一条规定，银行不应使其资金资源过多地用于任何一个成员的利益。银行应力求在所有投资中保持合理的多元化。这些条文决定了 NDB 的主要贷款对象为金砖国家和其他新兴经济体和发展中国家（包括"非成员"经济体）。

1. 《建立新开发银行的协议》对在"非成员"经济体开展业务作出特别规定

已有七大 MDB 中，只有 EIB（在条例第十六条中）对在"非成员国"从事业务作出了详细的规定，经董事会特定多数建议，经理事会批准，EIB 可在成员国（全部或部分）之外从事投资活动；贷款的批准尽可能以其他融资来源也得以使用为前提；向非成员国实体批准贷款时，应以 EIB 成员国（如果是项目所在地）担保为条件，或以债务人的财务实力为条件，或存在其他充分的担保；董事会有权为具有特殊风险的融资业务制订特定条件。

《建立新开发银行的协议》特别对 NDB 在"非成员"经济体开展业务作出规定，从而有利于 NDB 突破成员国结构的局限并建立合意的贷款组合。例如，经特别多数同意，理事会有权批准一份总方针，授权银行在能使成员国受益的条件下，在非本银行成员的新兴经济体或发展中国家开展本协定前述条款论及的有关公共或私人项目业务。（第十九条 d 款）经特别多数同意，董事会可能特别批准在非成员新兴经济体和发展中国家开展一个本协议前述条款论及业务的特定公共或私人项目。在非成员国家开展的主权担保业务的定价将充分考虑主权风险、风险缓冲因素，以及董事会可以决定的任何其他条件。（第十九条 e 款）

上述规定的潜在原因，除了 NDB 希望支持跨境跨地区融资项目之外，更主要的是 NDB 成员的多样性不足。（特别是在早期发展阶段）NDB 的新成员可能是一些迫切需要新融资来源的低收入小国，因此《建立新开发银行的协议》必须在现有的制度安排下尽可能为未来的投资组合多样化目标创造条件。成员国多样性不足首先是因为金砖国家对 NDB 具有较强的控制权。金砖国家的投票权占比被锁定为 55% 以上；非借款国的总投票权不能超过20%；非创始国的投票权不能超过7%（《建立新开发银行的协议》第八条 c 款）。同时，获得2/3投票权的要求使金砖国家很容易否决它们所反对的事项。其次是因为 NDB 可能具有相对较高的融资成本和较短的贷款到期时间，这抑制了大型中等收入国家加入 NDB 的热情。但 NDB 对于中小国家而言，仍具有一定的吸引力，一方面，它们比大型中等收入国家更需要资金，另一方面，也需要 NDB 所构建的市场。协定第二十一条第 v、vi 款规定，银行及特别基金一般业务中的投融资活动必须使用采购自成员国并产自成员国的产品和服务（否则须经董事会批准），这一规定与 ADB 和 AfDB 等 MDB 类似。中小国家希望本国企业有机会竞得 NDB 合同。成员国数量有限并且多样性不足，不但会影响股本规模、未来的业务规模，还会影响业务组合质量（风险评级），反过来又会影响 NDB 在国际资本市场上的融资成本。

因此，NDB 在践行自身的宗旨和职能，促进南南发展合作的同时，基于市场回报率的考虑，也应适当选择投资回报率较高的中等收入国家，包括"非成员"经济体。

2. 主权（公共）与非主权（私人部门）

NDB 的主要业务对象应为主权机构。NDB 的宗旨是致力于为基础设施和可持续发展项目融资，而此类项目的开发建设一般由政府或国际组织主导，所以 NDB 的主要业务对象应为主权机构。此外，主权贷款由于有国家信用作担保，风险低于非主权贷款。在当前的国际评级机制下，如果向过多私人借款者提供贷款，不利于 NDB 的信用评级。

NDB 也不能忽视"非主权"贷款。由于金砖国家中小企业众多且大多面临着融资难的问题，NDB 在控制风险的同时还应加大对发展中国家中小企业的扶持力度，这也是 NDB 促进南南合作的重要手段。非主权贷款可能使 NDB 能获得更高达贷款利差，因为发展中国家非主权机构的资金成本总是高于主权国家。此外，MDB 能够根据具体项目风险和借款方来确定非主权机构的贷款条件，而不是像主权借款方那样在同等风险的条件下实施相对统一贷款价格。例如根据 AfDB 2014 年年报（P122、177），截至2014年底，AfDB 的未偿贷款总额为126.48亿UA，其中，主权贷款占75.60%，非主权贷款占24.40%。2014年，AfDB 来自主权贷款的收入分别为2.20亿UA，来自非主权贷款的收入分别为1.22亿UA。当然，较多地涉足非主权贷款也要求 NDB 具备更强的风险评估和管理的能力。

小　结

本章根据现有 MDB 的主要业务特征以及《建立新开发银行的协议》的相关内容，探讨了 NDB 未来的业务规模、业务领域、业务工具及业务对象等内容。

基于现有 MDB 的长期实践，可初步判断 NDB 的未来业务规模。资本规模是影响决定现有 MDB 业务规模的最主要因素，此外，运营过程中的资本充足率、杠杆率以及收益率等财务指标也对 MDB 的业务规模产生重要影响。根据《建立新开发银行的协议》所规定的法定资本与初始资本规模，并假设 NDB 能够达到各 MDB 在 2009—2014 年间的平均资本充足率、杠杆率和收益率，NDB 在运营的第七年未偿贷款与股权投资业务额可接近 380 亿美元，高于现有的 EBRD、ADB 和 CAF，随着认缴资本进一步接近法定资本，其业务额度相当于现有的 IDB。

在 NDB 的业务领域上，基础设施建设应是主要方面，金融、能源、中小企业都是重要构成部分；在业务工具方面，除了以基础设施建设贷款、股权投资和国债投资、发展中国家建设融资之外，NDB 还可能考虑体现金砖国家合作的选项，如金砖国家间本币结算与贷款、南南国家间外储资产相互投资、金砖国家间金融产品研发以及联合融资等方式；在融资渠道和结构方面，除了股本以及在国际资本市场上发行债券或商业票据等传统资金来源之外，扩大联合融资将是 NDB 寻求更多资金来源的重要方式；在业务对象上，除了考虑传统的成员国外，NDB 还将重视对"非成员"经济体的投资，并且可能比 WB 等 MDB 更加重视非主权机构。

第四章 亚洲基础设施投资银行对治理结构的探索

2016年1月16日，拥有57个创始成员（其中域外国家20个）的AIIB在北京开业。截至2016年6月AIIB首届年会召开，另有24个国家（加拿大也在此列，G7中仅美国和日本未申请）申请成为AIIB新成员。据金立群初步估计，到2017年年初，AIIB成员数目将达到90个左右。[①] 但后续加入的成员，只能作为AIIB的普通成员。创始成员有权参与构建AIIB的治理和业务运行。治理结构包括三个层次：理事会、董事会和管理层。理事会为最高权力机构，并根据《建立亚洲基础设施投资银行的协定》授权一定的权力给董事会和管理层。AIIB设"非常驻"董事会，每年定期召开会议就重大政策进行决策。AIIB还设立了行之有效的监督机制以落实管理层的责任，并根据公开、包容、透明和择优的程序选聘行长和高层管理人员。本章将适当结合现有MDB的实践，重点分析AIIB的股权及投票权结构、决策制度与规则、董事会等决策机构设置及其职能等内容及特征。

第一节 AIIB的股权、投票权及决策机制

AIIB的股权和投票权体现了"域内"成员占主导以及"借款国"占主导的特点；其决策机制较多地借鉴了现有MDB的制度，实行双重多数制，具体分为简单多数、超级多数和特别多数三种情况。

[①] 刘琴：《亚投行在谨慎前行中彰显雄心》，2016年3月8日，http://zhongwaiduihua.blog.caixin.com/archives/149820。

一 AIIB 的股权和投票权

AIIB 各成员的股权及投票权分配比例主要遵循两大原则：一方面，AIIB 成员的股权占比主要基于 GDP 规模；另一方面，域内外成员将享受不同待遇，非域内成员的投票权总占比将被限定在 25% 左右，而域内（指亚洲和大洋洲地区）成员将占 75% 左右。基于上述原则，AIIB 各成员的股本及投票权结构见表 4—1。相比于 ADB 的域外成员占 35% 而言，域内（指亚太地区）成员占 65%，AIIB 的域内成员享有更大的发言权。

表 4—1　　　　　　　　AIIB 成员的股本及投票权结构

国家/地区		投票权总数（票）	投票权占比（%）	投票权总数 = 1+2+3			认缴股本（百万美元）	出资占比（认缴股本/认缴总股本）（%）
				1.基本投票权	2.创始成员投票权	3.股份投票权=股份数		
域内成员（37个）	澳大利亚	40006	3.70	2494	600	36912	3691.2	3.69
	阿塞拜疆	5635	0.52	2494	600	2541	254.1	0.28
	孟加拉国	9699	0.90	2494	600	6605	660.5	0.72
	文莱	3618	0.33	2494	600	524	52.4	0.06
	柬埔寨	3717	0.34	2494	600	623	62.3	0.07
	中国	300898	27.84	2494	600	297804	29780.4	32.38
	格鲁吉亚	3633	0.34	2494	600	539	53.9	0.06
	印度	86767	8.03	2494	600	83673	8367.3	9.10
	印度尼西亚	36701	3.40	2494	600	33607	3360.7	3.65
	伊朗	18902	1.75	2494	600	15808	1580.8	1.72
	以色列	10593	0.98	2494	600	7499	749.9	0.82
	约旦	4286	0.40	2494	600	1192	119.2	0.13
	哈萨克斯坦	10387	0.96	2494	600	7293	729.3	0.79
	韩国	40481	3.75	2494	600	37388	3738.8	4.07
	科威特	—	—	—	—	—	—	—
	吉尔吉斯斯坦	3362	0.31	2494	600	268	26.8	0.03
	老挝	3524	0.33	2494	600	430	43.0	0.05
	马来西亚	—	—	—	—	—	—	—
	马尔代夫	3166	0.29	2494	600	72	7.2	0.01

续表

	国家/地区	投票权总数(票)	投票权占比(%)	投票权总数 = 1+2+3			认缴股本(百万美元)	出资占比(认缴股本/认缴总股本)(%)
				1.基本投票权	2.创始成员投票权	3.股份投票权=股份数		
域内成员(37个)	蒙古国	3505	0.32	2494	600	411	41.1	0.04
	缅甸	5739	0.53	2494	600	2645	264.5	0.29
	尼泊尔	3903	0.36	2494	600	809	80.9	0.09
	新西兰	7709	0.71	2494	600	4615	461.5	0.50
	阿曼	5686	0.53	2494	600	2592	259.2	0.28
	巴基斯坦	13435	1.24	2494	600	10341	1034.1	1.12
	菲律宾	12885	1.19	2494	600	9791	979.1	1.06
	卡塔尔	9134	0.85	2494	600	6044	604.4	0.66
	俄罗斯	68456	6.33	2494	600	65362	6536.2	7.11
	沙特阿拉伯	28540	2.64	2494	600	25446	2544.6	2.77
	新加坡	5594	0.52	2494	600	2500	250.0	0.27
	斯里兰卡	5784	0.54	2494	600	2690	269.0	0.29
	塔吉克斯坦	3403	0.31	2494	600	309	30.9	0.03
	泰国	17369	1.61	2494	600	14275	1427.5	1.55
	土耳其	29193	2.70	2494	600	26099	2609.9	2.84
	阿联酋	14951	1.38	2494	600	11857	1185.7	1.29
	乌兹别克斯坦	5292	0.49	2494	600	2198	219.8	0.24
	越南	9727	0.90	2494	600	6633	663.3	0.72
	(域内小计)	835684	77.33	2494	22200	727394	72739.4	79.09
域外成员(20个)	奥地利	8102	0.75	2494	600	5008	500.8	0.54
	巴西	—	—	—	—	—	—	—
	丹麦	6789	0.63	2494	600	3695	369.5	0.40
	埃及	9599	0.89	2494	600	6505	650.5	0.71
	芬兰	6197	0.57	2494	600	3103	310.3	0.34
	法国	36850	3.41	2494	600	33756	3375.6	3.67
	德国	47936	4.44	2494	600	44842	4484.2	4.88
	冰岛	3270	0.30	2494	600	176	17.6	0.02
	意大利	28812	2.67	2494	600	25718	2571.8	2.80
	卢森堡	3791	0.35	2494	600	697	69.7	0.08

续表

国家/地区		投票权总数	投票权占比（%）	投票权总数 = 1+2+3			认缴股本（百万美元）	出资占比（认缴股本/认缴总股本）（%）
				1.基本投票权	2.创始成员投票权	3.股份投票权=股份数		
域外成员（20个）	马耳他	3230	0.30	2494	600	136	13.6	0.01
	荷兰	13407	1.24	2494	600	10313	1031.3	1.12
	挪威	8600	0.80	2494	600	5506	550.6	0.60
	波兰	11412	1.06	2494	600	8318	831.8	0.90
	葡萄牙	3744	0.35	2494	600	650	65.0	0.07
	南非	—	—	—	—	—	—	—
	西班牙	—	—	—	—	—	—	—
	瑞典	9394	0.87	2494	600	6300	630.0	0.69
	瑞士	10158	0.94	2494	600	7064	706.4	0.77
	英国	33641	3.11	2494	600	30547	3054.7	3.32
	（域外小计）	244932	22.67			192334	19233.4	20.91
	总计	1080616	100.0			919728	91972.8	100.00

注：数据截至 2017 年 2 月 10 日；以上总计/占比数据未考虑科威特、马来西亚、巴西、南非、西班牙等五个国家，它们被列入"Prospective Founding Member"，暂未被赋予投票权，因此以上"占比"数据为估算值。基于四舍五入的原因，各国投票权占比的总和"约等于"100。

资料来源：https://www.aiib.org/en/about-aiib/governance/members-of-bank/index.html，AIIB, Asian Infrastructure Investment Bank Articles of Agreement, June 29, 2015, http://www.aiibank.org/uploadfile/2015/0629/20150629094900288.pdf.

AIIB 各成员于 2015 年 6 月 29 日签署的《建立亚洲基础设施投资银行的协定》（以下称《亚投行协定》）第二十八条规定，各成员投票权总数是基本投票权、股份投票权以及创始成员享有的创始成员投票权的总和：

（1）各成员的基本投票权是全体成员基本投票权、股份投票权和创始成员投票权总和的 12% 在全体成员中平均分配的结果。

（2）各成员的股份投票权与该成员持有的银行股份数相当。

(3) 各创始成员均享有 600 票创始成员投票权。①

截至 2017 年 2 月 10 日，AIIB 的成员国即为 57 个创始国。2017 年，还将有近 30 个新成员加入，届时 AIIB 的成员总数将接近 90 个。AIIB 的投票权分配不仅考虑出资额度，还考虑 57 个创始国和将来新加入的成员国。根据《亚投行协定》，85% 的投票权将依据出资比例分配给各成员国，将适当照顾小额出资国的投票权；在其余的 15% 投票权中，12% 将平均分配给所有参与国，3% 将在签署《亚投行协定》的 57 个创始成员国中平均分配。分配结果如表 4—1。

二 AIIB 的决策机制

与 WB、ADB、EBRD、EIB 等众多 MDB 类似，AIIB 实行"双重多数"制（Double-Majority approach），即不仅要求投票权的 50% 或 75% 同意，还要求其他维度的多数同意。例如在表 4—2 中，许多重大事项需要 75% 以上的投票权和 2/3 以上理事的双重同意才能生效。双重多数制的采用，不仅可体现投票权大国的利益，而且还尽可能兼顾了广大小国的诉求。

表 4—2　　　　　　　　　　AIIB 的决策机制

多数制及含义	具体事项
简单多数 （Majority） 指所投投票权的 1/2。	除《协定》另有规定，理事会讨论的所有事项均应由所投投票权的简单多数决定
超级多数 （Super Majority） 指理事人数占理事总人数 2/3 以上，且所代表投票权不低于成员总投票权 3/4 的多数通过。	经理事会超级多数投票同意后，可增加银行的法定股本，包括实缴股本和待缴股本之间的比例。（第四条第三款） 依照本协定第三条第二款加入的成员，若其认缴将使域内成员持有股本在总股本中的比例降至 75% 以下时，除非经理事会超级多数投票通过，否则不予批准。（第五条第二款） 理事会可应某一成员要求，经超级多数投票通过，同意该成员按确定的条件和要求增加认缴；若其认缴使域内成员持有股本在总股本中的比例降至 75% 以下时，除非经理事会超级多数投票通过，否则不予批准。（第五条第三款）

---

① AIIB, Asian Infrastructure Investment Bank Articles of Agreement, June 29, 2015, http://www.aiibank.org/uploadfile/2015/0629/20150629094900288.pdf.

续表

多数制及含义	具体事项
	在特殊情况下，银行可以向本款第（一）项以外的业务对象提供援助，前提是经理事会超级多数投票通过，确认该援助符合银行宗旨、职能以及银行成员的利益；明确可向业务对象提供的相关融资支持类别。[第十一条第一款（二）] 银行从事的贷款、股权投资、担保和其他形式融资等普通业务中的未收清款项，任何时候都不得超过普通资本中未动用认缴股本、储备资金和留存收益的总额。但理事会有权经超级多数投票通过后，根据银行的财务状况随时提高上述对银行普通业务的财务限制，最高可至普通资本中未动用认缴股本、储备资金和留存收益总额的250%。（第十二条第一款） 理事会至少每年都应在扣除储备资金后，就净收入在留存收益或其他事项以及可分配给成员的利润（如适用）间的分配做出决定。任何将净收入分配用作其他用途的决策应以超级多数投票通过。（第十八条第一款） 理事会可经超级多数投票通过，适当调整董事会的规模或构成。（第二十五条第二款） 董事会在非常驻基础上运作，除非理事会经超级多数投票通过，另行做出决定。（第二十七条第一款） 理事会经超级多数投票通过可选举银行行长，以及决定中止或解除行长职务。（第二十九条第一、二款） 理事会可经超级多数投票通过，中止其成员资格；中止满一年后，该成员的银行成员资格自动终止，除非理事会在此一年内经超级多数投票通过，同意恢复该成员的成员资格。（第三十八条第一、二款） 经理事会超级多数投票通过，银行可终止银行业务。（第四十一条第一款） 经超级多数投票通过，可进行基于各成员认缴的银行股本分配资产。[第四十三条第一款（二）] 理事会经超级多数投票通过决议后可修改本协定。（第第五十三条第一款）
特别多数 (Special Majority) 指理事人数占理事总人数1/2以上，且所代表投票权不低于成员总投票权1/2的多数通过。	IBRD 和 ADB 成员，如未能依照第五十八条规定加入银行，经理事会特别多数投票同意后，可遵照银行决定的加入条件成为银行成员。（第三条第二款） 理事会经特别多数投票通过可决定银行开展除本条第二款（一）至（五）所列业务之外的其他融资方式。[第十一条第二款（六）] 经理事会特别多数通过后，可成立附属机构。（第十六条）

资料来源：AIIB, Asian Infrastructure Investment Bank Articles of Agreement, June 29, 2015, http://www.aiibank.org/uploadfile/2015/0629/20150629094900288.pdf.

中国的投票权占比使其对"超级多数"事项拥有事实上的一票否决权。据表4—2，《亚投行协定》所规定的需经"超级多数"通过的事项远多于需经"特别多数"通过的事项。但中国不会寻求否决权，如果日本、美国愿意加入的话，中国乐意减少 1/4 以内的投票权。正如德国驻中国大使柯慕贤（Michael Clauss）说，中国并没有兴趣使用这个否决权。AIIB 的董事会及决策规则，这些机制可以平衡投票权结构。[①]

第二节　AIIB 的董事制度

在董事（执董）的工作方式上，现有 MDB 实行两种制度，一种是"常驻"董事（执董），如 WB、ADB 等机构；一种是"非常驻"董事（执董），如 EIB。AIIB 实行的是后者，这事实上是对 EIB 实践的借鉴。

一　部分 MDB 的"常驻"董事（执董）制度

（一）"常驻"董事（执董）的法定职能

许多区域性 MDB（例如 IDB、AfDB、ADB 和 EBRD）都采用董事会管理体制，即董事是"常驻"，行长任董事会主席（一般不投票，仅当赞成和反对票数相当时投上一票）。该制度是以布雷顿森林机构 WB（及其"姐妹机构"IMF）的"常驻"执董制度为蓝本，以下以 WB（及 IMF）为例阐述其法定职能：战略决策、日常事务管理以及机构内部监督。

1. 执董会的战略决策职能

自始，WB 执董会就被设计为主要决策部门。根据《国际复兴开发银行协定》第五条第 2 款（b），除了少数保留权力以外，理事会将绝大部分权力授权给执董会；第五条第 5 款（a）规定"执董会应选举行长一人……行长职务的终止由执行董事会决定"；第五条第 5 款（b）规定"行长在执董会的指导下处理银行的日常业务，并在执董会总的管理下负责官员和工作人员的组织、任命和辞退"。[②] IMF 也有类似规定。在具体实践中，布雷顿森林机构的执董会必须负责重大政策的制定。据统计，1971 年，IMF 执董会共举行 138 次正式会议和 19 次非正式会议，共耗时

---

① Wang Ling, China Said to Likely Enjoy Veto Power over AIIB's Big Decisions, June 26, 2015, http: //english. caixin. com/2015 – 06 – 26/100822829. html.

② 理事会保留以下权限：批准成员及决定其加入的条件，增减银行资本总额，暂停成员资格，裁决对执董解释本协定所产生的异议，安排与其他国际机构的合作办法，决定永远停止银行业务及其资产分配，决定银行净收入的分配等。WB, International Bank for Reconstruction and Development Articles of Agreement, June 2012, http: //sitesources. worldbank. org/BODINT/Resources/278027 – 1215526322295/IBRDArticlesOfAgreement_ English. pdf.

288个小时,其中129个小时用于讨论重大政策问题(包括浮动汇率、币值调整、汇率机制调整和SDRs等问题),111个小时用于讨论200个以上的成员国问题,29个小时用于讨论IMF年度报告,而只有20个小时用于讨论行政事务。1971年,执董会通过了553个决议,比1965年多了184个。[①]

2. 执董会的日常事务管理职能

WB执董会是常设机关,在指导WB日常业务上发挥着重要作用。第一,负责审议行长提交的IBRD和IDA的贷款、信贷和担保建议,政策和行政预算并作出决策;第二,负责讨论国家合作战略和国际援助问题;第三,负责向理事会提交财务审计报告、行政预算报告和有关WB业务和政策的年度报告以及其他需要提交讨论的议题文件;第四,执董们定期访问成员国,以获得对该国经济和社会发展挑战的第一手信息并检查WB援助项目的执行情况。同样,IMF执董会工作几乎涉及IMF的全部职能(监督、贷款和技术援助)。

日常事务管理职能要求执董"全职"工作。《国际复兴开发银行协定》第五条第4款(c)至(e)规定,每位执董应指派一个副执董,在其本人缺席时,由后者全权代行其职责;执董应继续任职,直至继任者得以委任或选出为止;执董应"常驻"WB总办事处办公,并能够随时根据银行的需要"经常开会"(continuous session)。《国际货币基金组织协定》第十二条第3款也有类似规定,并指出执董会应根据IMF业务的需要经常性地举行会议(约每周开会3次)。

3. 执董会的内部监督职能

WB执董会的内部监督职能,主要体现为对行长工作的监督。《国际复兴开发银行协定》第五条第5款(b)规定:行长在执董会总的管理下负责WB官员和工作人员的组织、任命及辞退。《国际货币基金组织协定》也有类似规定。同时,2007年关于委任总裁多米尼克·斯特劳斯—卡恩(Dominique Strauss-Kahn)的聘用条款从侧面体现了IMF执董会的内部监督职能:未经执董会允许,总裁不能申请或接受任何公共或私人工作或职位,不能从事任何商业活动,无论他(她)是否从中获取酬金;

---

① de Vries, Margaret Garritsen The International Monetary Fund 1966 – 1971 The System Under Stress, Volume 1: Narrative, p. 624. 1976, International Monetary Fund Washington, D. C.

鉴于职位的国际性特征，总裁不能接受成员国政府或 IMF 之外的任何当局的任何礼物、服务费或其他恩惠；不能接受任何荣誉、奖章或奖品。总裁可能是某政党成员并可能向政党或个别候选人捐资，但不能参加政党会议，不能在政党内担任任何领导职务或参与党派政治活动。如果总裁需就上述要求的含义或实施事项进一步说明，须与执董会协商。总裁任期虽为 5 年，但总裁或执董会都有权终止总裁任职。[①]

此外，执董会的内部监督工作还涉及财务、风险管理、人事管理以及行政政策等广泛内容。

（二）"常驻"执董的弊端

事实上，"常驻"执董在履行上述职能的过程中存在种种问题。

1. "全职"工作要求不利于构建强有力的执董会

在 20 世纪 40 年代，凯恩斯[②]曾与美国执董怀特[③]以及副执董威廉·克莱顿（William L. Clayton）就执董是否应该"全职"在 WB 和 IMF 工作问题展开激烈争论。《国际复兴开发银行协定》第五条第 4 款（e）以及《国际货币基金组织协定》第十二条第 3 款（g）同时规定"The Executive Directors shall function in *continuous session* at the principal office of the Bank (Fund) and shall meet as often as the business of the Fund may require."对此，双方有不同解读。克莱顿认为，"continuous session"要求执董"全职"工作，只有这样才能满足"连续开会"的要求；但凯恩斯却认为"continuous session"意味着执董只需在 WB 和 IMF"需要的任何时候"出现，而不像理事们仅在特定的时间（春季会议和年会）开会。[④]

"怀特计划"的最终取胜使 WB 和 IMF 在 20 世纪 40 年代诞生时拥有了 12 人"常驻"执董会。事实上，由于各国不可能派驻本届政府中的资深官员前往 WB 和 IMF 总部"全职"工作，"怀特计划"所设置的执董会在"战略决策"能力上大大弱于"凯恩斯计划"。

---

① IMF, Terms of Appointment of Dominique Strauss-Kahn as Managing Director of the International Monetary Fund [EB/OL], November 2, 2007. http://www.imf.org/external/np/sec/pr/2007/pr07245.htm.

② 约翰·梅纳德·凯恩斯（John Maynard Keynes）.

③ 亨利·迪克特·怀特（Harry Dexter White）.

④ Horsefield, J. Keith, The International Monetary Fund 1945 – 1965 Twenty Years of International Monetary Cooperation. Volume I: Chronicle. pp. 130 – 132. 1969. International Monetary Fund, Washington D. C.

2. 世界经济发展变化进一步削弱了"常驻"执董"战略决策"能力

早期 WB 和 IMF 执董会仍具一定的"战略决策"能力,某种程度上类似于"凯恩斯计划"所设想的"非常驻"执董会。首先,第一代执董资历很高,例如 IMF 的 12 位执董中有 9 位曾出席布雷顿森林会议。[①] 其次,他们在执董会会议中的出席率很低。据统计,在 1946 年 10 月至 1947 年 9 月间,IMF 执董会共有 160 次会议;只有 3 位执董(分别为美国、印度和中国)与会次数在 75% 以上,3 位执董(分别为英国、比利时和墨西哥)与会次数低于 25%。[②] 在某种程度上,前 3 位执董践行了"常驻"理念,而后 3 位则践行了"非常驻"理念。此外,由于当时通信技术并不发达,母国政府难以发出即时指令,早期执董具有较强的自主性。

60 多年来,世界经济的发展变化使执董越来越远离"战略决策者"应该具备的特征。第一,现有执董资历远不及早期。第二,科技高速发展使执董们原有的自主性极大地受到限制。传真机、移动电话和电子邮件等工具的广泛运用使母国政府能随时联系执董,甚至实时同步阅读后者正在阅读的 WB 和 IMF 文件。第三,更为重要的是,执董逐渐失去了"战略决策者"应有的时间、精力和战略眼光。随着 WB 和 IMF 成员国数量逐渐增加,以及各经济体之间的经济联系进一步复杂化,执董会被迫投入越来越多的精力应付 WB 和 IMF 日常工作。深陷繁杂的日常事务的执董们逐渐失去了谋划宏伟蓝图所必需的时间和远见卓识。

3. 执董会定位不够明确

首先是关于对 WB(或 IMF)负责还是对母国负责的争论。《国际复兴开发银行协定》第五条第 5 款(c)和《国际货币基金组织协定》在第十二条第 4 款(c)规定:"总裁、官员和工作人员在执行其任务时,应完全对 WB(IMF)负责,而不对其他官方负责。"但这样约定过于简单模糊,它并未明确指出"执董"应对哪个主体负责。许多学者

[①] Horsefield, J. Keith, The International Monetary Fund 1945–1965 Twenty Years of International Monetary Cooperation. Volume I: Chronicle. p. 138. 1969. International Monetary Fund, Washington D. C.

[②] Horsefield, J. Keith, The International Monetary Fund 1945–1965 Twenty Years of International Monetary Cooperation. Volume I: Chronicle. p. 167. 1969. International Monetary Fund, Washington D. C.

认为执董应主要对 WB（IMF）负责。例如，Hexner（1964）记载了凯恩斯设想中的执董应是相对独立的"智囊"："我们中的一些人……一直希望两大机构（WB 和 IMF）的行政官员终将从根本上把自己看成是国际性官员，他们拥有客观的世界观并仅在明确必要时为母国考虑。因此，应使他们代表国家的特征以及他们作为国家在外部机构的代表的地位最小化而不是最大化。"[1] Gianviti, F.（1999）指出，IMF 考虑到执董们执行公务过程中的行动因而批准他们具有法律豁免权，这种豁免只能由 IMF（而非母国政府）撤回，这也证明了执董们是 IMF 官员而非母国政府的代表。[2] 但 WB 和 IMF 的总设计师怀特则坚持认为执董不应排除其母国利益，而应作为其母国政府的代表，确保所有的 WB 和 IMF 决策与他们母国利益相一致。[3]

在具体实践中，执董的角色非常复杂。一方面必须代表母国，只要避免损害其他成员国利益，执董就可设法保护母国利益不受损[4]；另一方面必须代表执董会向其母国传达 WB（或 IMF）的意见和观点。此外，前 IMF 理事克塞诺丰·佐洛塔斯（Xenophon Zolotas）（希腊）指出，在某种程度上，选举产生的执董与任命的执董有所不同。由多国家选区选举产生的执董决不能仅代表其母国利益，而他实际上在何种程度上代表了哪些国家的利益则是复杂的。

其次是执董内部监督职能法律依据不足。《国际复兴开发银行协定》和《国际货币基金组织协定》都规定"总裁在执董会的指导下处理 WB（IMF）的日常业务"，但这一政策并无具体实施细则和方案。一方面，WB 和 IMF 并无任何具体文件规定执董会的职权，也未制定执董、副执董的工作描述，另一方面，也未规定总裁业绩是否应评估以及如何评估，即

---

[1] Hexner, Ervin P., The Executive Board of the International Monetary Fund: A Decision-Making Instrument, International Organization, Vol. 18, No. 1 (Winter), p. 84. 1964.

[2] Gianviti, F., "Decision Making in the International Monetary Fund," in Current Developments in Monetary and Financial Law, Vol. 1, 1999, International Monetary Fund, Washington D. C.

[3] Horsefield, J. Keith, The International Monetary Fund 1945 – 1965 Twenty Years of International Monetary Cooperation. Volume I: Chronicle. p. 133. 1969. International Monetary Fund, Washington D. C.

[4] Horsefield, J. Keith, The International Monetary Fund 1945 – 1965 Twenty Years of International Monetary Cooperation. Volume I: Chronicle. p. 143. 1969. International Monetary Fund, Washington D. C.

未出台总裁业绩标准及业绩审查评估程序。制度缺失使执董会进行内部监督时无法可依，这是难以实施内部监督职能的直接原因。而制度缺失由两方面造成，其一，并不存在简单指标（例如企业的市盈率或利润率）适于衡量其工作业绩，其二，WB 和 IMF 内部责任标准较为模糊。Gianviti（1999）指出，执董会和总裁实施"独立但密切相关的权力"，而总裁权力的精确范围由执董会决定。① 但在实践中，这种非常准确的界限并不存在。比如，总裁对执董会的会议议程具有重大操控能力，决议的最终达成时间由他（她）决定，在此之前，总裁会根据需要私下游说执董们。这意味着许多决策过程由总裁和执董共同参与，这使得执董们难以评判总裁业绩，除非是针对总裁单独负责的工作领域。

二 EIB 的治理结构与"非常驻"董事制度

（一）EIB 的治理结构与决策规则

EIB 的治理结构及决策规则参见表 4—3。

表 4—3　　　　　　　　EIB 各管理部门及决策规则

管理部门	决策范围	决策规则 简单多数	决策规则 特定多数
理事会	规定指导原则和政策方针；批准年度报告和财务报表；给予授权，以国家为基础，因为 EIB 是在欧盟之外运作；决定增资事项；任命并决定其他管理部门成员的薪酬。	50% 以上认缴资本 一致同意：弃权不能阻止需一致同意的决定获得通过。	至少 18 票；68% 以上认缴资本；
董事会	批准三年期公司运行计划；批准供资（特别是贷款和担保，决定贷款利率、承诺费和其他收费）及筹资；批准环境、采购、透明度、欺诈与不合作仲裁等政策。授权部分职能给管理委员会，决定授权条款并监督后者执行；监控 EIB 运行，确保与欧盟运作条约、EIB 条例及理事会规定的大方向一致；每财年末，向理事会提交报告。	1/3 以上的成员国；50% 以上认缴资本 法定人数：至少 18 个投票成员国参与。	18 票以上；68% 以上认缴资本

---

① Gianviti, F., "Decision Making in the International Monetary Fund," in Current Developments in Monetary and Financial Law, Vol. 1, p. 49. 1999, (Washington: International Monetary Fund).

续表

管理部门	决策范围	决策规则	
		简单多数	特定多数
管理委员会	在行长的领导下，负责银行的日常业务及管理；只对EIB负责，独立履行职责；工作人员受行长直接任命。	参会成员按简单多数投票；每国一票；平局时行长投一票。	
		法定人数：至少5个成员参加。	
审计委员会	审计委员会是独立机构，直接对理事会负责；负责审核银行以恰当的方式运作；审计年度报表，审核EIB活动与银行业最佳实践标准的一致性。	—	—

资料来源：EIB, The Governance of the European Investment Bank, 2012, http://www.eib.org/attachments/general/governance_of_the_eib_en.pdf.

EIB, Statute and Other Treaty provisions, http://www.eib.org/attachments/general/statute/eib_statute_2013_07_01_en.pdf（第9条第1款）.

EIB理事会主席每年在理事中轮换一次。理事会负责任命董事会成员、管理委员会成员以及设定薪酬水平，并负责规定哪些行为与他们的职责矛盾。（《欧洲投资银行条例》第十一条第5款）

EIB决策采用"双重多数"制形式，确保小股东的意见得以考虑。一般情况下，决策要求1/3以上的有权投票的成员国（包括由欧盟委员会提名的董事）同意，同时，50%以上的认缴资本同意。在特殊情形，特定多数（qualified majority）要求18票以上，拥有68%以上认缴资本的成员国同意。

在实践中，EIB许多决策通过"共识"的方式做出，确保小股东拥有更大的影响力。如果欧盟委员会就业务运作方面的意见是否定的，则决定要求董事会一致通过（全票通过），但这种情形非常少。

（二）EIB实行"非常驻"董事制度

EIB并不要求董事"全职"工作，即实行"非常驻"董事制度。董事中的大部分通常（但不仅限于）在公共部门（通常是在财政部，或其他部，或负责国际合作和发展的国家机关）任职。当他们的岗位发生变动时，通常同时从EIB董事会辞职，而让位于继任者。一旦被任命并成为董事会的成员，则只对EIB负责。事实上，相对于"常驻"董事而言，

"非常驻"董事能够更有效地把母国政府的有关看法转达给银行。

EIB 的"非常驻"董事开会的次数远少于"常驻董事"。《欧洲投资银行条例》规定，董事会每年至少开会 6 次，一般开会 10 次。EIB 董事会决策可通过"书面程序"（written procedure）和"默许程序"（tacit procedure）达成一致。其中，"书面程序"要求管理部门的成员书面表态是否同意特定的方案，一旦得到足够数量（按照前述规则）的同意，方案即获得通过。而"默许程序"则是指在给定期限内，若无足够数量的成员反对，某项方案即获得通过。董事会一般采用上述方式批准复杂性较低的决定。

此外，为支持"非常驻"董事制度，董事会的三个委员会负责在董事会会议之前，开会分析特定方案的具体细节。员工薪酬委员会（Committee on Staff Remuneration）就 EIB 的工作人员预算以及准备后续决策的相关问题给出不具约束力的意见；风险政策委员会（Committee on Risk Policy）审查 EIB 关于信贷、市场和流动性风险方面的政策设计和实施，并提供不具约束力的意见；参股政策委员会（Committee on Equity Participation Policy）审查 EIB 直接和间接参股相关政策问题。三个委员会由 8 个（员工薪酬委员会）或 9 个成员组成，他们全部来自不同的国家。上述三大委员会使董事们摆脱了繁杂的日常事务。

（三）管理委员会和行长是 EIB 治理结构的核心

根据《欧洲投资银行条例》第 9、11 条，管理委员会和行长是治理结构的核心。

管理委员会由一位行长和八位副行长构成[①]，经董事会建议，由理事会任命，任期 6 年，可连任。（第十一条第 1 款）董事会必须在特定多数决策方式下，将部分职能授权给管理委员会，决定授权条款并监督后者执行。（第九条第 1 款）管理委员会须在行长的领导下以及董事会的监督下对银行的当前业务负责。管理委员会必须准备董事会决议，特别是关于筹资和批准供资（特别是贷款和担保形式）的决议；必须确保这些决议得以实施。（第十一条第 4 款）当管理委员会就筹资和供资

[①] 理事会一致同意，管理委员会成员数量可调整。经董事会特定多数通过的建议，在得到理事会特定多数通过之后，可强制撤掉管理委员会中的某个成员。（《欧洲投资银行条例》第十一条第 1、2 款）

（特别是贷款和担保形式）提案发表意见时，需遵循多数制原则。（第十一条第 5 款）

管理委员会负责审查筹资业务是否符合《欧洲投资银行条例》的规定（特别是第 16 和 18 条），并提交董事会决策。（第十九条第 3、4 款）管理委员会需向董事会提交赞成或反对的建议和观点；当管理委员会持反对意见时，董事会不能批准，除非董事会一致同意。（第十九条第 5、6 款）

行长（管理委员会主席）或者其中一位副行长（当行长不在位时）必须主持董事会会议，但不投票。（第九条第 2 款）行长，或其中一位副行长须在司法及其他事项上代表银行。（第十一条第 6 款）银行的工作人员受行长领导，其聘用和解聘都由行长负责。（第十一条第 7 款）

三 AIIB 对 EIB "非常驻"董事制度的借鉴

前文述及，"常驻"董事（执董）制度在大部分 MDB 中的普遍实行，是有其特定的历史现实原因的，它既与布雷顿森林体系建立过程中的英美霸权竞争有关，也与当时的交通和通信技术水平（主要方式是海运和电报，"非常驻"执董无法有效地参与银行决策）有关。而当前，政治经济技术环境都已发生深刻变化。"常驻"董事（执董）的缺陷显得越来越突出："全职工作"的要求使其制度成本非常高；同时，由于"常驻"董事（执董）代表了所有成员国，因此效率又非常低。

为克服"常驻"执董（董事）的诸多弊端，AIIB 借鉴了 EIB 的"非常驻"董事制度。早在 2014 年 6 月底，金立群就在博鳌亚洲论坛"亚洲基础设施互联互通投融资研讨会"上指出 AIIB 将设立"非常驻"董事会，负责银行的发展战略、贷款政策和标准等重大事项，管理层根据既定规则来审批项目。《亚投行协定》正式规定，为节约成本，董事不必常驻在总部北京；同时，为简化官僚机构并削减成本（布鲁金斯学会高级研究员、WB 前官员杜大伟即 David Dollar 指出，"常驻"董事会每年约花费 WB 7000 万美元），AIIB 将不付报酬给董事会。

第三节 AIIB 的董事席位分配方案

在董事（执董）的席位分配上，一方面，AIIB 实行选区制，借鉴了

WB、ADB 等 MDB，这与其庞大的成员数量是分不开的；另一方面，AIIB 董事（执董）的权力又小于 WB 等 MDB，而包括行长、副行长在内的管理层的责任和权力相对更大，这在某种程度上类似于 EIB。

一 "常驻"董事制度下的董事席位分配：以 WB 和 ADB 为例

WB、ADB 等采用"常驻"董事制度的 MDB 一般实行"选区制"。

以 WB 为例，执董会由 25 名执董构成，其中，美国、日本、中国、德国、法国和英国各委任一名执董，其余 19 名由 19 个选区（包括由沙特阿拉伯组成的 1 个单国家选区和其余国家组成的多国家选区）选出（详见表4—4）。

表4—4　　WB（IBRD 和 IDA）的成员国投票权及选区结构

成员国	IBRD 执董（国籍）	投票权数（票）	占比（%）	成员国	IDA 执董（国籍）	投票权数（票）	占比（%）
美国	MCGUIRE	358504	16.13	美国	MCGUIRE	2630631	10.47
日本	KAN	166100	7.47	日本	KAN	2123311	8.45
中国	CHEN	107250	4.83	中国	CHEN	532536	2.12
德国	MUELLER	97230	4.38	德国	MUELLER	1371924	5.46
法国	DE VILLEROCHE	87247	3.93	法国	DE VILLEROCHE	960668	3.82
英国	ROBINSON	87247	3.93	英国	ROBINSON	1517718	6.04
选区总和 奥地利 白俄罗斯* 比利时 捷克 匈牙利 科索沃 卢森堡 斯洛伐克 斯洛文尼亚 土耳其	GODTS（比利时）	111578 14650 4713 36469 8373 10993 1622 2308 3872 2279 26299	5.02	选区总和 奥地利 比利时 捷克 匈牙利 科索沃 卢森堡 斯洛伐克 斯洛文尼亚 土耳其	GODTS（比利时）	1174630 207122 275958 113190 175434 48357 63411 83216 56628 151314	4.68

续表

成员国	IBRD 执董（国籍）	投票权数（票）	占比（%）	成员国	IDA 执董（国籍）	投票权数（票）	占比（%）
选区总和 哥斯达黎加 萨尔瓦多 危地马拉 洪都拉斯 墨西哥 尼加拉瓜 西班牙 委内瑞拉*	ROJAS （委内瑞拉）	93362 1542 797 2657 1297 19754 1483 44815 21017	4.20	选区总和 哥斯达黎加 萨尔瓦多 危地马拉 洪都拉斯 墨西哥 尼加拉瓜 西班牙	ROJAS （委内瑞拉）	556558 24489 46464 37396 52855 142236 46457 206661	2.22
选区总和 澳大利亚 柬埔寨 基里巴斯 韩国 马绍尔群岛 密克罗尼西亚 蒙古国 新西兰 帕劳 巴布亚新几内亚 萨摩亚 所罗门群岛 图瓦卢 瓦努阿图	EUN （韩国）	92136 32248 870 1121 36597 1125 1135 1122 10417 672 1950 1351 1169 1117 1242	4.15	选区总和 澳大利亚 柬埔寨 基里巴斯 韩国 马绍尔群岛 密克罗尼西亚 蒙古国 新西兰 帕劳 巴布亚新几内亚 萨摩亚 所罗门群岛 图瓦卢 瓦努阿图	EUN （韩国）	986640 312566 66849 43592 210524 4902 18424 45667 72086 3804 63134 43901 43901 6338 50952	3.93
选区总和 亚美尼亚 波黑 保加利亚* 克罗地亚 塞浦路斯 格鲁吉亚 以色列 马其顿 摩尔多瓦 黑山 荷兰 罗马尼亚 乌克兰	HEEMSKERK （荷兰）	88066 1795 1205 5871 3440 2117 2451 6675 1083 2024 1344 42354 6074 11633	3.96	选区总和 亚美尼亚 波黑 克罗地亚 塞浦路斯 格鲁吉亚 以色列 马其顿 摩尔多瓦 黑山 荷兰 罗马尼亚 乌克兰	HEEMSKERK （荷兰）	1227607 54615 51994 73491 64553 58401 67473 46885 56582 52896 491112 94036 115569	4.89

续表

成员国	IBRD 执董(国籍)	投票权数(票)	占比(%)	成员国	IDA 执董(国籍)	投票权数(票)	占比(%)
选区总和 安提瓜和 巴布达* 巴哈马 巴巴多斯 伯利兹 加拿大 多米尼加 格林纳达 圭亚那 爱尔兰 牙买加* 圣基茨和 尼维斯 圣卢西亚 圣文森特和 格林纳丁斯	SMITH (加拿大)	83288 1176 1727 1604 1242 59010 1160 1187 2112 7626 3371 931 1208 934	3.75	选区总和 巴哈马 巴巴多斯 伯利兹 加拿大 多米尼加 格林纳达 圭亚那 爱尔兰 圣基茨和尼维斯 圣卢西亚 圣文森特和 格林纳丁斯	SMITH (加拿大)	1123551 58766 59098 19834 659785 55440 26427 60035 93310 13778 30532 46546	4.47
选区总和 孟加拉国 不丹 印度 斯里兰卡	GARG (印度)	80543 7124 1250 67696 4473	3.62	选区总和 孟加拉国 不丹 印度 斯里兰卡	GARG (印度)	1022222 138893 43467 743566 96296	4.07
选区总和 巴西 哥伦比亚 多米尼加 厄瓜多尔 海地 巴拿马 菲律宾 苏里南* 特立尼达和 多巴哥	SILVEIRA (巴西)	76472 42619 10386 2748 3427 1723 1041 10140 1068 3320	3.44	选区总和 巴西 哥伦比亚 多米尼加 厄瓜多尔 海地 巴拿马 菲律宾 特立尼达和多巴哥	SILVEIRA (巴西)	838427 395580 92384 27780 50151 52038 10185 134587 75722	3.34

续表

成员国	IBRD 执董（国籍）	投票权数（票）	占比（%）	成员国	IDA 执董（国籍）	投票权数（票）	占比（%）
选区总和 丹麦 爱沙尼亚 芬兰 冰岛 拉脱维亚 立陶宛 挪威 瑞典	SANTALA （芬兰）	72149 18452 1734 11601 2156 2317 2163 14074 19652	3.25	选区总和 丹麦 爱沙尼亚 芬兰 冰岛 拉脱维亚 立陶宛 挪威 瑞典	SANTALA （芬兰）	1357511 232492 48117 159872 58871 54720 48064 259974 495401	5.40
选区总和 阿富汗 阿尔及利亚 加纳 伊朗 摩洛哥 巴基斯坦 突尼斯	KHOSA （巴基斯坦）	71699 956 11823 2181 35599 7275 12490 1375	3.23	选区总和 阿富汗 阿尔及利亚 加纳 伊朗 摩洛哥 巴基斯坦 突尼斯	KHOSA （巴基斯坦）	661310 54983 96693 77136 113182 98017 218506 2793	2.63
选区总和 阿尔巴尼亚 希腊 意大利 马耳他* 葡萄牙 圣马力诺* 东帝汶	PAGANO （意大利）	68979 1486 2340 54883 1730 6116 1251 1173	3.10	选区总和 阿尔巴尼亚 希腊 意大利 葡萄牙 东帝汶	PAGANO （意大利）	786300 58180 53146 573858 55993 45123	3.13
沙特阿拉伯	ALKHUDAIRY （沙特阿拉伯）	67161	3.02	沙特阿拉伯	ALKHUDAIRY （沙特阿拉伯）	813491	3.24
选区总和 阿塞拜疆 哈萨克斯坦 吉尔吉斯 波兰 塞尔维亚 瑞士 塔吉克斯坦 土库曼斯坦* 乌兹别克斯坦	FRIEDEN （瑞士）	66744 2302 3641 1763 14173 3502 35316 1716 1182 3149	3.00	选区总和 阿塞拜疆 哈萨克斯坦 吉尔吉斯 波兰 塞尔维亚 瑞士 塔吉克斯坦 乌兹别克斯坦	FRIEDEN （瑞士）	1131518 65915 20383 54311 499534 79477 284044 53918 73936	4.50

第四章 亚洲基础设施投资银行对治理结构的探索 105

续表

	IBRD				IDA		
成员国	执董（国籍）	投票权数（票）	占比（％）	成员国	执董（国籍）	投票权数（票）	占比（％）
选区总和 俄罗斯 叙利亚	LUSHIN （俄罗斯）	65667 62809 2858	2.96	选区总和 俄罗斯 叙利亚	LUSHIN （俄罗斯）	93923 82896 11027	0.37
选区总和 文莱* 斐济 印度尼西亚 老挝 马来西亚 缅甸 尼泊尔 新加坡 泰国 汤加 越南	SILABAN （印度尼西亚）	62602 3029 1643 21720 928 10442 3390 1624 6225 10827 1150 1624	2.82	选区总和 斐济 印度尼西亚 老挝 马来西亚 缅甸 尼泊尔 新加坡 泰国 汤加 越南	SILABAN （印度尼西亚）	730253 19462 203606 48910 91778 76958 54710 25551 98596 49514 61168	2.91
选区总和 巴林* 埃及 伊拉克 约旦 科威特 黎巴嫩 利比亚 马尔代夫 阿曼 卡塔尔* 阿联酋 也门	HASAN （科威特）	57836 1759 11338 3464 2665 15991 996 8496 1125 2217 2045 4872 2868	2.60	选区总和 埃及 伊拉克 约旦 科威特 黎巴嫩 利比亚 马尔代夫 阿曼 阿联酋 也门	HASAN （科威特）	535410 108081 59301 24865 111474 8562 44771 55016 52997 1367 68976	2.13
选区总和 阿根廷 玻利维亚 智利 巴拉圭 秘鲁 乌拉圭*	FOXLEY （智利）	45398 18836 2441 10246 1885 8021 3969	2.04	选区总和 阿根廷 玻利维亚 智利 巴拉圭 秘鲁	FOXLEY （智利）	377438 134439 71089 58505 29968 83437	1.50

续表

IBRD				IDA			
成员国	执董(国籍)	投票权数(票)	占比(%)	成员国	执董(国籍)	投票权数(票)	占比(%)
选区总和		41247		选区总和		1151885	
贝宁		1524		贝宁		60511	
布基纳法索		1524		布基纳法索		60510	
佛得角		1164		佛得角		43840	
喀麦隆		2394		喀麦隆		60782	
中非		1518		中非		48910	
乍得		1518		乍得		48910	
科摩罗		938		科摩罗		43840	
刚果民主共和国		3299		刚果民主共和国		79399	
刚果共和国		1583		刚果共和国		48910	
科特迪瓦		3914		科特迪瓦		62550	
吉布提	KAYAD(吉布提)	1215	1.86	吉布提	KAYAD(吉布提)	44816	4.59
赤道几内亚		1371		赤道几内亚		6167	
加蓬		1643		加蓬		2093	
几内亚		1948		几内亚		33987	
几内亚比绍		1196		几内亚比绍		44500	
马达加斯加		2078		马达加斯加		60782	
马里		1818		马里		59145	
毛里塔尼亚		1556		毛里塔尼亚		48910	
毛里求斯		1898		毛里求斯		68113	
尼日尔		1508		尼日尔		48910	
圣多美与普林西比		1151		圣多美与普林西比		49519	
塞内加尔		2728		塞内加尔		68943	
多哥		1761		多哥		57838	
选区总和		39197					
博茨瓦纳		1271		选区总和		1096169	
布隆迪		1479		博茨瓦纳		51149	
厄立特里亚		1249		布隆迪		52038	
埃塞尔比亚		1634		厄立特里亚		43969	
冈比亚		1199		埃塞尔比亚		48923	
肯尼亚		3367		冈比亚		51908	
莱索托		1319		肯尼亚		72127	
利比里亚		1119		莱索托		50932	
马拉维		1750		利比里亚		52038	
莫桑比克		1707		马拉维		52038	
纳米比亚*	LAROSE(塞舌尔)	2179	1.76	莫桑比克	LAROSE(塞舌尔)	59370	4.36
卢旺达		1702		卢旺达		52038	
塞舌尔		919		塞舌尔		63638	
塞拉利昂		1479		塞拉利昂		10506	
索马里*		1208		南苏丹		52447	
南苏丹		2093		苏丹		60782	
苏丹		1506		斯威士兰		19022	
斯威士兰		1096		坦桑尼亚		68943	
坦桑尼亚		1951		乌干达		47092	
乌干达		1273		赞比亚		81227	
赞比亚		3466		津巴布韦		105982	
津巴布韦		4231					

续表

成员国	IBRD 执董（国籍）	投票权数（票）	占比（%）	成员国	IDA 执董（国籍）	投票权数（票）	占比（%）
选区总和 安哥拉 尼日利亚 南非	LOURENCO（安哥拉）	344973 3332 13430 17735	1.55	选区总和 安哥拉 尼日利亚 南非	LOURENCO（安哥拉）	318664 153438 95536 69690	1.27
各国总和		2222199	100.00			25120295	100.00

注：* 号表示是 IBRD 成员，不是 IDA 成员；数据截至 2015 年 8 月 17 日。

资料来源：根据 WB，http：//www.worldbank.org/en/about/leadership/VotingPowers 数据整理而得。

再以 ADB 为例，其董事会由 12 位董事构成，分别代表 12 个选区（其中美国、日本、中国是单国家选区，其余为多国家选区），8 位董事由亚太地区的成员选举产生，4 位由区域外成员选举产生，每位董事委任一位副董事（见表 4—5）。在 ADB 的治理结构中，非借款国的话语权非常大，它们的投票权总占比为 61.62%，借款国仅为 38.38%；12 位董事中 6 位来自非借款国，6 位来自借款国；12 位副执董中，8 位来自非借款国，4 位来自借款国。区外成员集中于 4 个选区内，其投票权总占比为 34.89%；区内成员集中于 8 个选区内，其投票权总占比为 65.11%。

表 4—5   ADB 的投票权及选区结构

成员及选区	投票权占比（%）	董事及投票权占比	副董事
澳大利亚	4.948		
阿塞拜疆	0.656		
柬埔寨	0.338		
格鲁吉亚	0.573		
中国香港	0.736	Anthony Baker（澳大利亚）9.062	Richard Sisson（澳大利亚）
基里巴斯	0.302		
密克罗尼西亚	0.302		
瑙鲁	0.302		
帕劳	0.301		
所罗门群岛	0.304		
图瓦卢	0.300		

续表

成员及选区	投票权占比（%）	董事及投票权占比	副董事
加拿大△	4.502	David Murchison（加拿大）8.485	Jan Willem van den Wall Bake（荷兰）
丹麦△	0.572		
芬兰△	0.572		
爱尔兰△	0.572		
荷兰△	1.123		
挪威△	0.572		
瑞典△	0.572		
奥地利△	0.572	Richard Edwards（英国）7.431	Mario Sander（德国）
德国△	3.775		
卢森堡△	0.572		
土耳其△	0.572		
英国△	1.940		
亚美尼亚	0.538	Bhimantara Widyajala（印尼）8.271	Dominic Walton-France（新西兰）
库克群岛	0.301		
斐济	0.353		
印度尼西亚	4.404		
吉尔吉斯斯坦	0.539		
新西兰	1.533		
萨摩亚群岛	0.301		
汤加	0.302		
韩国	4.347	Won-Mok Choi（韩国）8.377	M P D U K Mapa Pathirana（中国台北）
巴布亚新几内亚	0.374		
斯里兰卡	0.765		
中国台北	1.174		
乌兹别克斯坦	0.840		
瓦努阿图	0.304		
越南	0.573		
哈萨克斯坦	0.947	Muhammad Sami Saeed（巴基斯坦）6.429	Gaudencio Hernandez, Jr.（菲律宾）
马尔代夫	0.302		
马绍尔群岛	0.301		
蒙古国	0.311		
巴基斯坦	2.049		
菲律宾	2.213		
东帝汶	0.306		

第四章　亚洲基础设施投资银行对治理结构的探索　109

续表

成员及选区	投票权占比（％）	董事及投票权占比	副董事
比利时△	0.572	Maurizio Ghirga（意大利）6.221	René Legrand（比利时）
法国△	2.169		
意大利△	1.751		
葡萄牙△	0.390		
西班牙△	0.572		
瑞士△	0.767		
日本	12.840	Kazuhiko Koguchi（日本）	Hideo Fukushima（日本）
阿富汗	0.326	Umesh Kumar（印度）8.476	Sarafjon Sheraliev（印度）
孟加拉国	1.119		
不丹	0.304		
印度	5.386		
老挝	0.310		
塔吉克斯坦	0.529		
土库曼斯坦	0.502		
美国△	12.752	Robert M. Orr（美国）	Michael Strauss（美国）
文莱	0.582	迈阿密·本·哈马德 Maliami bin Hamad（马来西亚）6.187	Khin Khin Lwin（缅甸）
马来西亚	2.487		
缅甸	0.736		
尼泊尔	0.417		
新加坡	0.572		
泰国	1.393		
中国	5.477	王忠晶（中国）	潘文星（中国）

注：ADB共有67个成员，其中加灰底色的为借款成员，其余为非借款成员；加"△"的为区外成员，其余为区内成员；ADB董事更新至2015年2月；投票权占比更新至2014年12月31日。

资料来源：http://www.adb.org/about/board-directors 和 http://www.adb.org/sites/default/files/institutional-document/158032/oi-appendix1.pdf。

二 "非常驻"董事制度下的董事席位分配：以 EIB 为例

EIB 实行"非常驻"董事制度。《欧洲投资银行条例》(EIB Statute) 规定，EIB 董事会由 29 位董事构成，每个成员国和欧盟委员会（the European Commission）各提名 1 位董事，由理事会正式任命，任期为 5 年，可连任。19 位副董事（Alternates）由理事会任命，任期 5 年，可连任，部分职位由多个国家共享。董事会中的每个董事拥有一票，董事缺席时，既可将其投票授权给副董事，也可授权给其他董事（此情形受到一些限制）。董事拥有与成员国所认缴资本比例一致的投票权占比。此外，《欧洲投资银行条例》第 9 条第 2 款规定，为了拓宽董事会在特定领域的专业知识，董事会有权指派 6 名外部专家（也称"外部董事"，其中 3 位董事，3 位副董事），他们以"顾问"的身份参加董事会，没有投票权。EIB 董事会结构见表 4—6。

表 4—6　　　　　　　　　　EIB 董事会结构

成员国/机构	认缴资本占比（%）	董事席位（个）	副董事席位（个）
德国	16.11	1	2
法国	16.11	1	2
意大利	16.11	1	2
英国	16.11	1	2
西班牙	9.67	1	1
葡萄牙	0.78	1	
比利时	4.47	1	1
卢森堡	0.11	1	
荷兰	4.47	1	
丹麦	2.26	1	2
希腊	1.21	1	
爱尔兰	0.57	1	
罗马尼亚	0.52	1	

续表

成员国/机构	认缴资本占比（%）	董事席位（个）	副董事席位（个）
爱沙尼亚	0.07	1	2
拉脱维亚	0.09	1	
立陶宛	0.15	1	
奥地利	2.22	1	
芬兰	1.27	1	
瑞典	2.96	1	
保加利亚	0.18	1	4
捷克	0.76	1	
克罗地亚	0.37	1	
塞浦路斯	0.11	1	
匈牙利	0.72	1	
马耳他	0.04	1	
波兰	2.06	1	
斯洛文尼亚	0.24	1	
斯洛伐克	0.26	1	
欧盟委员会	0.00	1	1
（以上合计）	100.00	29	19
外部董事（无投票权）	0.00	3	3

资料来源：认缴资本占比数据截至 2014 年底，参见 http：//www.eib.org/about/structure/shareholders/；其他数据参见 EIB, Statute and Other Treaty Provisions, http：//www.eib.org/attachments/general/statute/eib_statute_2013_07_01_en.pdf.

三 AIIB 董事席位的分配及投票权的行使

（一）AIIB 董事席位的分配

AIIB 的董事制度安排考虑了 EIB 和 ADB 的各自优势。在借鉴了 EIB 的"非常驻"董事制度的同时，如果直接照搬 EIB 的每个成员一个席位的做法，会使董事会规模过于庞大，严重影响效率；因此，AIIB 借鉴了 WB、ADB 等 MDB 所实行的"选区制"，而非 EIB 董事的"一国一席"制。例如，在 ADB 的 12 个常设董事席位中，日本、中国和美国是专属席位，不需选举，其他 9 个席位由划分区域成员选出，欧洲 17 个国家和加拿大被分进 3 个选区。

根据《亚投行协定》，董事席位的初始数量域内为 9 名，域外为 3 名；同时，董事席位设有最低门槛：域内董事享有的投票权应至少占代表域内成员参与投票的理事（域内理事）投票权总数的 6%，域外董事享有的投票权应至少占代表域外成员参与投票的理事（域外理事）投票权总数的 15%。按照上述规定，投票权占比最高的中国、印度、俄罗斯和德国分别有一席位；其余成员则需组成"多国家选区"，共享 8 个席位，其中，2 个非域内选区将共代表 19 个成员，6 个区内选区共代表 34 个成员。

（二）AIIB 董事的权力明显小于 WB 等 MDB

AIIB 的投票规则使其董事在"投票"环节中的权力明显小于 WB 等 MDB，与 ADB、EIB 比较接近。

《国际复兴开发银行协定》第五条第四节（g）部分规定"每一名被指派的董事应按分配给指派该董事的会员国的票数投票；各董事可投的全部票数应作为一个单位投票"。这样，在多国家选区内，持不同意见且投票权占比较低的弱小成员在这个环节中只能"被代表"。

而在 AIIB 中，"有权代表一个以上成员投票的董事可代表这些成员分开投票"〔《亚投行协定》第二十八条第三款第（一）部分〕，这种制度类似于 ADB。根据《亚洲开发银行宪章》第三十三条第 3 款（Agreement Establishing the Asian Development Bank）[1]，ADB 执董会投票时"每个执董应按其当选所得票数投票，不必作为一个单位投票"。按照 AIIB 和 ADB 的上述规定，多国家选区内的董事必须分别替区内所有成员代为投出它们各自的票数，区内各成员可经董事之手表达不同立场。

四　AIIB 管理层拥有更大的权力

"非常驻"的董事会将使 AIIB 管理层拥有更大的权力，即行长及副行长在银行治理结构中扮演更加重要的角色。正如 EIB，日常运营事务由行长和管理委员会负责。

管理层招聘将对全球精英开放，有助于专业性决策。正如楼继伟表示，在人力资源管理上，中方将与各成员国一道，通过首席谈判代表会议

---

[1] In voting in the Board of Directors, each Director shall be entitled to cast the number of votes that counted towards his election which votes need not be cast as a unit. 详见 http://www.adb.org/sites/default/files/institutional-document/32120/charter.pdf.

机制指导多边临时秘书处加紧制定人力资源政策以及员工选聘程序和标准，确保AIIB按照公开、透明的多边程序，将在全球范围内择优选聘包括管理层在内的各级员工。

根据特别财长会确定的候任行长遴选程序，2015年7月6日，中国正式提名金立群为AIIB候任行长中方候选人，8月24日至25日，筹建AIIB第六次首席谈判代表会议在格鲁吉亚首都第比利斯举行，时任AIIB多边临时秘书处秘书长金立群被选为AIIB候任行长。2016年1月16日，AIIB正式成立，首次理事会根据《亚投行协定》有关规定，将金立群选举为首任行长。金立群历任中国财政部副部长、WB中国副执行董事、中国投资公司监事长等职，也曾经是首位以副部级高官的身份出任ADB高管的中国人。前IMF驻中国代表杜大伟（David Dollar）说，考虑到中国拥有最大的股份，AIIB首任行长是中国人是公平的。[①] 同年2月，AIIB公布五位副行长人选：英国的丹尼·亚历山大（Danny Alexander）兼任董事会秘书；韩国的洪起泽（Kyttack Hong）兼任首席风险官；印度的潘笛安（D. J. Pandian）兼任首席投资官；德国的冯阿姆斯贝格（Joachim von Amsberg）负责政策与策略；以及印度尼西亚的拉克齐（Luky Eko Wuryanto）兼任首席行政官。

截至2016年8月，AIIB有来自20多个国家的70个雇员，在未来数年来，随着新成员以及新项目的增加，雇员数量将增至300人左右。[②]

为更好地配合"非常驻"董事制度，AIIB须制订明确的运作原则和指导方针，准确定位管理层和工作人员的角色和责任，建立强有力的审查和问责机制。

小　　结

AIIB的治理结构以现有MDB为蓝本，同时在许多方面表现出自身的特点。

AIIB的组织结构沿用现有MDB的理事会、董事会和行长的三层结

---

① Wang Ling, China Said to Likely Enjoy Veto Power over AIIB's Big Decisions, June 26, 2015, http://english.caixin.com/2015-06-26/100822829.html.

② http://gbtimes.com/business/aiib-appoints-new-managers-ahead-expansion.

构；股权和投票权分配主要基于 GDP 规模；不仅考虑 57 个创始国，还考虑未来新加入的成员。AIIB 实行双重多数的决策机制，具体分为简单多数、超级多数和特别多数三种情况。中国的投票权占比使其在"超级多数"事项中拥有事实上的"一票否决权"，但是中国不会寻求这种否决权，随着新成员的不断加入，中国乐意减少投票权。

在董事工作方式上，AIIB 借鉴 EIB，实行"非常驻"董事制度，包括行长和副行长在内的管理层成为治理结构的核心。这可以有效地克服部分 MDB 所实行的"常驻"董事（执董）的弊端，例如"全职"工作的要求不利于构建强有力的董事（执董）会，世界经济的发展变化削弱"常驻"董事（执董）的战略决策力等等。在董事席位分配上，由于成员国数量较多，AIIB 实行选区制，这与 WB 和 ADB 等 MDB 类似；但从投票规则来看，AIIB 的董事（执董）权力小于 WB 等 MDB，在某种程度上更接近于 EIB 的制度设计。

总体上，AIIB 的治理结构吸收了现有 MDB 在组织结构、股权和投票权分配、决策机制、董事（执董）的工作方式和席位分配等方面的诸多优点，同时，也进一步突出了自身以"域内"（亚洲和大洋洲地区）成员以及"借款国"为主导的特征。AIIB 在治理结构方面的制度设计，一方面有利于提高运作效率，另一方面有利于提高新兴经济体和发展中国家的地位和发言权。

第五章　亚洲基础设施投资银行对业务运作的探索

长期以来，各 MDB 不但在宗旨和职能方面存在不同程度的差异，在具体的业务操作政策、程序和方法方面更是各有特点。所谓 MDB 的"最佳实践"，并非是"政策和实践的标准化"，而是各 MDB 不断努力增进它们对共性和差异的理解的一种结果。具体而言，MDB"最佳实践"涉及各 MDB 对业务操作惯例和评估活动惯例的总结和提炼。

第一节　现有 MDB 最佳实践：项目评估体系

评估体系是现有 MDB"最佳实践"的重要构成部分，它一方面体现了评估的标准，另一方面也涉及业务操作标准。

一　现有 MDB 的项目评估框架

评估贯穿了 MDB 项目周期的各个阶段，见表 5—1。在 MDB 项目评估的各个相关环节中，完全由 MDB 直接操作的两个重要部分是"事前政策制定"和事后项目评估中的"专业评估"。

其中，项目开始前（事前）的政策制定（制定社会环境保障、反腐、风险管理和采购相关政策）是较为复杂并且充满争议的内容，详见本章第二节（现有 MDB 最佳实践：事前政策制订）的讨论。

IEO 是 MDB 评估工作的核心机构，而 IEO 工作中最复杂最需要综合性知识的是专业评估，其具体指标见本节第"四"部分。

表 5—1　　　　　　　　　　项目周期与评估的各个环节

阶段	具体环节	具体时间	实施主体	工作内容及目标
事前项目设计	项目可评估性工作	项目立项前	负责项目设计的团队	将评估计划融入项目建议书，将项目设计为"可评估"的，以确保完工后的项目监控和评估具有可行性。例如，项目设计者按照特定的目标管理原则，例如具体的、可衡量的、可实现的、相关的和有时限的（Specific, Measurable, Attainable, Relevant, Time-based, SMART）标准建立相关评估指标，并确保基准数据在项目初期得以收集。
事前政策制订	制订社会环境保障、反腐、风险管理和采购相关政策	项目开始前	MDB的内部控制单位，如政策和合规部门	负责设计、监控和修改所有MDB项目的质量标准和保障措施；确保项目已为评估做好充分准备（如具有清晰的理论以及健全的检测和评估计划等）；若项目不满足准备事后评估的最低标准，确保项目团队须在项目提交董事会批准前解决所存在的问题。
项目中	监控和评估	项目开始后	MDB外勤人员、外部顾问	持续记录项目过程和结果；适当吸收当地合作伙伴和受益方的反馈；尽早发现问题，以便在项目进行时得到校正；在监测和评估框架中进行数据收集，有助于项目完工后的发展结果衡量，以便作为后续评估的基础；
事后项目评估	项目自评 Self-evaluated	项目完工后6—12个月内	MDB项目工作人员	主要评估项目投入和产出是否顺利得以进行（虽偶尔涉及项目结果和影响，但这并非它的目标）。
事后项目评估	项目校验 validation	项目自评后	IEO	对项目自评的分析质量进行独立验证，以认可或推翻项目自评的评估评级结果。
事后项目评估	项目深度评估 in-depth evaluation	项目完工后1—4年内	IEO	包括实地考察和对受益者、当地政府官员以及MDB的员工的访谈。
事后项目评估	专业评估 major evaluations	项目完工后	IEO	选择各种主题（如脆弱国家、安全保障等）、行业或部门（如基础设施、农业）或地区（例如中非、次撒哈拉非洲等）开展评估；往往超出单个项目范围。
事后项目评估	项目影响评估 impact evaluations	项目完工后	业务团队和外部专家	研究项目的因果效应。

资料来源：根据各 MDB 网站以及 United States Department of the Treasury, Report to Congress on Evaluation Standards and Practices at the Multilateral Development Banks, September 2014, https://www.treasury.gov/resource-center/international/development-banks/Documents/2015-03-01%20（Evaluation%20Report）.pdf 整理而得。

二 现有 MDB 项目评估的重要主体

MDB 各种层次的评估由 MDB 内外的多种主体共同执行或参与。在 MDB 内部，包括政策和合规部门（Policy and Compliance Departments）、独立评估办公室（The Independent Evaluation Office，IEO）、项目工作人员，以及外勤人员等；其中，最重要的部门是 IEO。在 MDB 外部，包括相关领域的业务团队、专家、顾问以及其他 MDB 的 IEO 等。

（一）IEO

在 MDB 内部，评估工作的核心机构是 IEO，它一般由经济、统计、发展或特定领域（如能源或社会政策）的评估专家构成，承担广泛的、独立的、事后评估，具体包括对项目自评的校验、项目深度评估以及专业评估等（见表5—1），并负责向董事会提交报告。

每个 MDB 都有各自的 IEO，但具体名称不同，例如，AfDB、ADB、EBRD、IDB 和 WB 的 IEO 分别称为业务评估部（Operations Evaluation Department，OPEV）、独立评估部（Independent Evaluation Department，IED）、评估部（Evaluation Department，EvD）、评估与监督办公室（Office of Evaluation and Oversight，OVE）以及独立评估小组（Independent Evaluation Group，IEG）（见表5—2）。

（二）外部机构

外部机构以多种方式参与 MDB 的评估工作。

1. 各 MDB 间的 IEO 组成"评估合作小组"

所有 MDB 的 IEO 被称为"评估合作组"（the Evaluation Cooperation Group，ECG）的一部分。ECG 由 AfDB、ADB、EBRD、IDB 和 WB 等五个主要 MDB 成立于1996年。2011年后，EIB、IMF、伊斯兰开发银行（Islamic Development Bank，IsDB）以及国际农业发展基金（the International Fund for Agricultural Development，IFAD）陆续加入 ECG。2012年，黑海贸易和发展银行（Black Sea Trade and Development Bank，BSTDB）和欧洲发展银行委员会（the Council of Europe Development Bank，CEB）被接受为正式成员国。同时，ECG 还有三位观察员，分别是联合国、OECD 的 DAC 以及全球环境基金（the Global Environment Facility，GEF）评估单位的负责人。ECG 致力于以高标准协调业绩衡量指标和评估方法，从各 MDB 的项目评估中分享经验教训，以加强 MDB 项目评估的专业化

和协作性。

2. 外部机构对 MDB 项目实施"影响评估"

为更好地衡量 MDB 的运作业绩，WB、AfDB、ADB、EBRD、IDB 以及伊斯兰开发银行（the Islamic Development Bank）等 MDB 组成发展结果管理工作组（Working Group on Managing for Development Results，WG-MfDR），并于 2005 年建立了 MDB 的通用业绩评估体系（Common Performance Assessment System，COMPAS），用于跟踪 MDB 对发展结果的管理能力。WG-MfDR 成员每年按 COMPAS 体系就各 MDB 公共业务和私人业务的一系列"发展影响指标"提供报告，这些指标基于对发展结果的影响程度定期更新。[①] 目前 COMPAS 已成为公认的 MDB 进行发展结果管理（Managing for Development Results，MfDR）以及 MDB 之间就此进行建设性对话的体系。

但是，MDB 越来越多地与专门从事进行影响评估的外部组织、智库和学术机构开展合作。例如，WB、ADB 和 IDB 都与阿卜杜勒·拉蒂夫·贾米尔贫困行动研究室（the Abdul Latif Jameel Poverty Action Lab，J-PAL）对它们的项目进行影响评估。J-PAL 是一个杰出的研究中心，专门进行严格的评估测试和改善减贫程序和政策的有效性。再如，WB、AfDB 和 ADB 为了研究、培训和学习目的，都与国际影响评估倡议（the International Initiative for Impact Evaluation，3IE）合作。后者实施影响评估和系统性审查，以为未来发展项目提供有用信息为导向，提炼多方面的影响结果。

3. 外部机构对 MDB 数据公开披露进行审查

MDB 数据的公开披露，具体指 MDB 项目层面的数据具有公开的、透明的可得性，使独立学者和其他外部利益相关者能够获得并用以评估项目业绩和进展，从而为改善未来的同类项目提供外部建议。一般而言，项目评估本身也是公开披露的。尽管如此，但对于某些 MDB 而言，在公共平台（如网络）数据不易得到的情况仍是常见的。

三 现有 MDB 项目评估的实施频率

每个 MDB 项目都会受到某种层面的评估，但并非每个项目都会受到

[①] WB et al. Common Performance Assessment System（COMPAS）2012，http://www.mfdr.org/Compas/index.html.

所有类型的评估。据表5—2，大部分（并非所有）项目都开展自评；深度项目评估和专业评估都是资源密集型的，都只针对部分项目。相对深度项目评估而言，专业评估因为向MDB提供了更高层次的、更为广泛的建议，因此比项目层面的评估更有可能对MDB业务产生影响。而影响评估由于需要广泛的资源和特定的专家，实施的频率则是更低的。

表5—2　　　　　　　　　部分MDB的评估频率

项目/MDB	AfDB	ADB	EBRD	IDB	WB
独立评估办公室（IEO）的具体名称	业务评估部（Operations Evaluation Department, OPEV）即将重命名为独立发展评估（Independent Development Evaluation, IDEV）	独立评估部（Independent Evaluation Department, IED）	评估部（Evaluation Department, EvD）	评估与监督办公室（Office of Evaluation and Oversight, OVE）	独立评估小组（Independent Evaluation Group, IEG）
接受项目自评的项目占比	70%—90%的项目开展项目自评（projects self-evaluated, PCRs），最终目标是100%。	70%—90%的项目开展项目自评，最终目标是100%。	100%的项目开展项目自评。	100%的项目开展项目自评。	100%的项目开展项目自评。
在项目自评中，通过IEO校验的项目占比	2012年，开展自评的项目中有89%通过了独立案头审查（independent desk review, PCREN）	目标是校验通过75%的公共部门贷款项目自评，100%的私人部门贷款年度审查报告。	取决于独立评估或EVD校验所需的样本数量，目的是获得统计稳健性和可靠性结果。	经OVE校验，约33%的自评有效；OVE校验通过了100%的非主权担保业务。	IEG校验通过了100%的自评。
接受IEO深度审查（In-Depth Review）的项目占比/数量	OPEV选择一部分作为样本接受独立业绩评估，选择标准主要有：自评的质量，可供学习的教训，国家或部门的重要性，MDB的企业战略重点等。	IED每年有目的地选择约10个公共部门项目和3个非主权业务开展深度评估。	EvD每年选择3—5个项目开展深度评估。	OVE选择一个样本项目接受深度评估。	IEG选择大约12%的项目接受深度评估。
IEO实施专业评估（部门、主题和地区）的项目数	在2012—2014年工作计划中，每年5个项目。	在2013—2014年工作计划中，每年8个项目。	在2014年工作计划中，每年8个项目。	在2013—2015年工作计划中，每年9—14个项目。	在2015—2017年工作计划中，每年约20个项目。

续表

项目/MDB	AfDB	ADB	EBRD	IDB	WB
IEO 实施影响评估的项目数	2014 年首次开展，2015 年 1 月第二次开展。	在 2013—2016 的工作计划章，每年 1 个项目。	（无）	首次影响评估由 OVE 实施，但 OVE 后来建议 IDB 的项目工作人员更适合实施此项评估。	由 WB 的业务工作人员和外部顾问实施。
非 IEO 实施影响评估的项目数	（无）	20 个正在进行中。	（无）	67 个正在进行中。	324 个正在进行中。

资料来源：根据 United States Department of the Treasury, Report to Congress on Evaluation Standards and Practices at the Multilateral Development Banks, September 2014, https://www.treasury.gov/resource-center/international/development-banks/Documents/2015 - 03 - 01% 20 (Evaluation% 20Report).pdf 整理而得。

四 IEO 项目评估的具体指标

各 MDB 的 IEO 在评估工作中所使用的具体指标不尽相同。为此，各 MDB 的 IEO 联合组织"评估合作小组"（the Evaluation Cooperation Group, ECG）的具体工作目标是：(1) 加强评估者之间的合作；(2) 在成员机构间寻求协调一致的评估方法，从而在考虑各机构不同环境的同时，尽可能提高评估结果的可比性。ECG 协调指增加信息共享和改善对评估政策、程序、方法和实践的共性和差异的理解，而不是"评估政策和实践的标准化"。①

具体而言，ECG 制订《评估最佳实践标准大全》为 MDB 的以下四类评估建立最佳实践标准（Good Practice Standards, GPS）：核心评估部门（Central Evaluation Department, CED）的治理和独立性；公共部门的运行评估；私人部门的运行评估；国家战略和计划的评估。② 事实上，这主要涉及表 5—1 中的"专业评估"。具体指标框架见表 5—3、12—4、12—5 和 12—6，《评估最佳实践标准大全》对上述框架中的"评估要素"进一步展开，逐项评估。

---

① ECG, Big Book on Evaluation Good Practice Standards, November 2012, https://www.ecg-net.org/document/ecg-big-book-good-practice-standards.

② Ibid..

第五章 亚洲基础设施投资银行对业务运作的探索　　121

表5—3　　　ECG对核心评估部门的独立性的主要评估原则

标准	评估要素	操作惯例（Operational Practices，OPs）数
1. 核心评估部门的治理和独立性	A. 职责 B. 职责的覆盖面 C. 结构独立性 D. 监督 E. 磋商框架 F. 责任范围 G. 访问权限	4
2. 核心评估部门领导的独立性	A. 任命 B. 续约 C. 解约 D. 权威性与报酬 E. 业绩评估	4
3. 核心评估部门工作人员的独立性	A. 选择 B. 技能 C. 机会 D. 利益冲突	3
4. 核心评估部门的工作程序和预算	A. 工作程序 B. 预算的决定 C. 预算的充足性 D. 问责性和透明度	2
5. 核心评估部门报告和披露的独立性	A. 汇报程序 B. 主要利益相关者 C. 其他利益相关者 D. 核心评估部门的建议 E. 披露政策 F. 结果的推广	5
标准数：5	要素数：26	操作惯例数：18

表5—4　　　ECG对公共部门业务的主要评估原则

标准	要素	操作惯例（Operational Practices，OPs）数
A. 报告的准备和过程		
1. 时机	A. 业绩评估报告	2
2. 覆盖范围和选择	A. 问责性和学习 B. 样本大小 C. 附加样本大小 D. 抽样方法	1 2 1 3
3. 磋商和审查	A. 利益相关者的磋商 B. 审查	3 3

续表

标准	要素	操作惯例（Operational Practices，OPs）数
B. 评估途径和方法		
4. 评估基础	A. 目标导向 B. 项目目标在评估中的使用 C. 预期之外的结果 D. 对政策性贷款的评估	8 1 3 2
5. 标准	A. 评估范围 B. 相关性 C. 有效性 D. 预期的结果 E. 效率 F. 可持续性 G. 国际金融机构业绩 H. 借款方业绩	2 7 3 4 6 4 2 2
6. 评级	A. 标准评级 B. 规则 C. 项目业绩总体指标	2 2 6
C. 传播和利用		
7. 传播和利用	A. 综合报告 B. 评估结果的可获得性 C. 披露 D. 传播 E. 对建议的利用	5 3 2 1 3
标准数：7	要素数：27	操作惯例数：83

表 5—5　　　　ECG 对私人部门业务的主要评估原则

标准	要素	操作惯例（Operational Practices，OPs）数
通用原则：定期报告的关注范围和及时性，评估报告和结果的披露，来自评估体系的经验教训的获得、传播和运用。		
1. 公司年度业绩报告	A. 公司业绩报告 B. 评级结果报告 C. 分析 D. 建议 E. 披露	5
2. 关于评估体系的定期报告	A. 定期报告 B. 品质效应 C. 校准 D. 可评估性 E. 经验教训的运用	5

续表

标准	要素	操作惯例（Operational Practices，OPs）数
通用原则：定期报告的关注范围和及时性，评估报告和结果的披露，来自评估体系的经验教训的获得、传播和运用。		
3. 得自评估的经验教训和结果	A. 覆盖范围 B. 相关性 C. 可获得性	3
通用原则：评估评级体系的特点、评估指导方针的准备和传播。		
4. 项目评估指导方针	A. 准备 B. 内容 C. 传播	2
5. 业绩评级的范围	A. 分级和平衡 B. 描述性 C. 二元制报告的使用	3
通用原则：如何决定一项业务何时已做好评估的准备，如何从特定人群中选择样本，对直接评估和自我评估的独立验证过程。		
6. 评估项目总体的确定	A. 一致性和客观性 B. 符合条件的项目 C. 筛选 D. 不符合条件的项目 E. 排除 F. 披露	6
7. 评估项目样本的选择	A. 随机抽样代表 B. 样本汇总 C. 披露 D. 目的性抽样	4
8. 核心评估部门的直接评估过程	A. 核心评估部门的选择 B. 报告 C. 案头文件评估 D. 深度评估 E. 透明度 F. 审查过程	4
9. 核心评估部门的独立校验过程	A. 校验 B. 深度检验 C. 核心评估部门的报告 D. 审查过程	3
私人部门原则：在评估框架内，对每个业绩指标进行评级的衡量范围和标准		
10. 对项目结果的评级	A. 综合评级 B. 基准 C. 财务标准 D. 经济标准 E. 国际金融机构职责标准 F. 环境和社会标准	2

续表

标准	要素	操作惯例（Operational Practices，OPs）数
私人部门原则：在评估框架内，对每个业绩指标进行评级的衡量范围和标准		
11. 结果指标 1—财务业绩和项目业务目标的完成	A. 利益相关者分析 B. 时间跨度 C. 项目业务目标的完成 D. 方法 E. 基准	5
12. 结果指标 2—经济可持续性	A. 利益相关者分析 B. 时间跨度 C. 净利益 D. 方法 E. 基准	5
13. 结果指标 3—对 IFI 职责目标的促进	A. 方法 B. 平衡 C. 基准	2
14. 结果指标 4—环境和社会业绩	A. 对环境和社会的贡献 B. 对环境和社会的管理能力 C. 子项目对环境和社会的贡献 D. 基准	3
15. 对国际金融机构投资盈利能力的评级	A. 范围 B. 净值法 C. 总值代替法 D. 基准	5
16. 对国际金融机构工作质量的评级	A. 范围 B. 独立操作 C. 预先承诺 D. 事后承诺 E. 基准	4
17. 对国际金融机构的额外影响评级	A. 反面角度的衡量 B. 金融溢出性 C. 非金融溢出性 D. 基准	2
标准数：17	要素数：75	操作惯例数：63

表5—6　ECG 对国家战略和规划（Country Strategy and Program）的主要评估原则

标准	因素	operational practices（OPs）数量
A. Process-Related GPS		
1. 国家战略和规划评估目标、目的、客户反应和分析单位	A. 国家战略和规划评估目标 B. 目的 C. 客户反应 D. 分析单位	1 1 1 1
2. 国家选择和相互问责原则	A. 国家选择 B. 联合国家战略和规划 C. 相互问责	2 1 2
3. 时机	A. 国家战略和规划评估的及时性	2
4. 提前准备工作	A. 准备步骤 B. 部门/主题学习	1 2
5. 覆盖面	A. 时间跨度 B. 产品和服务覆盖度 C. 第二代或第三代国家战略和规划评估 D. 国家战略和规划评估的局限范围 E. 验证报告	2 2 2 2 1
6. 国家战略和规划评估方法	A. 具体评估方法	1
7. 准备阶段	A. 实施阶段	1
8. 人员配置	A. 评估团队	2
9. 指导方针	A. 统一的指导方针、质量控制和适宜性	3
B. 与方法相关的最佳实践标准		
10. 国家战略和规划评估的方法和途径	A. 概览 B. 评估问题 C. 反设事实 D. 归因与贡献 E. 可评估性 F. 多重证据来源 G. 客户参与 H. 免责声明	6 2 2 2 2 2 1 1

续表

标准	因素	operational practices（OPs）数量
B. 与方法相关的最佳实践标准		
11. 国家战略和规划评估的标准	A. 相关性 B. 定位 C. 连贯性 D. 效率 E. 有效性 F. 可持续性 G. 影响 H. 机构发展 I. 借款方业绩 J. MDB 业绩 K. 合作与协调	6 1 3 1 1 1 1 1 1
12. 业绩评级	A. 评级原则和可比性 B. 评级标准 C. 评级子标准 D. 权重的标准	5 3 1 1
C. 与报告相关的最佳实践标准		
13. 结果、教训和建议	A. 结果和教训 B. 国家战略和规划评估的建议	2 1
14. 报告和审查	A. 报告 B. 国家战略和规划评估的审查	3 1
15. 结果的可获得性	A. 披露 B. 传播	2 1
16. 提炼结果并跟踪建议	A. 提炼结果 B. 跟踪建议	1 1
标准数：16	要素数：50	操作惯例数：86

五 MDB 项目评估存在的问题

（一）放之四海而皆准的评估指标和标准并不存在

MDB 项目评估的目的在于识别有效操作和无效操作，以及其中的具体原因是什么；这一方面有助于证明特定的 MDB 发展项目是否达到既定目标,另一方面有助于在 MDB 整体层面克服失败的教训,推广成功的经验。

然而,鉴于 MDB 业务本身所具有的广泛性和多样性,以及业务对象在经济、社会、法律等方面的历史和现实差异,并不存在适用于所有 MDB、所有项目的单一评估方法,也不存在单一"最优"标准、类别或体系。

(二)项目评估类型决定并不明确

一个项目要进行深度评估,还是主题或国家层面的评估,还是影响评估,并非随意而为之的。首先,应确保所有项目都有机会被选中进行审查,其次,应确保资源集中于那些风险最大的或学习机会最多的项目。例如,如果 MDB 的所有贷款、捐赠活动都进行影响评估,以确定减贫和公平增资活动的最终效果,则会导致适得其反和浪费的结果,并且往往使项目评估的成本超过发展活动本身的成本。

鉴于此,广泛的共识认为,MDB 应在一个基于风险的战略组合框架下部署一系列评估,并使用清晰的指导方针和触发条件来指导 MDB 和 IEO 如何在各种评估类型中分配资金和人员。但现实存在的一个挑战是,缺乏明确的方法用以选择部分项目开展更高水平的评估,特别是选择部分项目开展影响评估。目前,特定项目团队领导人的个人兴趣是对项目开展影响评估的一个主要驱动因素。[①]

(三)评估方法多样影响结果的可比性

对于特定类型的评估而言,具体的评估方法也并非单一的。例如,在"影响评估"方面,就没有单一方法。近年来,随机对照试验法(the Randomized Control Trial, RCT)得到重视,并被广泛运用到发展项目的影响评估中。它通过比较项目受益人群(试验组)与项目无关人群(控制组)之间的差异来识别项目的因果效应,非常适合对定向的、微观层面的干预措施(如,蚊帐对减少疟疾发病率的影响)进行评估,但并不适用于那些会产生影响系统变化的复杂项目(如引入关税改革的影响)。

[①] United States Department of the Treasury, Report to Congress on Evaluation Standards and Practices at the Multilateral Development Banks, September 2014, https://www.treasury.gov/resource-center/international/development-banks/Documents/2015-03-01%20(Evaluation%20Report).pdf.

此外，评估目标、宗旨和主题等因素都会使评估方法产生差异，例如，评估的目标是为了证明特定发展项目是否达到既定目标，还是致力于在 MDB 整体层面克服教训并推广经验，会影响具体的评估方法。

不同的评估方法使同一层面上的评估（例如都是"影响评估"）结果并不具有完全的可比性。

(四) 对评估机构独立性的质疑

首先是对 MDB 内部评估机构 IEO 的独立性的质疑。长期以来，IEO 通过制度保障措施变得越来越独立。1974 年，WB 成为是第一个使其评估部门独立的 MDB，它通过改革把 IEO 从管理部门分离出来并直接置于董事会的管辖之下。1990 年代末和 2000 年代初之后，各区域性 MDB 才陆续使其 IEO 独立出来。但是，IEO 毕竟是 MDB 的内部机构，在治理和独立性、领导和工作人员的独立性、工作程序和预算以及报告和披露的独立性方面都存在不同程度的改进空间。对 IEO 开展外部评估（指标见表 5—3）有助于加强 IEO 的独立性并在发展评估领域带来更广泛的知识。但是，此类 IEO 接受此类评估的频率非常低。2014 年，WB 的 IEG 接受了一项外部审查，但 IEG 上一次接受外部审查是在 2004 年，而其他 MDB（例如 IBRD 和 AfDB）的 IEO 则尚未接受过外部评估。

其次是对外部评估机构的客观性的质疑。外部评估机构有效地克服了 IEO 作为 MDB 内部机构的弊端，但是也存在一些因素导致其客观性和公正性的下降。例如，当评估工作的"外包"经常重复性地选择特定的咨询公司或学术机构时，后者对该项服务的当前和未来收益的依赖将对评估的诚信度构成威胁。

因此，现有 MDB 能够在何种程度上保障评估机构的独立性是存在差异的。

第二节 现有 MDB 最佳实践：事前政策制定

在表 5—1 MDB 项目评估的各个相关环节中，完全由 MDB 直接操作的两个重要部分是事前"政策制订"和事后评估中的"专业评估"。其中，MDB 项目开始前（事前）的政策制订具体涉及环境与社会安全保障、反腐、风险管理和采购相关政策等较为复杂并且充满争议的内容。在数十年的发展进程中，WB、ADB 等 MDB 不断完善自身建设，在上述方面积累了很多经验和好的做法，以确保投资合理性、良好规划性、经济和财务可行性或使社会和环境的外部性最小化。

其中，又以"环境与社会安全保障政策"的溢出效应最大，所以最为重要。著名的英国工程类咨询公司芒登公司（The Munden Project Limited）对遭到当地居民反对的172个基础设施项目（水电类和采矿类各占64和108个）进行研究，发现水电类项目遭到抵制的原因主要有安置（66%）、环境破坏（17%）、资源短缺（9%）、文化侵犯（3%）、补偿问题（3%）以及其他（2%）；采矿类项目遭到抵制的原因主要有环境破坏（48%）、安置（17%）、资源短缺（16%）、文化侵犯（13%）、其他（4%）以及补偿问题（2%）。其中，少数族裔群体与土地的经济和文化联系通常比其他人群更紧密。在上述案例中，水电类项目中有71%与少数族裔有关，采矿类项目有52%与少数族裔有关。[①]

因此，在环境与社会安全保障政策中，与当地居民的协调尤其重要，有些MDB资助项目因与原住民存在争执而延期数十年。例如，印度沙达沙洛瓦（Sardar Sarovar）大坝项目，虽然在1985年得到WB和印度高层政治的一致支持，但经过开发商与原住民的长期争执后最终于1993年撤离。塔兰哥德—马诺博（Talaingod Manobo）部落在菲律宾木材公司阿尔松斯（Alsons）砍伐森林后在潘托浪山脉拿起武器。

鉴于此，各MDB的环境与社会安全保障政策一般包括原住民政策、非自愿移民及其迁移、环境污染治理及生态保护等方面。

一 现有MDB的环境与社会安全保障及其改革

设置环境与社会安全保障要求基于这样一种逻辑：公共和私人投资者都不会自动降低其行为的溢出效应的危害，而安全保障政策旨在降低或使MDB融资项目对社会和环境产生的不良外部影响最小化，确保MDB的运作符合可持续发展目标。本章以WB和ADB为例阐述现有MDB的环境与社会安全保障政策及其改革进程。

（一）WB的环境与安全保障政策及其改革

WB是安全保障政策方面的全球领先者，同时，其安全保障政策的

[①] The Munden Project Limited，ESG风险管理致AIIB的建议，2015，http://static1.squarespace.com/static/556c0de7e4b0518b1fa5df44/t/561e7594e4b0b968c93c677b/1444836756770/ESG + Risk + Management_ Recommendations + for + the + AIIB_ Final_ Chinese. pdf.

发展和推进常常是环境运动和政治压力的结果。早在 1984 年,WB 就出台了环境评估政策《关于环境的操作说明书》(Operational Manual Statement on Environmental),这实质上是 20 世纪 60—70 年代的环境运动的结果。而包括 WB 在内的所有主要 MDB 都实施环境评估(Environmental Assessment, EA)程序和信息披露程序,主要应归功于 1989 年的《佩洛西修正案》(the Pelosi Amendment)[1],它使 MDB 对环境问题更加敏感,促使 MDB 进行更为广泛的项目检查。1991 年 6 月,WB 委派摩尔斯委员会(the Morse Commission)调查 WB 在充满争议的印度撒多撒罗瓦大坝(the Sardar Sarovar Dam)项目中的作用,摩尔斯委员会指出,转移了超过 30 万人的撒多撒罗瓦大坝项目因对社会和环境可持续性缺乏充分考虑,造成了严重的负面影响。不久,一个投资组合管理工作小组在同年发表了《瓦彭汉斯报告》(the Wapenhans Report),指出在 WB 贷款协议中 78% 的融资条件并未得到执行,37.5% 的银行项目未能满足基本的经济目标和评估标准,此外,WB 普遍存在"审批文化"(culture of approval),使贷款迅速获批但项目实施却缺乏关注度。[2] 此类报告及大量国际压力使 WB 在 20 世纪 90 年代做出重大的政策调整。1992 年,WB 用操作政策和银行程序(Operational Policies and Bank Procedures)替代原先的操作指令(Operational Directives),并沿用至今。1993 年,WB 建立了独立检查小组(Independent Inspection Panel)。[3] 1997 年,WB 十项已有操作政策被视为"安全保障政策",即"安全保障政策"正式产生于已有的操作政策。[4]

---

[1] 1989 年,美国国会通过法律《佩洛西修正案》,规定自 1991 年起,禁止美国在各大 MDB 的执行董事投票赞成那些可能对人类环境造成重大不良影响的项目,除非执董们和公众在投票的至少 120 天前已获环境评估或综合环境概要等文件。Sanford, Jonathan & Susan R. Fletcher, Mulilateral Development Banks' Environmental Assessment and Information Policies: Impact of the Pelosi Amendment, February 12, 1998, CRS Report for Congress, http://congressionalresearch.com/98-180/document.php?study=MULTILATERAL+DEVELOPMENT+BANKS+ENVIRONMENTAL+ASSESSMENT+AND+INFORMATION+POLICIES+IMPACT+OF+THE+PELOSI+AMENDMENT.

[2] Alex Mourant, Douglas Emeott, Jagabanta Ningthoujam, Jasmin Yu, Ensuring Sustainability in the Asian Infrastructure Investment Bank and the New Development Bank, http://www.sais-jhu.edu/sites/default/files/SAIS-WRI-PracticumMay2015.pdf.

[3] http://ewebapps.worldbank.org/apps/ip/Pages/Home.aspx.

[4] World Bank. The World Bank's Safeguard Policies Proposed Review and Update: An Approach Paper. October 2012. pg. 6.

2003年6月，花旗集团、荷兰银行、巴克莱银行以及西德意志银行等9个国际性银行和IFC根据WB及IFC的环境和社会政策标准制定了非强制性的赤道原则（Equator Principles，EPs），这是为私人融资机构设计的风险管理框架，用于确定、评估和管理基础设施项目融资过程中所涉及环境和社会风险，将WB和IFC的环境和社会政策扩展至私人领域。至今，已有遍及34个国家的79家赤道原则金融机构（Equator Principles Financial Institutions，EPFIs）采用赤道原则，覆盖新兴市场超过70%的国际项目融资。①赤道原则虽是自愿性的；但金融机构一旦采用，就须遵守所有赤道原则并执行所有合规步骤。

2008年3月，WB引入国家体系使用（Use of Country System，UCS）试点②。使用UCS旨在提升国家自主权，减少交易成本。UCS需在弹性和问责性间取得平衡，即借款方执行自身的安全保障，须使WB判定当地政策是"可接受"的，若借款方的国家系统不够强，WB安全保障政策有权优先得到执行。近年来，国际社会越来越多地推动使用借款方层面可获得的法律和机减少环境和社会危害，使UCS方式的使用越来越多，借款方对项目的控制权和责任也越来越大。2005年超过100个国家签署《关于援助有效性问题的巴黎宣言》承诺共同协作建立有效的国家体系，也体现了这一趋势。例如五个原则中的两个是改进所有权结构（Ownership）和实现同盟和协调（Alignment），分别强调发展中国家"改进制度应对腐败"及捐赠国"支持这些战略并使用当地系统"的目标。③但对UCS方式的审查表明，借款国的"环境"保护法律特别强有力，但"社会"安全保障（例如非自愿移民）仍是脆弱的；此外，国家对项目"实施"环节的跟踪和监控常是不足的。④

2008年，WB开展独立评估小组（Independent Evaluation Group，IEG）审查，旨在评估IBRD和IDA的工作业绩，总结经验教训并提出建议，进而改进WB的工作。

---

① "Equator Principles Frequently Asked Questions"，Equator-Principles.com，2012.

② 试点项目的详细介绍见2008年3月3日和3月25日题为"在世行资助的项目中使用国家体系：拟定的试点项目"（R2008—0036和0036和0036/1）的董事会文件，WB董事会于2008年4月24日批准了该文件。

③ "The Paris Declaration for Aid Effectiveness: Five Principles for Smart Aid"，OECD.org.

④ "Striking the Balance: Ownership and Accountability in Social and Environmental Safeguards"，World Resources Institute，2014.

早在 2006 年，国际金融公司（The International Finance Corporation，IFC）就已建立了自身的可持续框架（Sustainability Framework），明确了在可持续发展方面的战略承诺。该框架的构成部分"环境和社会可持续性绩效标准"（Performance Standards on Environmental and Social Sustainability）在私人部门中已被许多机构作为识别和管理环境和社会风险的国际标准。[①] 2012 年，IFC 更新了这一标准，进一步明确了 IFC 有关环境和社会可持续性的承诺、作用和责任。它指导客户识别并以可持续的营商方式避免、缓解、管理风险和影响，强调客户在项目活动中与利益相关者的沟通以及披露信息的义务。具体而言，提出八项绩效标准：（1）环境和社会风险与影响的评估和管理；（2）劳工和工作条件；（3）资源效率和污染防治；（4）社区健康、安全和治安；（5）土地征用和非自愿迁移；（6）生物多样性保护和生物自然资源的可持续管理；（7）土著居民以及（8）文化遗产。IFC 的绩效标准在安全保障标准领域越来越具有影响力，成为私人部门环境和社会风险管理领域的标准设定者。

自 2012 年，WB 开展安全保障政策审查。

在上述进程中，国际社会关于发展援助有效性问题的进展（例如 2005 年的《巴黎宣言》[②]、2008 年的阿克拉行动议程[③]以及 2011 年的《釜山宣言》[④] 等）也在一定程度上推动 WB 的环境和社会保障工作。

2016 年 8 月份之前，WB 的安全保障政策（旧框架）所涉领域共十个：环境评估（Environmental Assessment）、自然栖息地（Natural Habitats）、病虫害管理（Pest Management）、森林（Forests）、物质文化资源（Physical Cultural Resources）、非自愿移民（Involuntary Resettlement）、土

---

① "IFC Performance Standards", First for Sustainability.
② 2005 年 3 月，100 多个国家签订了《关于援助有效性的巴黎宣言》（Paris Declaration on Aid Effectiveness），就援助有效性衡量达成一致，列出五个使援助更有效的基本原则：第一是自主性原则，即发展中国家自行制定减贫战略，改善制度和处理腐败，承担发展的责任；第二是联系原则，即援助应当与借款方的发展目标相联系；第三是协调原则，即贷款方之间应协调其援助计划和行动以简化程序，避免重复和资源浪费；第四是结果原则，即发展中国家和贷款方应重视援助实效和发展结果，使结果可测量，从而对其进行管理；第五是相互问责原则，即贷款方和借款方都应对发展结果负责。
③ 2008 年，在阿克拉举行的 OECD 第三次援助有效性高级会议，制定了推进《巴黎宣言》目标的议程，即阿克拉行动议程（Accra Agenda for Action）。
④ 2011 年 11 月，OECD 第四次援助有效性问题高级会议于韩国釜山举行，《釜山宣言》正式提出国际援助政策应当从关注"援助有效性"转为关注"发展有效性"。

著居民（Indigenous Peoples）、大坝安全（Safety of Dams）、国际水道（International Waterways）和争端地区（Disputed Areas）等（见表5—6）。其中针对环境评估，各MDB都设定了四类环境评价类型（A、B、C或FI，见表5—7）。

2010年，WB独立评估小组（the Independent Evaluation Group，IEG）对安全保障政策的审查报告（Safeguards and Sustainability Policies in a Changing World）指出，已有安全保障更多地只是作为"书面承诺"（paper compliance）而非项目设计和实施的组成部分，建议WB加强对潜在社会风险的评估，改进监管，采用更有效率和效果的方式实施监控、评估和完工报告。①

为持续推进政策完善，WB于2012年发起了一轮对环境和社会安全保障政策进行审查和更新的多阶段进程。

2014年7月，WB执董会发展效益委员会就环境安全保障政策革新的初步草案公开征求意见。草案包括一个对环境与社会可持续性的愿景宣言、一项概述WB职责的政策和要求伙伴国家遵守的10项环境和社会标准。草拟的标准包括：社会风险及影响评估与管理；劳动和工作条件；资源效率和污染管理（包括对气候变化及其他相关问题的考虑）；社区健康与安全；经济或物理意义上的移民（非自愿移民）；生物多样性保护和生物自然资源的可持续管理（森林、栖息地、生物自然资源的可持续管理、生活活动的生产如粮食安全、负责任的收获、国际标准等）；土著人群、文化遗产、金融中介和利益相关方参与。

新框架草案旨在进一步明确WB和借款国的作用，加强管理贷款项目中环境与社会风险及影响的能力，具体而言指维护和提升现有保护措施，包括加强对弱势人群、土著人群、社区及环境的保护，也包括病虫害管理、大坝和道路安全、自然栖息地和文化遗产的有关规定，并强调了非歧视性原则的重要性。例如，建议扩大对土著人群的保护，提出"土著人群自由、事先和知情同意"的理念。在存在加剧种族紧张或内乱的风险或者对土著人群的甄别与所在国宪法存在不一致的特殊情况下，在与受某个项目影响的人群进行磋商时，WB建议对土著人群保护采取一种替代方

---

① World Bank. The World Bank's Safeguard Policies Proposed Review and Update: An Approach Paper. October 2012. pg. 4.

式。再如,草案建议加强生物多样性保护,吸收现有的自然栖息地和森林安全保障政策,提出更严格的要求,并进一步明确如何必须做到减轻对自然栖息地的风险和不利影响。

2016年8月4日,WB正式批准新框架,旧框架与新框架并行使用7年左右的时间,用于新框架启动之前批准的项目。新框架引入了对劳工和工作条件的全面保护、非歧视性总体原则、针对道路安全、应急响应和减灾的社区健康与安全措施,以及在整个项目周期利益相关方参与的责任。新框架的实施重点将放在支持和加强借款国能力;对WB员工和借款人开展新框架的实施培训;加强WB的环境与社会风险管理系统;加强与各发展伙伴的战略伙伴关系。WB认为新框架使WB的环境与社会保障政策与其他开发机构的保障政策更加和谐一致,并在透明度、非歧视性、社会包容、公众参与和问责、包括申诉机制等方面迈出了重要步伐。[1] 国际社会认为由于新框架更重视借款国的国家系统,因此新框架将给予借款国更大的自由度,是旧框架的弱化版本。[2]

(二) ADB 的安全保障政策及其改革

长期以来,ADB 也在安全保障领域中扮演重要角色。1995 年的非自愿移民政策(the Involuntary Resettlement Policy)、1998 年的土著居民政策(the Policy on Indigenous Peoples)以及 2002 年的环境政策(the Environment Policy)共同构成了 ADB 的安全保障政策框架。随着社会、环境新挑战和国际安全保障实践新变化的不断出现,2004 年 12 月,ADB 发起了对上述已有政策进行修订和改革的进程。修订的核心是:精简程序、提高对国家系统的重视以及引入新的贷款方式和金融工具[3]。

2009 年 6 月,ADB 出台了《安全保障政策声明》(Safeguard Policy Statement,SPS),将已有三大独立的安全保障政策合并为一个同时

---

[1] WB, World Bank Board Approves New Environmental and Social Framework, August 4, 2016, http://www.worldbank.org/en/news/press-release/2016/08/04/world-bank-board-approves-new-environmental-and-social-framework.

[2] Biron, C. L., World Bank Accused Of Transferring Safeguards Responsibility To Borrowers, August 18, 2014, http://www.mintpressnews.com/world-bank-accused-transferring-safeguards-responsibility-borrowers/195453/.

[3] Asian Development Bank. Safeguards Operational Review: ADB Processes, Portfolio, Country Systems, and Financial Intermediaries. October 2014. pg. 36.

应对社会和环境影响的综合性政策。该声明在多方面完善了安全保障政策。

第一，它新增了一些要求，例如社区健康和安全（community health and safety）、生物多样性保护（biodiversity conservation）、温室气体排放（greenhouse gas emissions）和物质文化资源（physical cultural resources）领域以拓宽安全保障政策覆盖的范围。

第二，它授权独立评估部（Independent Evaluation Department，IED）审查该政策自其生效之日（2010年1月20日）起五年内的有效性，强调对使用国家安全体系（Country Safeguard Systems，CSS）进展的审查。它规定ADB需重点评估借款国的环境和社会监管体系的等价性（ADB的安全保障政策要求与当地法律和法规是否等价）和可接受性（借款国是否有能力执行它们自身的法规框架），并确保其能够在全国、单个或多个部门范围内、地区或单个政府机构层面实施。[1]

第三，它采用更严格的尽职调查（due diligence）要求。例如，ADB须确保借款方（客户）理解ADB的安全保障政策，作出必要的承诺且有能力管理环境和社会风险；需确保第三方的作用已在安全保障计划中得以恰当的规定；对于对环境具有潜在重大负面影响的项目，ADB须确保借款方（客户）聘用了合格的有经验的外部专家或NGO判定安全保障相关监控信息。

ADB的《安全保障政策声明》在某些方面领先于其他MDB，例如它已将性别问题融入安全保障政策中。根据声明，ADB应明确要求借款人（客户）在执行保障政策时需与受影响的人群和社区进行"有效协商"，包括"不应存在性别歧视，考虑贫困人群和弱势群体的需求"；应对每个拟定项目进行环境评价，以识别项目在物质、生物、社会经济（通过包括弱势群体和性别问题在内的各种渠道对受影响人群生计的影响）等等。[2]

---

[1] ADB，Safeguards Operational Review，October 2014，http：//www.adb.org/sites/default/files/evaluation-document/89401/files/ces-safeguards.pdf.

[2] P9、P14等，http：//www.moa.gov.cn/sydw/wjzx/zcfg/201110/W020111100855416524581 2.pdf.

表5—7　　　　　　　　WB的环境和社会安全保障政策框架

类型	内容	政策出发点	政策内容
环境政策	OP 4.01 环境评估	对贷款项目进行环境评估是申请融资的借款方的责任。WB工作人员根据需要向借款方提供帮助。	项目工作组通过与地区环境部门协商来研究申请项目的种类、地点、敏感性及规模，审议项目潜在影响的性质和程度。在项目周期最初阶段，项目工作组会同地区环境部门，在四类环境评价类型（A、B、C或FI；见附表2）为申请项目指定一种类型，类型确定由潜在负面影响最严重的子项目来决定。"环境管理计划"含一整套减缓、监测和机构措施，在项目实施和运行中，消除负面环境和社会影响，或将其降低到可接受水平；计划还应包括实施上述措施的具体行动。
	OP 4.04 自然栖息地	WB支持并期望借款方在自然资源管理方面采取防御性措施，确保环境的可持续性发展。WB的经济调研、项目贷款和政策对话等诸项工作都支持对自然栖息地及其功能的保护、维护和恢复活动。	经济调研：确认自然栖息地存在的问题及对其保护的特殊需要；确认在国家发展战略框架下对此类地区所采取的保护措施。项目设计与实施：WB倡导并支持保护自然栖息地和改善土地使用的活动，对利于发展的自然栖息地和生态保护项目提供援助资金，提倡对环境开始恶化的自然栖息地进行恢复和重建，不支持会导致关键自然栖息地发生重大转化或退化的项目。WB在决定是否支持对自然栖息地具有潜在负面影响的项目时，要考虑借款方是否有能力实施妥善的保护和缓解措施。政策对话：在涉及自然栖息地的资助项目中，WB希望借款方考虑受项目影响的地方非政府组织和地方社区等团体的观点、作用和权利，使之参与到项目的规划、设计、实施、监控和评估等工作中去。
	OP 4.09 病虫害管理	WB推行生物或环境治理方法协助借款人管理病虫害。在WB融资项目中，借款人应将害虫管理放在项目环境评价中来解决，WB应评估项目所在国是否有能力促进安全、有效和环境友好的病虫害管理。必要时，WB和借款人应在项目中加强这种能力。	WB用多种手段评价所在国病虫害管理、支持综合病虫害管理和安全使用农药：经济和行业调研、行业或对具体项目的环评、参与性的综合病虫害管理评价、和调整或投资性项目以及专门支持综合病虫害管理的子项。WB一般用综合病虫害管理方法来控制害虫种群，如生物治理、当地习惯做法、以及研发和使用抗、耐害虫的多种作物品种，减少合成化学农药的使用。在WB融资的公共卫生项目中，WB主要支持使用与环境有关的办法。若仅使用环境办法效用不大，WB也可投资于使用农药去控制病菌传播。关于农药种类和其具体剂型，WB应参考世界卫生组织发表的《农药按危害分类的建议和分类指南》（日内瓦，1994—95）。

续表

类型	内容	政策出发点	政策内容
环境政策	OP 4.36 森林	旨在帮助借款方有效利用森林资源，以可持续的方式减贫，保护当地和全球性的重要环境服务和森林价值。若森林的恢复和人工林的发展对上述目标必不可少，WB 应帮助借款方开展维持或加强生物多样性和生态系统功能的森林恢复活动，帮助借款方建立和可持续地管理适于环境、利于社会并具经济活力的森林。	对于会导致重要森林地域或重要自然栖息地转化或退化的项目，WB 将不提供融资。若某项目造成的天然林或有关自然栖息地的重要改观或退化并非至关重要，且项目选址无其他替代方案，项目收益大于环境成本时，WB 会提供融资，前提是必须制订适当措施消除影响。向人工林提供融资时，WB 会优先考虑将项目安排在无林地或已被转化的土地上。仅在根据环境评估或其他信息确定受采伐影响的地区不是重要的森林或自然栖息地时，WB 才会对商业性的采伐经营提供融资。要符合 WB 的融资条件，工业化规模的商业采伐经营还须：经 WB 接受的独立森林认证制度认证，符合负责任的森林管理和使用标准，否则须执行 WB 所接受的为实现符合此标准的认证而制订的有时间限制的分阶段行动计划。
	OP 4.37 大坝安全	大坝若不能正常发挥功能或出现失事，将产生严重的后果，因此，WB 关注其资助建造的新坝和其所资助项目将依靠的已建大坝的安全。	WB 在为大坝相关项目提供资金时，将要求安排有经验和胜任的专业人员进行大坝的设计和施工监理，要求借款人在大坝及相关建筑物的设计、招标、施工和运行维护过程中采纳并实施必要的大坝安全措施。WB 把坝分为小型坝和大坝，小型坝的高度一般小于 15 米，大型坝的高度大于或等于 15 米。对于大型坝，WB 要求由独立专家小组对大坝的勘测、设计和施工以及启用进行审查；制订并实施以下详细计划：施工监理和质量保证计划、观测仪器计划、运行维护计划和应急准备计划；在招标采购期间对投标人的资格进行预审；在项目完成之后对大坝进行定期安全检查。
社会政策	OP 4.10 土著居民	项目建设可能会扰乱土著居民原有的生活秩序。WB 土著居民政策旨在推进对土著居民的人权、经济和文化的全方位尊重；避免项目建设对土著居民产生不良影响。	土著居民指归属于特定地理生境或历史疆域，拥有与项目区域不同的文化及语言的独特的、脆弱的社会文化群体。
	OP 4.11 物质文化资源	避免（减轻）项目建设对物质文化资源（例如历史、古生物、宗教以及其他文化资源的遗址、结构和自然风貌等）产生不良影响。	通过环境评估实现评价或减轻影响。减轻措施从全方位保护到救助和文档编制等，该项工作高度依赖国家主管部门和法律。

续表

类型	内容	政策出发点	政策内容
社会政策	OP 4.12 非自愿移民	非自愿自然风貌的、移民可能会造成长期严重困难、贫穷和对环境的破坏。WB非自愿移民政策目标：(a) 项目设计方案尽可能避免或减少非自愿移民。(b) 若移民不可避免，移民活动应作为可持续发展方案来构思和执行。应提供充分资金，使移民能分享项目效益，并有机会参与移民安置方案的规划和实施。(c) 帮助移民提高生计和生活水平，至少使其真正恢复到搬迁前或项目开始前的较高水平。	借款方应编制移民安置规划或政策框架，须涵盖以下内容：(a) 采取措施确保移民被告知在移民安置上的选择权和其他权利；了解技术上和经济上的可行方案，参与协商并享有选择机会；按全部重置成本，获得迅速有效的补偿，抵消由项目造成的直接财产损失。(b) 若影响包括搬迁，则应采取措施，确保移民在搬迁期间获得帮助（如搬迁补贴）；获得住房或宅基地，或根据要求获得农业生产场所。(c) 必要时应采取措施，确保移民在搬迁后的"过渡期"内获得帮助（根据恢复生计和生活水平可能需要的时间，合理估算出过渡期）；除了经济补偿措施，还可获得诸如整地、信贷、培训或就业方面的发展援助。 经借款方请求，WB可通过提供以下援助来支持借款方和相关主体：(a) 评估和加强国家、地区或部门的移民政策、战略、法律框架和具体计划；(b) 提供技术援助资金，以提高移民负责部门或受影响主体更有效地参与移民行动的能力；(c) 资助制订移民政策、战略和具体计划，并用于移民行动的实施、监测和评价；(d) 资助移民投资所需的费用。
法律政策	OP 7.50 国际水道	国际水道项目可能影响WB同其借债国之间的关系以及国家之间的关系。WB意识到，为有效地利用和保护水道，沿岸国间的合作和诚意必不可少。因此，沿岸国须就整个水道或水道的任何部分达成适当协定或安排。WB时刻准备帮助沿岸国实现这个目标。	若在为项目供资前，提出项目的国家（受益国）和其他沿岸国间的分歧尚未得到解决，WB通常促请受益国主动提出与其他沿岸国举行谈判，以便达成适当协议。若拟议受益国不愿发出此通知，并反对WB亲自发出通知，WB则将停止办理项目手续。WB应查明各沿岸国是否就所涉国际水道达成了协定或安排，或建立了某种机构体制，在后一种情况下，WB应查明该机构的活动范围和职能，以及在所拟议项目中的地位，必要时向该机构发出通知。发出通知后，若其他沿岸国对拟议项目表示反对，WB可适时指派一名或多名独立专家，审查所涉问题。若WB决定尽管其他沿岸国表示反对，仍将举办该项目，则应把其决定通知这些国家。
	OP 7.60 争端地区	争端地区内的项目可能引发一系列微妙的问题，不仅影响WB同成员国的关系，还影响项目所在国与其邻国之间的关系，鉴于此，应尽早解决拟议项目的任何争端。	为争端地区内的项目编写的项目评估文件（PAD）应讨论争端的性质，并确认WB工作人员已审议该问题，并确保：(a) 对争端地区提出权利要求的其他国家不反对该项目；或 (b) 鉴于所涉项目的特殊情况，尽管其他国家或是表示了反对意见，或是未给予核准，WB仍应对项目提供赞助。此特殊情况包括：项目无损于提出权利要求的国家的利益；所提出的权利要求没有得到国际承认，或提出者并未积极争取要求的权利。

资料来源：http://siteresources.worldbank.org/OPSMANUAL/Resources/OP401AChinese.pdf.

表 5—8 部分 MDB 的项目环境影响分类

MDB	第一类 内容	第一类 例子	第二类 内容	第二类 例子	第三类 内容	第三类 例子	第四类 内容	第四类 例子
WB	A 类：项目（或项目组成部分）可能导致敏感的、不可逆转的、多样性的重大不良影响，且该影响可能是广泛的、明显的、全部门的或开先例的，需进行全面的环境评估。	大坝和水库、林业生产项目、大规模的工业设施、大规模的灌溉和防洪项目、包括石油和天然气在内的矿产开发、港口与港口发展、移民安置等。	B 类：不要求全面的环境评估，但仍需环境分析。所有的负面环境影响不如 A 类严重，几乎不具不可逆转性，不那么敏感、大量的、主要的或多样的。	B 类项目与 A 类的区别在于规模或程度。B 类项目的补救措施较为容易，可能减缓计划就足够了。	C 类：通常不需要环境评估或环境分析，因为它们不太可能产生负面影响。专业评判认为项目具有可忽视的、非重大的或较小的环境影响。	教育、计划生育（family planning）、保健、营养、制度建设、技术援助以及大部分人力资源项目。	IFC 也使用上述类别并加入第四类"金融中介贷款"（financial intermediary loans, FI）。	
IDB	I 类：专门为改善环境质量而设计的项目。总体上不要求 EIA，但确实需要环境专家在项目准备、分析以及实施阶段的监控时集中参与。	流域治理、减少空气污染、土地使用规划和区划以及保护区建立等。	II 类：对环境没有直接或间接影响，因此不需要环境影响评估。	教育项目、科学和技术以及适用技术信息转播等。	III 类：对环境产生中等影响，已意识到这一点并设置了良好的解决措施。通常要求"半详细" semi-detailed 或特定部分详细的环境影响评估。	可饮用水、农业和林业信贷、卫生工程、已有基础设施修复、小型水力发电厂以及小型灌溉项目。	IV 类：对环境具重大负面影响（包括项目影响范围内的土著居民和其他弱势群体），要求提供详细的环境影响评估。	在生态脆弱区域道路建设、大型水电、大型灌溉、采有坂项目、矿、毒垃圾处理等。

续表

MDB	第一类 内容	第一类 例子	第二类 内容	第二类 例子	第三类 内容	第三类 例子	第四类 内容	第四类 例子
ADB	A类：初始环境检测显示对环境具重大负面影响的项目，需进行环境影响评估。可能涉及环境敏感区域，规模较大并（或）对大量人口产生影响的。影响可能是不可逆转的，导致土地使用、社会、物理和生态环境重大改变的，或引起有害物质排放。	大规模林业、大规模灌溉、江河流域发展、大规模发电站和电力工业以及新型交通项目等。	B类：具负面环境影响，但程度小于A类的项目。可能不需进行环境影响评估，但需初始环境监测。影响指可能引起土地使用或社会、物理和（或）生态环境的某些改变，但一般不是大规模的，不涉及环境敏感区域。	旅游、可再生能源、水产养殖、小规模农产品工业、无毒性排放的工业以及修复项目等。	C类：对社会、物理和生态环境没有明显影响的项目，一般不要求环境影响评估或初始环境监测。	林业研究与推广、农村医疗服务、海洋科学教育、计划生育（family planning）、资本市场发展研究等。		
AfDB	I类：对环境具潜在重大影响的项目，需要详细现场检查，在大部分情况下，需要进行环境影响评估。	机场、大坝、水力发电厂、公路铁路建设、江河流域发展、采矿、大规模工业设施及具严重事故风险的项目；在生态敏感区域内的项目①	II类：对环境影响有限，并能通过减缓措施和设计调整等常规方式来解决。	再造林、小规模灌溉与排水、小规模产业发展、可再生能源发展、道路修复等。	III类：不存在可预期的负面环境影响，不需详细的环境评估。	制度建设、医疗项目、教育项目，但如果对环境采取了物理干预，则会上升为第二类。	IV类：对环境具潜在有利影响的项目。	

---

① 包括珊瑚礁、热带雨林、水土流失区域、少数民族关键区域等。Environmental Assessment Guidelines, African Development Bank, African Development Fund, Côte d'Ivoire, May 1992, p. 11.

续表

MDB	第一类		第二类		第三类		第四类	
	内容	例子	内容	例子	内容	例子	内容	例子
EIB	A类：可接受；风险低；具有积极影响或没有不良影响。		B类：可接受；中等偏下风险；具有微小不良影响。		C类：可接受；中等偏上风险；不良影响中等偏高。		D类：不可接受；风险很高；不良影响很高。	

资料来源：根据 Sanford, Jonathan & Susan R. Fletcher, Mulilateral Development Banks' Environmental Assessment and Information Policies: Impact of the Pelosi Amendment, February 12, 1998, CRS Report for Congress, http://congressionalresearch.com/98-180/document.php?study=MULTILATERAL+DEVELOPMENT+BANKS+ENVIRONMENTAL+ASSESSMENT+AND+INFORMATION+POLICIES+IMPACT+OF+THE+PELOSI+AMENDMENT 整理。

二 现有MDB的采购和反腐败政策

本章以WB和ADB为例阐述现有MDB的采购和反腐败政策的总体框架。

（一）WB的采购和反腐败政策

在采购方面，《国际复兴开发银行协定》[①] 规定WB有责任保证贷款资金仅用于既定项目，并充分注意资金节约和效益，而不受政治和其他非经济因素或考虑的影响。WB制定了借款人在采购WB资助的项目所需货物、工程和咨询服务时应遵守的采购规则及WB审查程序。采购原则：按《协定》要求，确保货物、工程和服务采购的经济性和效益性；向发达国家和发展中国家的合格投标人提供均等机会，使其公平竞争；鼓励借款人国内承包业、制造业和咨询业的发展；保证采购过程的透明度。

反欺诈和反腐败政策则是基于以下逻辑：欺诈、腐败、共谋、胁迫或妨碍行为一般都以价格上升以及质量或性能下降为代价的，不但会分流发展项目的资金，还导致公共服务和基础设施不合标准，削弱政府、

[①] 详见《国际复兴开发银行协定》第三条第4、5部分以及《国际开发协会协定》第五条第1部分。

捐款人和 WB 实现减贫、吸引投资和鼓励良政目标的能力，降低公众对政府机构的信任。1996 年，WB 颁布《采购指导方针》和《咨询顾问指导方针》，为制裁在货物或服务采购、咨询顾问的选择或相关行为中的欺诈或腐败提供依据。2006 年，WB 重新定义腐败、欺诈、胁迫和共谋行为，将制裁制度扩大到采购领域外；定义"妨碍行为"（故意妨碍 WB 调查）为新的应制裁行为；将国际金融公司和多边投资担保机构的业务也纳入制裁范围。

借款人和其他受资助方须采取的行动：预防项目欺诈和腐败行为，如建立适当的信托及行政管理安排；加强宣传，向项目相关方提供《反腐败指导方针》；向 WB 举报涉嫌欺诈和腐败的行为，配合 WB 调查；如发生欺诈或腐败，须及时采取适当行动处理；借款人须在与其他相关方（包括项目执行机构）的协议中加入反腐败条款。

对于受指控的主体，由 WB 机构诚信部（INT）进行调查。WB 可对被制裁方处以多种制裁：发出公开斥责信；除名（永远或在规定期限内取消参与 WB 项目的资格），立即生效；有条件不除名，指被告知除非遵守特定条件，即采取特定措施以保证欺诈和腐败行为不会再次发生和（或）赔偿所导致的损害（例如退款），否则将被除名；有条件除名，指被除名直至满足规定的条件；以及退款，指向政府或受害者退还所有不当所得。

（二）ADB 的采购和反腐败政策

ADB 采购主要采用国际竞争性招标（ICB）方式，当国际竞争性招标（ICB）不是最经济、最有效的采购方式时，根据具体情况，使用其他采购方式。见表 5—8。

在 ADB 采购招标中，来自新兴国家的企业因具有成本优势中标率非常高，日本企业得到的订单数量不到 1%。ADB 行长中尾武彦指出，虽然价格竞争力是个非常重要的因素，但是考虑到设施的使用期限和环境影响等因素，项目竞标者需要更高水平的技术，建议 ADB 考虑引入新的竞标框架，更加重视定价之外的其他因素。[①]

[①] Mainichi Japan, Japan-backed ADB Ready to Cooperate with Nascent AIIB, November 14, 2015, http://mainichi.jp/english/articles/20151114/p2a/00m/0na/010000c.

表 5—9 ADB 的采购方式

采购方式	内容
国际竞争性招标（International Competitive Bidding, ICB）	目的在于将借款人的要求及时地、充分地通知给所有合格的、潜在的投标人并为其提供对所需货物和土建工程进行投标的平等机会。
有限国际竞争性招标（Limited International Bidding, LIB）	不公开刊登广告而直接邀请投标人投标的国际竞争性招标，适于（a）供货商数量有限，或（b）合同金额不够大，不足以通过国际竞争性招标吸引国外供货商或承包商，或（c）有其他理由，说明不完全按照国际竞争性招标的程序进行采购是正当的。
国内竞争性招标（National Competitive Bidding, NCB）	是国内公共采购中通常采用的竞争性招标程序，且可能是采购那些因其性质或范围不大可能吸引外国厂商和承包商参与竞争的货物和土建工程的最适当的方式。要在 ADB 贷款资助的采购中被使用，就须对这些国内程序进行必要的审查和修改，以确保其经济性、有效性、透明度。该方式可能基于如下情形：外国厂商因为（a）合同金额小，（b）土建工程地点分散或时间很长，（c）土建工程为劳动密集型，或（d）当地可获取的货物或土建工程的价格低于国际市场价格，而对投标不会感兴趣。
询价采购	对几个供货商（采购货物时）或几个承包商（采购土建工程时）提供的报价进行比较的一种采购方式。通常至少有三家报价，以确保价格具有竞争性。该方式适合用于采购小金额的货架交货的现货或标准规格的商品或简单的小型土建工程。
直接签订合同	在没有竞争（单一来源）的情况下直接签订合同的采购方式，可能适于下列情况：（a）现有合同下的额外货物，这是按照国际竞争性招标程序授予的合同。ADB 应满意地认为，在这种情况下，不可能再得到更好的报价，且价格不比原来的高。通常，重复订货应在原订货的 18 个月内进行，而所增加的数量不应超过原合同数量的 30%。（b）为与现有设备相配套，设备或零配件的标准化可作为向原供货商增加订货的正当理由。证明这种采购合理的条件是：原有设备须是适用的，新增品目的数量一般应少于现有的数量，价格应合理，且已对从其他厂商或设备来源另行采购的好处进行了考虑并已予以否定，否定的理由是 ADB 可接受的。（c）所需设备具有专卖性质，并且只能从单一来源获得。（d）负责工艺设计的承包商要求从特定供应商处采购关键部件，并以此作为性能保证的条件。（e）所承担的土建工程是先前或正在进行的工作的自然延伸，并可证明聘用同一家承包商将会更经济，并可确保工作质量的一致性。（f）特殊情况下，如应付自然灾害。
自营工程	即借款人使用自己的人员和设备进行施工，这可能是承建某些种类土建工程的唯一实际可行的方法。在下列情况下，采用自营工程是正当的：（a）无法事先确定所涉及的工程量；（b）工程小而分散，或位于边远地区，有资格的工程公司不大可能以合理的价格投标；（c）要求在不给日常运营造成混乱的情况下进行施工；（d）不可避免的工作中断风险由借款人承担要比由承包商承担更合适；或（e）需要迅速采取行动的紧急情况。

续表

采购方式	内容
从专门机构采购	在某些情况下，从作为供货商的专门机构按其自己的程序采购，可能是采购：（a）小批量的货架交货的货物，主要是用于教育及卫生等领域的货物；及（b）供货商有限的特殊产品，如疫苗或药品的最适当方式。
采购代理	当借款人缺乏必要的机构、资源和经验时，借款人可能希望（或 ADB 要求借款人）聘请一家专门从事采购的公司作为其代理。采购代理须代表借款人遵循资助协定和 ADB 指南规定的所有采购程序，包括使用 ADB 的标准文件、遵循审查程序和文件要求。这一条也适用于联合国机构作为采购代理的情况。可采取类似的方法聘请管理承包商，通过向其付费让其承包涉及在紧急情况下重建、修复、恢复和新建的零散土建工程，或涉及大量小合同的土建工程。
检验代理	装运前的检验和进口的验收是保护借款人的措施之一，特别是对那些有大量进口计划的国家而言更是如此。检验和验收通常包括质量、数量和价格的合理性。国际竞争性招标程序采购的进口货物不应进行价格核定，只核定质量和数量。但对不是通过国际竞争性招标采购的进口货物可以另外进行价格核定。对检验代理通常根据货物的价值付费。国际竞争性招标的评标中不得考虑进口货物的验收费用。
中间金融机构贷款的采购	如果贷款是发放给一个中间金融机构的，如农业信贷机构或开发金融公司，由该机构再转贷给受益人，如个人、私营部门的企业、中小型企业或公共部门的自主经营的商业性企业，作为对子项目的部分融资，采购通常由相应的受益人按照 ADB 可接受的那些当地私营部门通用的或商业惯例进行。不过，即使在这种情况下，对于那些单个品目数量很大的采购或大量的相近货物可打捆进行大批量采购的情况，国际竞争性招标可能是最适当的采购方式。
BOO/BOT/BOOT 特许经营和类似的私营部门参与融资的采购	若向私营部门提供无政府担保的贷款，ADB 不坚持使用国际竞争性招标程序，但要求借款人使用 ADB 认可的公开透明的采购程序，最好是采用竞争性招标程序，借款人采购的货物和工程应来自合格国家且适用于该项目。若 ADB 参与资助 BOO/BOT/BOOT 或其他类似项目，有以下两种采购程序可供选择：（a）对 BOO/BOT/BOOT 或类似项目经营者的选择应采用透明的方式进行，最好采用 ADB 可接受的竞争性招标方式。为得到最经济和最有效的建议书，该方式可能包括几个步骤，以得到评价标准的最佳组合。这些评价标准包括：所提供设施的性能规格、向使用者或购买者收取的费用以及设施折旧期限等。按照这种方式选定的项目经营者接下来便可采用合适程序从合格国家采购建设这些设施所需货物和工程。或（b）若项目经营者并非按照上述（a）段描述的方式挑选，对于设施所需并将由 ADB 贷款支付的货物和土建工程，应该以透明的方式、通过 ADB 可接受的竞争性招标程序从合格国家采购。

续表

采购方式	内容
基于履约表现的采购	又称基于产出的采购，指竞争性采购程序（国际或国内竞争性招标）产生了一种合同关系，付款是以可计量的产出为依据的，而不似传统的以投入的计量为依据。技术规范定义了所要求的结果和对产出的计量及其计量方法。产出的目的是在质量、数量和可靠性方面达到满意的功能。如果产出满足了要求的质量水平，那么、支付则依据完成的数量。如果产出的质量低，支付额或保留金就要减少，在某些情况下，对高质量的产出可以给予奖励。招标文件一般不说明承包商的投入，也不限制承包商的工作方法。根据工程的性质和实践证明的成功经验，承包商可以自由选择最适当的方案，并证明可以满足招标文件规定的质量标准。基于履约表现的采购可用于：(a) 收费服务，以产出为基础；(b) 设施的设计、供应、施工（或恢复）和试运行，该设施将由借款人运营；或 (c) 设施的设计、供应、施工（或恢复）和试运行以及为其在试运行后的一段时间内的经营和维护提供服务。如需要设计、供应和/或施工，一般要进行资格预审，并采用"两步法"招标程序。
由 ADB 提供担保的贷款项下的采购	如果 ADB 对另一贷款人的贷款的偿还提供担保的话，那么，由该贷款资助的货物和土建工程应按照经济性和有效性的原则并按照规定要求的程序进行采购。
社区参与采购	出于对项目可持续性的考虑，或为实现特定的社会目的，在选定的项目内容中有必要 (a) 请当地社区和/或非政府组织参与完成任务，或 (b) 增加当地的专有技术和材料的使用，或 (c) 使用密集型劳动和其他合适的技术。在此情况下，采购程序、技术规格和合同包的使用应适当，以反映这些考虑，但前提是这些都是有效率的并被 ADB 接受。建议使用的程序和由社区参与实施的项目部分应在资助协定中明确规定，并在经 ADB 批准的采购计划或有关项目实施文件中进一步详细规定。
灾害与紧急援助下的采购	灾害与紧急援助下的货物与工程采购应具有较大灵活性。国际竞争性招标的要求可放宽至国内竞争性招标，并缩短招标过程时间。有限国际竞争性招标方式是货物采购的标准，最短招标时间为一至二周。向目前贷款或赠款项下的承包商和供货商直接签订合同的做法允许用于新合同，协议的费率应参照已签订合同中所采用费率，并考虑到通货膨胀和工程因素有所调整。其他捐款方资助项目中通过竞争性方式选择的承包商和供货商，可在新 ADB 资助项目中使用直接签订合同方式时给予考虑。

资料来源：ADB，采购指南，2015 年 4 月，http://www.adb.org/sites/default/files/institutional-document/32811/procurement-guidelines-april-2015-zh.pdf.

ADB 的反腐败政策要求借款人（包括 ADB 资助活动的收益人）以及 ADB 资助合同下的投标人、供货商、承包商在采购和执行合同时遵守最高的道德标准。为此，ADB 规定了如下术语：(1)"腐败活动"意指直接或间接地提供、给予、收受，或要求任何有价财物来影响任何一方在采购或合同执行过程中的行为;(2)"欺诈活动"意指通过歪曲或隐瞒事实来影响采购进程或合同的执行;(3)"胁迫行为"指直接或间接损害或伤害,或威胁要损害或伤害任何一方或任何一方的财产以不正当地影响该任何一方的行为;(4)"串通行为"指两方或多方为达到不正当的目的而事先设计的安排布置,包括不正当地影响任何一方的行动。

ADB 的权力还包括如下方面:(1)ADB 有权拒绝该授标建议,如果确定被推荐授予合同的投标人在为该合同进行的竞争中直接或通过代理参与了腐败、欺诈、串通或施加压力的活动。(2)注销已分配给某个合同的资助,如果 ADB 在任何时候确定借款人的代表或贷款受益人的代表在采购或执行该合同的过程中参与了腐败、欺诈、串通或施加压力的活动,而借款人又没有及时采取适当的、令 ADB 满意的行动来进行补救。(3)如果 ADB 在任何时候确定某个公司或个人直接或通过代理参与了腐败、欺诈、串通,或胁迫活动,将在任何时候根据 ADB 的《反腐败政策》和《诚信原则和指南》(两者都有可能不定时修改)制裁该公司或个人,包括宣布该公司或个人无限期的或在 ADB 确定的一段时期内没有资格参与 ADB 贷款或 ADB 管理的活动,或没有资格从 ADB 贷款或 ADB 管理的合同获得财务或其他方面的利益。(4)有权要求在招标文件和 ADB 资助的合同中包含一个条款,要求投标人、供货商和承包商允许 ADB 或其代表检查其与投标和履行合同有关的账户、记录和其他文件,并由 ADB 指定的审计师对其进行审计。(a)经 ADB 特别同意,ADB 资助的受益人可要求投标人在 ADB 贷款资助投标书中承诺在竞争及实施合同时遵从国家反腐败反欺诈(包括行贿受贿)的法律。如果 ADB 感到满意,可按借款人的要求,接受引入这样的承诺。(b)对于由 ADB 全部或部分资助的合同,合同文件应包含承包商的承诺,即在有关采购或执行合同的过程中,除了其投标书载明的之外,没有赠予或收取费用、小费、回扣、礼品、手续费或其他款项。(c)在一方的利益会不恰当地影响其职责或责任、合同义务,或遵守法律、法规的表现,且这种利益冲突会导致或构成反腐败政策所禁止的行为时,ADB 会认为存在利益冲突。按照反腐败政策的要求,借款人(包括 ADB 资助活动的受益方),ADB 资助合同的投标人、供货商和承包商均应遵守最高的道德标准。ADB 将采取恰当措施控制利益冲突,或者,如果 ADB 认为利益冲突损害了采购过程的廉正,ADB 可能拒绝授标建议。

第三节　AIIB 贷款项目及对环境与社会安全保障政策的探索

成立后的 AIIB 批准了一系列贷款项目。以往的南南合作发展融资实践表明，完善的环境与社会安全保障政策或标准对于项目设计、实施及评估而言是十分必要的。近年来，中国在对外项目贷款实践中积累了大量的宝贵经验，但也面临一些问题，例如，由中国国家开发银行提供融资并于 2010 年 6 月开工的中缅油气管道项目（China-Burma oil and gas pipeline project），被指责征用农田不充分，过度危害环境，中国和东道主缅甸之间的利益分配不平衡；由中国进出口银行供贷并于 2011 年 8 月开工的洪都拉斯帕图卡水电项目（Honduras Patuca hydroelectric project），被指责使当地国家公园和热带雨林暴发洪水，并使土著居民失去生计。

在环境与社会安全保障政策制订方面，AIIB 充分借鉴了已有 MDB 的长期实践；但基于南南合作的实际情况，AIIB 不会也不应完全照搬已有 MDB 的制度。

一　AIIB 的贷款项目

截至 2016 年 10 月 21 日，AIIB 已批准项目共 6 个，其中项目 1—4 批准于 2016 年 6 月份，项目 5—6 批准于 9 月份；拟议项目共 7 个（见表 5—10）。表中的项目，只有"已批准项目 3"（孟加拉国的输配电系统升级与扩建项目）由 AIIB 作为唯一的 MDB 提供融资，且采用 AIIB 的环境与社会政策政策；其余项目都是由 AIIB 与已有 MDB 提供联合融资，并实施已有 MDB 的环境与安全保障政策。这既有利于 AIIB 积极向已有 MDB 学习，又有利于自有体系的构建。

以上大部分项目集中于"一带一路"沿线国家。但事实上，AIIB 的贷款对象并不局限于"一带一路"沿线国家，AIIB 的项目投资将会考虑不同区域间的平衡。此外，金立群指出：就基础设施定义来说，AIIB 有一个比较宽泛的而不是狭义的概念，包括能源、电力、交通、公路、铁路，公路有高速铁路、普通公路、农村公路，铁路（普通铁路和高铁），港口（空港和海港）、城市建设、污水处理、供水、棚户区的改造、物流等等，另外，根据章程，AIIB 投资于基础设施和其他生产性领域，以推动社会和经济的发展。什么是其他生产性领域，根据一国发展需要来定。比如资源大国，资源对国家经济非常重要，光修路是不行的，要去采矿。再比如非洲国家，不可能永远靠资源，它还要提高它的工业化水平。还有一些靠旅游发展的岛国，不应该有污染行业，所以旅游也是可支持的。如果对基础设施下狭隘的定义，就无法帮助这些国家。①

为更好地保障贷款项目的准备与实施，2016年6月24日，AIIB董事会批准了"项目准备特别基金"（the Project Preparation Special Fund）的规则与条例（the Rules and Regulations for the Fund）。AIIB项目准备特别基金将支持AIIB成员准备稳健的项目建议书，具体而言，基金拟向中低收入成员国的项目准备活动（包括环境、社会、立法、采购、技术评估和分析、咨询服务等）提供补助。中国对AIIB项目准备特别基金出资5000万美元。②

表 5—10　　　　　　　　　　　AIIB 贷款项目

项目		国家	项目名称	贷款方及金额（百万美元）	AIIB 贷款条件	项目采用的环境与社会政策
已批准项目	1	巴基斯坦	高速公路	ADB 100.00 AIIB 100.00 DFID 34.00 借款国政府 39.00	期限为20年（含宽限期5年）；按AIIB为平均期限为12.75年的主权担保贷款提供的标准利率，承诺费（Commitment Charge）为每年0.25%，先付费（Front-end Fee）为 of 0.25%，以及半年一次的平均摊销计划。	采用ADB于2009年出台的《保障政策声明》。环境分类：A。
	2	塔吉克斯坦	公路	EBRD62.50 AIIB27.50 借款国政府 15.90	期限为15年（含宽限期3年）；按AIIB为平均期限为9.25年的主权担保贷款提供的标准利率，承诺费为每年0.25%，先付费为 of 0.25%，以及半年一次的平均摊销计划。	采用EBRD于2008年出台的《环境与社会政策》。环境分类：B。

---

① http://www.guancha.cn/economy/2016_09_03_373325_2.shtml.
② AIIB, AIIB's Board of Directors Establish A Project Preparation Special Fund: China Provides Initial ＄50 Million Start-up Contribution, June 25, 2016, http://euweb.aiib.org/html/2016/NEWS_0625/124.html.

第五章　亚洲基础设施投资银行对业务运作的探索　　149

续表

项目		国家	项目名称	贷款方及金额（百万美元）	AIIB 贷款条件	项目采用的环境与社会政策
已批准项目	3	孟加拉国	输配电系统升级与扩建	AIIB 165.00 借款国政府 79.40 实施机构 17.89	期限为25年（含宽限期5年），按AIIB为相应加权平均期限的主权担保贷款提供的标准利率执行。	采用AIIB环境与社会政策标准。环境分类：B。
	4	印度尼西亚	贫民窟升级改造	WB 216.50 AIIB 216.50 借款国政府 1310.00	期限为16.5年（含宽限期7年），按AIIB为相应加权平均期限的主权担保贷款提供的标准利率执行。	采用WB的采购政策、环境与社会保障政策，以及相关程序。环境分类：B。
	5	巴基斯坦	塔贝拉（Tarbela）坝水电站扩建项目	WB 390.00 AIIB 300.00 借款国政府 133.50	—	采用WB的采购政策、环境与社会保障政策，以及相关程序。环境分类：A。
	6	缅甸	复循环燃起涡轮机发电厂项目	AIIB 20.00 IFC— ADB— 其他商业贷款方—	—	采用IFC关于环境和社会可持续性业绩标准（Performance Standards, PS）（2012年）。环境分类：A。
拟议项目	1	印度	输电系统升级项目（泰米尔纳德邦）	向AIIB申请 150.00	—	若按AIIB的环境和社会框架，该项目环境分类为B。
	2	哈萨克斯坦	中心南路走廊项目	向AIIB申请 650.00 WB—	—	拟采用WB的采购政策、环境与社会保障政策，以及相关程序。环境分类：A。
	3	印度	安得拉邦电厂项目	AIIB— WB—	—	—
	4	印度尼西亚	大坝运行、修复与安全改进项目	AIIB— WB—	—	—

续表

项目	国家	项目名称	贷款方及金额（百万美元）	AIIB 贷款条件	项目采用的环境与社会政策
拟议项目	5 印度尼西亚	区域基础设施发展基金项目	AIIB—WB—	—	—
	6 阿曼	杜古姆（Duqm）港商业终端和业务区开发项目	AIIB—	—	—
	7 阿曼	铁路系统准备项目	AIIB—	—	—

注：数据截至 2016 年 10 月 21 日；"—"表示数据尚未确定或资料暂不可得。DFID 指英国国际发展部（The Department for International Development）。

资料来源：根据 AIIB 官方网站（http://euweb.aiib.org/html/PROJECTS/）资料整理。

二 AIIB 的环境与社会安全保障政策及标准体系

由于环境和社会可持续发展是实现 AIIB 在亚洲地区支持基础设施建设和加强互联互通这一目标的重要基础，2015 年 8 月，AIIB 发布环境和社会框架征求意见草案①，列出了环境和社会政策（Environmental and Social Policy，ESP）、环境和社会标准（Environmental and Social Standards，ESSs）的总体框架，旨在将健全的环境和社会管理融入业务操作过程，以促进发展成果的实现。上述草案是 AIIB 广泛听取各方意见（例如 2015 年 3 月初在北京举办了业务政策研讨会）的结果。具体而言，该环境和社会政策与标准旨在支持 AIIB 决策；AIIB 及其股东的风险管理操作和声誉风险提供稳健的框架，服务于业务筛选和分类；分析业务的潜在的风险和影响；为潜在风险和业务影响的公共咨询和信息披露方面提供一种机制；识别行为来避免、最小化、缓解、抵消或补偿业务的影响；支持将环境和社会管理措施融入业务操作；使业务管理协议中包括具体的环境和社会规定；对环境和社会管理措施进行监控和监督；促进发展，传播经验教

---

① AIIB, Asian Infrastructure Investment Bank Consultation Draft Environmental and Social Framework, August 3, 2015, http://www.aiib.org/uploadfile/2015/0907/20150907061253489.pdf.

训，以改善实践。

AIIB 的环境和社会政策以及环境和社会标准的具体内容包括：（1）环境和社会政策（ESP）；（2）环境和社会标准（ESSs）（设定了客户在业务设计和实施方面要满足的各项要求，旨在避免、最小化或缓解环境和社会负面风险和业务的负面影响）。ESSs 包括三个方面：ESS 1（环境和社会评估）、ESS 2（非自愿移民）以及 ESS 3（原住民）。环境和社会标准（ESSs）是 AIIB 根据环境和社会政策（ESP）列出的一系列具体标准，本节主要介绍环境和社会政策（ESP），它主要包括以下内容：

（一）对拟议业务的筛选和分类（Screening and Categorization）

AIIB 对每个拟议的业务中最具有环境和社会敏感性的部分所产生的直接的、间接的、累积的和引致的影响来决定该项业务所属分类，以确定所需的环境和社会审查的性质和层次，信息披露和利益相关方参与操作的类型。业务分类主要考虑业务的性质、地理位置、敏感性和规模，以及潜在的环境和社会风险与负面影响的程度。对于复杂业务，AIIB 还进行实地调查，以为分类工作提供参考。

1. A 类

一项业务如果可能产生不可逆转、多样的或前所未有的重大负面环境和社会影响，则被列为 A 类。这些影响的涉及面积可能大于业务或设施所在区域。AIIB 要求客户进行环境和社会影响评估（Environmental and Social Impact Assessment，ESIA），或者，进行同等的环境和社会评估并准备一份环境和社会管理计划（Environmental and Social Management Plan，ESMP）（这是 ESIA 报告中包含的内容）。

2. B 类

一项业务如果具有有限的潜在不利环境和社会影响，这一影响并非史无前例的，既非不可逆转也不会累加，只局限于业务所在区域，并且已成功地使用操作规范的良好实践加以管理，则被归入 B 类。和已经成功地使用良好的管理实践的操作设置。AIIB 根据具体情况决定特定的环境和社会评估要求。

3. C 类

一项业务如果可能产生很少或根本没有不利的环境和社会影响，则被归入 C 类。AIIB 不要求环境和社会评估，但要求客户进行业务对环境和社会影响的审查。

4. FI 类

一项业务如果将 AIIB 融资引向或通过金融中介（Financial Intermediary, FI），则归入 FI 类。

（二）环境和社会尽职调查（Due Diligence）

AIIB 实施环境和社会尽职调查，主要考虑（1）业务的性质和规模；（2）业务的潜在环境和社会风险和影响程度。这种评价帮助 AIIB 决定是否对该业务提供融资，同时，如果提供融资，则决定以何种方式要求客户在业务规划和实施中满足环境和社会问题。AIIB 尽职调查涉及实地调查和案头审查。

AIIB 审查客户的环境和社会评估过程及文件，以明确客户在何种程度上（1）识别到重要的潜在环境和社会风险和影响；（2）将避免、最小化、缓解、抵消或补偿不利影响的有效措施融进业务涉及和 ESMP 中；（3）理解 ESP 和 ESSs 的要求，承诺并有能力或者已着手加强其能力，执行足以管理业务的环境和社会风险和影响的安排；（4）恰当地明确第三方在 ESMP 中的作用；（5）根据 ESP 和 ESSs 的要求与受到影响的人群磋商。

此外，AIIB 还：（1）评估该项业务是否能够在符合 ESP 和 ESSs 评估要求条件下完成；（2）评估该项业务对 AIIB 的潜在声誉风险；（3）考虑缓解和监控措施的费用和责任；（4）审查环境和社会相关活动在整个业务实施的日程中的时间安排。AIIB 可能保留第三方建议，以协助专业化或技术性问题的评估。

如果 AIIB 认为该项业务的根据 ESP 和 ESSs 准备的评估和规划过程或文件不符合前述政策或标准的要求，AIIB 就会要求客户实施以下内容的全部或一部分：（1）进行附加的环境和社会评估研究；（2）加强已有的研究；（3）改进 ESMP。

如果该项业务获得许可，包括当地的环境和社会影响评估，作为业务的环境和社会尽职调查的一部分，AIIB 对业务的设计和实施与 ESP 和 ESSs 之间存在的差距进行分析，以明确是否需要额外的研究或缓解措施以满足 ESP 或 ESSs 的要求。

如果是复杂性和敏感性业务，具有的高风险性和争议性，AIIB 要求客户在业务的准备和实施过程汇中雇佣独立的顾问小组；如果关键性问题范围不广，AIIB 只要求客户雇佣一个具有专业知识的独立专家。在客户任命的独立顾问小组和单个专家开始工作之前，须经 AIIB 审查和批准。

（三）环境和社会评估

AIIB 要求客户评估并准备其业务以便使 ESSs 可实施，并具有合理的时间框架以便 AIIB 认为可接受。考虑到公司部门业务中环境和社会风险及影响的内部关联性，AIIB 一般要求综合性的评估过程。但 AIIB 也意识到在某些国家，与环境和社会评估文件结构相关的法律和程序使综合性环境和社会评估难以实现。鉴于此，AIIB 审查客户的文件，以确认其是否提供环境和社会风险和影响的评估是否符合要求。

如果 AIIB 在和客户磋商中，认为业务具有潜在的负面环境和社会风险和影响，它将要求客户：执行与这些风险和影响相关的环境和社会评估过程，并设计恰当的措施来避免、最小化、缓解、抵消或补偿负面影响，按照 ESS1 中的要求执行。如果业务将导致非自愿移民（Involuntary Resettlement，IR）或影响原住民，AIIB 根据影响的范围和程度，要求客户分别按照 ESS2 和 ESS3 中的要求更为深入执行，以满足评估报告中的社会部分。客户需分别在移民安置计划（Resettlement Plan，RP）或移民计划框架（Resettlement Planning Framework，RPF）以及原住民计划（Indigenous Peoples Plan，IPP）或原住民计划框架（Indigenous Peoples planning framework，IPPF）中讨论上述问题并给出专业性指导。非自愿移民问题的影响范围和程度由如下因素决定：（1）IR 实体和经济的迁移；（2）受影响人群的脆弱性。原住民问题的影响范围和程度由如下因素决定：（1）对原住民使用和进入该片土地和自然资源的传统权利、社会经济地位、文化和群体的完整性、保健、教育、生活系统、社会保障状况以及本土知识等方面的影响程度；（2）受影响的原住民的脆弱性。

AIIB 要求客户执行环境和社会评估过程，具体包括：（1）对业务的描述；（2）政策、法律和行政管理框架；（3）范围，包括利益相关者识别的范围；（4）替代方案分析；（5）环境和社会数据基准；（6）对环境和社会风险和影响的评估；（7）公共磋商和披露；（8）以 ESMP 或 ESMPF 的形式建立缓解、监控和管理措施和行动。上述分析的范围和深度取决于业务潜在风险和影响的性质、级别。

（四）评估工具

AIIB 必须确保客户准备了恰当的环境和社会评估工具。对于 A 类业务，ESIA 报告或其他环境和社会评估报告包括一个 ESMP；如果 AIIB 确信一个 B 类业务具有有限的影响并使用为人熟知的缓解和监控措施，AIIB 可能决定，在与客户的磋商中，只要求唯一的环境和社会评估工具 ESMP。在这种情况下，潜在的负面影响能够被公认的良好管理或污染治理措施解决。

客户必须在大量的 AIIB 可接受的工具中挑选，这些工具包括但不局限于：政策、计划或者方案层面的战略性环境和社会影响评估；区域或部门环境和社会评估；业务 ESIA；在专业基础上，进行累积影响评估（cumulative impact assessment）。这些包括或由 ESMP 作为补充。在某些业务操作情况下，AIIB 可能认为客户有必要使用物理、空间和环境规划作为将环境和社会措施整合进业务的恰当工具以代替环境和社会评估或 ESMP。在必要时环境稽核、危险或风险评估可能也会得到使用。

（五）环境和社会管理计划（Environmental and Social Management Plan，ESMP）和环境和社会管理计划框架（Environmental and Social Management Planning Framework，ESMPF）

一旦客户已通过环境和社会评估过程识别了业务影响，AIIB 就会要求它建立符合 ESS 1 要求的管理和缓解影响的措施并使其在 ESMP 得到反映。如果客户未充分地能力执行 ESMP，AIIB 就会要求业务必须包括加强这些能力的措施。

为了确保业务 ESMP 的有效实施，AIIB 要求客户：（1）在 ESMP 中非常具体地逐个描述缓解和监控措施以及各机构责任的分配；（2）将这些措施融入业务的整体规划、涉及、预算和实施日程中；（3）适当时提供适应性管理以满足业务执行过程中可能出现的问题。

为了让客户更好地准备业务的 ESMP，AIIB 要求客户：（1）明确对潜在不利影响的一系列反应；（2）执行要求以确保这些反应是及时有效的；（3）描述满足这些要求的具体方式。如果业务涉及对已有设施的复原、升级、扩展或私有化，对已有环境问题的整治可能比缓解或监控预期影响更为重要。在这种情况下，ESMP 关注用成本效益较高的措施修复和管理这些问题。

AIIB 通常要求客户 ESMP 中应包括：（1）缓解；（2）监控；以及（3）能力发展和培训。根据客户的要求，以单个或数个单独计划提交。

ESMP 的细节和复杂程度取决于业务的风险和影响。ESMP 考虑业务所涉各种的经验和能力。ESMP 及其相关计划包括经过选择的一套可衡量结果和目标或能够被客户定期监控被 AIIB 定期审查的业绩指标。

当一项业务得到 AIIB 的批准，但含有部分活动细节并未得到明确时，AIIB 要求客户使用一份环境和社会管理计划框架（ESMPF）。ESMPF 包括一份移民安置计划框架（RPF）和一份原住民计划框架（IPPF）。ESMPF 的目的是确保活动遵照 ESP 和 ESSs 得以评估和实施。它设置了相关评估政策和程序，以应对（1）活动的环境和社会风险和影响；（2）这些活动可能出现的非自愿移民；（3）这些活动可能对原住民产生的影响。这些政策和程序也包括 ESS1 中规定的工作条件、公共卫生和安全内容。

（六）使用国家和企业系统

AIIB 审查客户与该项业务相关的已有环境和社会管理体系，如果确保这一体系与 ESSs 充分广泛一致，足以应对该项业务的环境和社会风险和影响，则让客户（不论是公共还是私人）充分选择上述体系。

AIIB 审查客户的被建议使用的环境和社会管理体系的业绩，以明确客户实施这个体系的能力以及这个体系使业务获得合意的环境和社会结果的能力。这一审查的要素之一是评估客户的实施实践、能力和承诺。AIIB 可能单独执行审查，或与发展伙伴共同执行。

客户的环境和社会管理系统包括业务所在国的与业务的环境和社会风险和影响相关的政策、法律和制度框架。包括其国家、地区、部分或企业的执行机构；使用法律、规章、制度和程序；执行能力；以及客户作为当事方的国际协议和公约。客户已有系统的内容的相关性可能因公共或私人部门，因业务的类型、规模、地点和潜在的环境和社会风险和影响，因所涉的不同机构的角色和权力的不同而不同。AIIB 可能在审查的基础上，决定业务使用一个或多个 ESSs。

如果 AIIB 决定客户要使用全部或部分客户环境和社会管理系统，AIIB 与客户磋商，确定缩小差距的行动以确保系统与相关的 ESSs 存在广泛一致，并确保业务得到目标。系统中该项业务所使用的部分需在 ESMP 中得到描述。用于缩小差距的行动，与其他执行的时间框架，客户的报告要求，以及 AIIB 的监控方式，都在 ESMP 中详细说明，并反映在 AIIB 与管理业务的客户的法律协议中。

（七）磋商、参与和信息披露

磋商涉及业务设计、缓解措施、发展利益和机会共享以及执行问题。AIIB 要求客户根据业务产生的风险与影响与利益相关者开展有意义的协商。对于每个业务：（1）具有严重的不良环境和社会影响；（2）非自愿移民（IR）；（3）对原住民产生影响。AIIB 要参与措施活动以了解受影响人群所关心的方面，确保客户在业务设计和 ESMP 中满足相关要求。在涉及原住民时，AIIB 要求客户以文化上适当的、包容的方式与受影响的原住民进行有意义的磋商。

AIIB 要求客户确保与业务的环境和社会风险和影响有关的信息能以合适的方式和语言使受影响人群、其他利益相关者和大众及时可得，使其能够有意义地介入业务的设计和实施。为了支持这一过程，AIIB 将如下环境和社会文件贴在网站上：环境和社会评估报告草案、环境和社会管理计划（ESMPs）、环境和社会管理计划框架（ESMPFs）、移民安置计划（RP）、移民安置计划框架（RPFs）、原住民计划（IPP）和原住民计划框架（IPPFs）等。

三　外界对 AIIB 的环境和社会安全保障政策的意见和建议

有些国际机构担心 AIIB 的环境和安全保障政策太弱了，以乐施会（2015）[1]和亚洲原住民联盟（2015）[2]为例，它们认为 AIIB "环境与社会保障政策框架"草案主要存在以下问题：

（一）B 类和 FI 类项目评估标准过低

AIIB 将每个拟建项目划分为四个类别中的一个，对于 A 类项目，AIIB 要求客户开展环境和社会影响评价或者同等的环境和社会评价。对于 B 类项目，AIIB 根据具体情况有特定的环境和社会评价要求。对于涉及 AIIB 直接融资或通过金融中介机构（FI）提供融资的 FI 类项目，AIIB 会对金融中介机构及其投资组合开展尽职调查，评估其是否遵守了环境和社会标准。该尽职调查只针对金融中介机构，不会对第三方开展。

乐施会（2015）指出，AIIB "环境与社会保障政策框架"草案只要求对 A 类项目进行强制性环境与社会影响评估（ESIA），并允许 B 类项目以具体问题具体分析的方式进行环境与社会影响评估；此外，还允许 A

---

[1]《亚洲基础设施投资银行环境与社会保障政策框架咨询乐施会建议》，乐施会，2015 年 10 月 5 日，http://www.oxfam.org.cn/uploads/soft/20151027/1445923849.pdf.

[2] 亚洲原住民联盟（AIPP），亚洲原住民联盟《关于 AIIB〈环境与社会框架〉草案的意见》，2015 年 10 月 23 日，http://www.cgbw.org/Aiib_detail/newsId=02b68bf0-bc4a-4509-a5f9-c469bd86c2b6.html.

类项目执行 ESIAs "类似标准"。这种可能导致环境与社会影响无法缓解。乐施会（2015）建议，AIIB 对 A 类和 B 类项目都必须采用强制性环境与社会影响评估（ESIA），并对 A 类项目和 B 类项目提供的具体标准给出范例。此外，金融中介（FI）等第三方的参与，会使有效执行环境与社会保障措施更加困难，特别是高风险项目或行业。AIIB 提出的针对金融机构客户的尽职调查将会只停留在客户和资产层面。乐施会建议 AIIB 承诺对由第三方资金支持的高风险子项目，做到尽职调查、监测和监管。此外，"环境与社会保障政策框架"应明确规定 AIIB 的社会与环境政策适用于通过金融中介机构资助的子项目。亚洲原住民联盟（2015）也建议 AIIB 要求 A 类和 B 类项目都应强制开展真正的环境和社会影响评价，而非"同等的"环境和社会影响评价。AIIB 应扩大其尽职调查范围，并扩大对第三方（通过金融中介机构实施项目）的监督管理责任，应明确规定，AIIB 环境与社会政策及相应的环境与社会标准也适用于子项目。

（二）对国家系统和企业系统的担忧

AIIB 的框架草案规定，AIIB 审查客户与该项业务有关的已有环境和社会管理体系，在此基础上，如果确保这一体系与 ESSs 充分广泛一致，足以应对该项业务的环境和社会风险和影响，则让客户（不论是公共还是私人）充分选择上述体系。

乐施会（2015）对 AIIB 的公私客户何时能够部分或全部应用自己的系统标准表示担忧。AIIB 框架草案在评估制度上确实有一些积极规定，包括不仅要看政策规定，还要调查具体的执行操作等，但在界定如何评估相关政策、"执行操作、能力及义务"方面，用语却不够具体明确。同时，是否使用 AIIB 的"环境与社会保障政策框架"草案标准作为评估客户相关系统的基准也没有明确。在没有建立明确的评估标准的情况下，AIIB 面临着做出任意、前后不一致、甚至是有潜在危害决定的风险。此外，全部或部分使用客户系统的项目所要求的监管机制和责任机制中，几乎没有 AIIB 和客户责任方面的信息。强有力的尽职调查和问责是确保环境与社会保障成果的关键。在使用私营部门客户系统时，更尤为重要。

（三）申诉机制不完善

乐施会（2015）认为 AIIB "环境与社会保障政策框架"草案目前没有提供足够的申诉机制信息。进一步明确申诉机制和征求公众意见至关重要，它能使 AIIB 各项投资从操作伊始，就能确保受影响社区有机会申诉，既保证解决问题，也能支持系统地总结经验和教训。亚洲原住民联盟（2015）指出草案没有提供关于申诉处理服务和独立监督机制的充分信息。事实上，AIIB的监督机制还在制定中，按照AIIB协定，AIIB创始成员国将在《框架》定稿前审查监督机制。而申诉处理服务和独立监督机制的职能将作为其中一部分被纳入到监督机制的制定中，相关责任单位的准确名称也将确定。亚洲原住民联盟（2015）认为AIIB应对项目层面申诉处理和监督机制的职权和功能作出具体规定，这对于外界就草案提供完整的意见建议至关重要。

（四）关于"自由、事前和知情同意"（FPIC）的相关规定不够明确

AIIB"环境与社会保障政策框架"草案（第47段）规定"如果AIIB不能够确定'自由、事前和知情同意'原则得到执行，就不会继续开展项目中与原住民相关的事宜。在此情形下，AIIB要求客户确保项目不会对相关原住民产生不利影响。"

对此，乐施会（2015）认为这一规定不够明确，它意味着有关项目就算没有得到原住民的"自由、事前和知情同意"，也可以先行开展，这违背了利用保障政策保护原住民权利的目的。乐施会（2015）建议AIIB承认由《联合国原住民权利宣言》提出的"自由、事前和知情同意"原则。在"环境与社会保障政策框架"最终定稿前，有必要与原住民代表就该原则及原住民相关要求进行有实质意义的咨询。亚洲原住民联盟（2015）指出，在AIIB认为无法确定"自由、事先和知情同意"是否由受影响原住民达成的情况下如何处理，草案不同条款之间自相矛盾。建议以"自由、事先和知情同意"为基础的决策过程及与原住民达成的协议必须由AIIB与原住民及独立专家共同进行表述和确认。而且，原住民设定的作为其"自由、事先和知情同意"一部分的任何条件必须清楚地写入协议，包括有时限的行动和确保协议履行的必需且明确的预算分配。

（五）对专业人员配置的建议：聘请外部专家

"环境与社会保障政策框架"草案明确规定了AIIB的职责：筛选环境与社会类别；在相关项目操作中执行尽职调查；审核客户应提供的社会与环境文件；确定项目操作的可行性；监测和监管客户是否遵守环境与社会标准（第52段）。

对此，乐施会（2015）指出框架草案严重依赖客户，将AIIB的责任

设想为提供专家建议和融资专业顾问。为确保能够履行其概述之职责，AIIB 有必要配置环境与社会保障方面的专家作为其员工，而不能仅依靠顾问。其他多边和双边机构已认识到对此类专业人才的需求，并采取相应行动来确保障政策的执行。乐施会（2015）建议 AIIB 在"环境与社会保障政策框架"中承诺，聘请专职环境社会保障专家来承担重要岗位，如首席合规官员，并提供相关预算以及资源计划。亚洲原住民联盟（2015）也建议 AIIB 应建立环境与社会专家的专职人力资源，包括性别和原住民问题专家，重要岗位也应如此，如首席合规官。在性别和原住民问题上，AIIB 应当委任其高级官员作为处理这些问题的"关键点"，赋予他们必要的职权，使他们既能够在 AIIB 内部协调处理，又能够确保外部利益相关者和相关机构的参与。AIIB 还应提供充足的财力和其他相关资源以保障工作人员有效开展任务。

（六）信息公示须规定时限

乐施会（2015）建议 AIIB 确保能够在董事会审批之前发布相关信息。例如，A 类项目相关的环境影响评估、社会影响评估、原住民计划和移民安置行动计划等文件应该在董事会批准前 120 天进行公示。对于那些采用国家系统或公司系统的项目，AIIB 必须在审核/评估客户的系统的过程中将主要调查结果进行公示。亚洲原住民联盟（2015）也提出类似建议。

四 AIIB 对环境与社会安全保障政策及标准建设的态度

（一）积极向现有 MDB 学习

AIIB 充分展示了虚心向现有 MDB 学习的姿态，并得到 MDB 的支持。楼继伟曾表示，WB、ADB 等 MDB 在数十年发展过程中积累了很多先进的经验和好的做法，在环境评估政策、环境和社会保障政策、采购政策以及包括基础设施领域投资在内的项目管理等方面，形成了一系列标准体系和政策要求。AIIB 将充分尊重和借鉴现有 MDB 的有关标准和好的做法，制定严格并切实可行的高标准保障条款。在 AIIB 筹建期间，中方一直积极推动 WB、ADB 以及其他 MDB 与 AIIB 在知识共享、能力建设、人员交流、项目融资等方面的合作。

AIIB 得到了包括 WB 和 ADB 在内国际机构的多方面支持。ADB、WB 和 IMF 欢迎 AIIB 作为一个新的融资来源成为连接亚洲地区储蓄和投资的中介。① 2008 年，一份联合国报告认为"需要建立新的区域性 MDB 或对原有区域性 MDB 进行扩展以充实国际金融框架"。② WB 在 2014 年 10 月建立全球投资基金（Global Investment Facility，GIF）时表示，GIF 可与 AIIB 合作。自 2015 年 5 月（ADB 第 48 届年会）后，ADB 开始为 AIIB 多边临时秘书处提供支持，特别是在 AIIB 业务政策制定方面（包括采购、环境与和社会保障等）。

事实上，以往的相关培训项目也帮助中国了解 ADB 政策。例如，2014 年 3 月，中国财政部与 ADB 在武汉举办"亚行项目实施与管理培训班"。ADB 专家对 ADB 的"保障政策""咨询服务聘用指南和程序"、"货物与工程招标采购指南和程序"、"贷款项目绩效管理系统"以及"反腐败政策"等政策进行了系统讲解。

欧洲国家的纷纷加入充分表达了它们对 AIIB 未来的信心，并表示它们将利用创始国地位推进 AIIB 融资项目中环境、社会和治理方面的高标准得以执行。例如，德国发展研究所的 Wolff（2015）认为，AIIB 很有可能将采用并简化 MDB 已有的环境、社会和治理标准。③ 加拿大学者 Beaulieu（2015）也指出，美国认为由中国主导的机构并不一定会遵守关于透明度和采购方面的全球标准，并且可能会将全球经济引向区域分化，出现更多排外的势力范围和竞争，这种观点是错误的。竞争是健康的。确保规则和实践是透明有效的最好方式就是加入这个机构并在制订和加强这些规则方面扮演重要作用。④

总而言之，2015 年 8 月 AIIB 发布的环境和社会框架草案正是 AIIB 与

---

① Miller, Matthew & Brenda Goh, IMF, ADB Add to Supporters for China-led Development Bank, Reuters, March 22, 2015. http://www.reuters.com/article/2015/03/22/us-china-finance-ministry-adb-idUSKBN0MI03I20150322.

② Griffith-Jones, Stephany, David Griffith-Jones & Dagmar Hertova, Enhancing the Role of Regional Development Banks, G-24 Discussion Paper Series, p. viii. 2008, http://unctad.org/en/Docs/gdsmdpg2420081_en.pdf.

③ Wolff, Peter, Too Much Fuss about China's New Development Bank, The Current Column of March 2015, German Development Institute, http://www.die-gdi.de/uploads/media/German_Development_Institute_Wolff_23.03.2015.pdf.

④ Beaulieu, Eugene & Dobson, Wendy, Why Delay the Inevitable: Why the AIIB Matters to Canada's Future, the School of Public Policy (of University of Calgary) Communique, Volume 7, Issue 3, April 2015, http://www.policyschool.ucalgary.ca/sites/default/files/research/canada-aiib-beaulieu-dobsonfinal-use.pdf.

发达国家和主要 MDB 认真研讨，广泛听取各方意见的结果。在总体上，AIIB 有利于促进环境和安全保障政策在全球范围内的一致性，总体有利于完善国际发展融资体系。

（二）对已有规则的简化和修正

有些西方学者认为，AIIB 等新机构须"直接"运用现有 MDB 的"最佳实践标准"对投资项目实施尽职调查和安全保障（Miller，2014）[1]。ADB 也认为自身在寻找合适的项目、贷款提供、采购、项目实施、监控以及确保贷款回收等环节上，所执行的一整套的"最佳实践"、指导原则和治理程序都是精心设定的，都值得新机构遵守。

但近年来，现有 MDB 也暴露出不少弊端，例如程序过于烦琐；政策不切实际或与业务关联度不高；高投入的基础设施建设并未实际带动经济增长，或片面注重经济效益而严重忽视环境和社会成本；腐败导致减贫资金被个别官员挪用或贪污；对政策实施环节重视和监控不足等。以 WB 环境评估分析为例，WB 的环境评估分析往往并不及时，且（或）并未用在项目设计和决策环节，环境评估的实施常相对独立于项目准备阶段，常未（或根本未）被正确地使用于项目设计；只有约 10%（最多 20%）的项目被划分为第一类（A 类），项目监控者或管理者试图（常常成功地）把项目划分为要求较少环境分析的第二类（B 类），而充分监督第二类（B 类）项目（其中的一部分几乎与 A 类项目一样重要）以及相关信息仍是不充分的；虽然关于环境的信息披露制度正逐步完善，但是 MDB 对其信息政策和程序的实施仍存在一定的差距，公众无法在项目建立的早期阶段作重要决策时获得环境评估信息。[2] 再以 MDB 的安全保障政策实施情况为例，安全保障政策通常在项目的早期阶段实施；银行的介入往往在项目启动阶段资金拨付给借款方之后就减少了。

AIIB 将避免重复这些问题，以降低成本和提高运营效率。即 AIIB 在业务政策方面将充分借鉴现有 MDB 的通行经验和良好做法，同时也要避

---

[1] Miller, Tom. A Chinese Bretton Woods? Gavekal Dragonomics, China Research, June 12, 2014. http://research.gavekal.com/content.php/10185-China-A-Chinese-Bretton-Woods-by-Tom-Miller.

[2] Sanford, Jonathan & Susan R. Fletcher, Mulilateral Development Banks' Environmental Assessment and Information Policies: Impact of the Pelosi Amendment, February 12, 1998, CRS Report for Congress, http://congressionalresearch.com/98 – 180/document.php?study = MULTILATERAL + DEVELOPMENT + BANKS + ENVIRONMENTAL + ASSESSMENT + AND + INFORMATION + POLICIES + IMPACT + OF + THE + PELOSI + AMENDMENT.

免其走弯路,以降低成本和提高运营效率。例如以搬迁补偿标准为例,会从发展中国家的国情出发,将以"实效"而非"标准的高低"作为检验标准。[①]再如,AIIB将向"所有主体"开放项目招标,不像ADB将合同限制在成员国范围内。《建立亚洲基础设施投资银行的协定》第十三条第(八)款规定"银行不应对普通业务或特别业务中银行融资项目的货物和服务采购进行国别限制"。

小　　结

由于现有MDB在具体业务操作政策、程序和方法上各有特点,为增进对共性和差异的理解,它们不断地对业务操作惯例和评估活动惯例进行总结和提炼,逐渐形成一套所谓的"最佳实践"。因此,它实质上是部分MDB共同建立的一套业务操作与评估体系,并不是国际发展融资体系的"评估政策和实践的标准化"文件。在全球范围内,"放之四海而皆准"的国际发展融资业务操作与评估标准并不存在。

MDB事前政策制订发生在项目开始前,其中,环境和社会安全保障政策在外溢性、操作难度和争议性方面都备受关注。现有MDB(包括WB和ADB)的安全和社会保障政策都是几经发展和演变。当前,它们仍正在对这一政策进行不断地改革和完善。2015年8月,AIIB发布环境和社会政策、环境和社会标准的总体框架草案并向国际社会征求意见,包括乐施会和亚洲原住民联盟在内的国际组织都提出了相应的意见和建议。

AIIB充分展示了虚心向现有MDB学习的姿态,同时,AIIB并不会"照搬"现有MDB的"最佳实践"标准,它在充分借鉴现有MDB的通行经验和良好做法的同时,避免重复现有MDB的实践弊端,通过对已有规则的简化与修正,进一步降低运营成本和提高运营效率。

---

① Alys Francis, In Canberra, AIIB Tries to Ease Governance, Transparency Concerns, Australasian Aid Conference, 13 February 2015, https://www.devex.com/news/in-canberra-aiib-tries-to-ease-governance-transparency-concerns-85500.

第六章 国际发展融资体系的构建与多边发展机构的协调合作

随着国际发展融资体系的不断发展和完善，发展融资主体（包括各MDB、基金和其他私人部门）越来越多样化。例如，随着私人部门作用的增强，加强公私部门间合作的重要性日益凸显。再如，近年来新兴经济体对国际发展融资体系的介入显著增多，一方面，原"借款方"的作用逐渐增强；另一方面，中国等新兴经济体还主导建立了AIIB和NDB等新的发展融资机构。各类发展融资主体之间出现了复杂的伙伴关系网络和共同融资安排，使各主体间的协调尤显重要。

第一节 国际发展融资体系中的主体构成

国际发展融资体系中的主体主要包括"供给方"（贷款方）和"需求方"（借款国或借款国）。从供给方来看，长期以来，全球性MDB（由IBRD和IDA共同构成WB）、区域性MDB（如IDB、ADB和AfDB）以及次区域性MDB（如CAF）等构成了国际发展融资体系的主要供给方。但由于它们对国际发展融资体系的"资金"和"制度"（或规则）供给并不能完全满足广大发展中国家的需要，AIIB和NDB等新建MDB以及其他多边发展机构就应运而生。从需求方来看，大部分发展中国家能够同时从两个（甚至三个）"供给方"获得发展融资；随着经济发展，少部分发展中国家在扮演需求方（借款国）的同时，又同时成为供给方（贷款方）。这使得国际发展融资主体之间的关系变得更加复杂化。

一 已有全球性、区域性、次区域性 MDB

WB 作为全球性 MDB，是战后布雷顿森林体系的重要内容之一。长期以来，它是全球发展领域的领导者，是区域性 MDB 的政策标准。其旗下机构 IBRD 和 IDA 都致力于全球减贫，其中，IBRD 参照市场利率向中等收入国家和信誉良好的低收入国家政府提供贷款，而 IDA 则向最不发达国家政府提供捐赠和利息接近于零的贷款。2015 年 3 月，美国（16.28%）、日本（7.54%）、德国（4.42%）、法国（3.96%）和英国（3.96%）投票权占比之和约为 36%。[1] 非借款国投票权占比约为 63%，借款国投票权占比约为 37%；高收入国家约占 61%，中等收入和低收入国家约占 39%；[2] 历届行长都是美国人。

区域性 MDB 的出现和扩张是国际发展融资体系的客观需要。20 世纪 50 年代，WB 的发展融资能力已显不足，其贷款资金主要集中在亚洲地区（主要是印度和巴基斯坦），引起其他地区发展中国家的强烈不满；且其开出的政策处方不够具有针对性。鉴于此，自 50 年代，区域性 MDB 如雨后春笋般蓬勃发展。区域性 MDB 都是在特定的历史和政治环境下建立，且并非是对 WB 的小规模简单复制。在治理结构上，区内国家拥有更大的发言权。例如 AfDB 和 ADB 的章程都将非区内股东的投票权限定在 40% 以内；在 IDB，拉美国家的投票权微弱过半，非拉美国家的投票权稍低于 50%。在业务范围上，区域性 MDB 贷款所涉及的借款方和部门范围都比 WB 稍小，主要集中于项目和产业投资，而非政策性贷款。

1958 年，旨在支持欧洲一体化的 EIB 在罗马条约框架下建立。当前它致力于欧盟成员国和发展中国家的基础设施投资融资，它已发展成为世

---

[1] WB, International Bank for Reconstruction and Development Subscriptions and Voting Power of Member Countries, March 2015, http://siteresources.worldbank.org/BODINT/Resources/278027 - 1215524804501/IBRDCountryVotingTable.pdf.

[2] Wihtol, Robert, Whither Multilateral Development Finance? Asian Development Bank Institute Working Paper No. 491, July 2014.

界范围内最大的 MDB，其资本规模超过了 WB。于 1959 年建立的 IDB①具有强烈的拉美区域主义背景。IDB 的建立者基本依赖于 WB 的模式②，但同时，拉美国家对 WB 不重视国家发展战略、不向社会部门提供贷款的政策和行为方式产生严重不满，希望建立一个更能服务于自身发展重点的银行。当前 IDB 在拉美地区的影响力甚至大于 WB。建于 1964 年的 AfDB 具有浓厚的殖民地色彩。基于当时的两大殖民者法国和英国无法就发展银行事项达成一致，非洲各国最后建立了一个没有发达国家参加并且资本规模较小的 AfDB。在经过一段非常艰难非常缓慢的发展历程之后，AfDB 才逐渐走上正轨。1972 年，非洲发展基金（the African Development Fund）建立，它致力于提供优惠贷款；1982 年，为实现大幅增资，AfDB 成员国向发达国家开放。稍晚建立的 ADB（1966 年）极大地受益于其他区域性 MDB 的成功经验。同时，美国和日本两大捐赠国的大力支持为 ADB 提供了强有力的后盾（建立 ADB 时的协议中约定，行长来自日本）。由于与 WB 相比，ADB 的资本规模相对较小，存在巨额资金需求的印度可能会使 ADB 不堪重负，因此，当时的利益相关方一致同意印度继续只能从 WB 获得贷款。印度（和中国一样）在 1986 年才加入 ADB，且从 20 世纪 80 年代末才开始申请借款。苏联解体导致 EBRD 在 1991 年建立，最初它旨在支持中东欧国家向市场经济体制转轨，当前虽然它的宗旨和职能有所变化，但仍然以私人部门发展为重点，这与其最初宗旨是密不可分的。

全球性和区域性 MDB 对于发展融资需求而言仍显不足，这直接导致了次区域性 MDB 的出现。例如，建立于 1969 年的加勒比开发银行（the Caribbean Development Bank）主要旨在满足小岛国的资金需求。CAF（The Andean Development Corporatio，即 Corporacion Andina de Fomento，CAF）由 16 个拉美国家以及葡萄牙、西班牙于 1970 年建立，由于存在较高的杠杆率以及基于"创收"的投资理念，它在拉美的贷款规模超过了

---

① 建立 IDB 的设想最初是在 1889 年（WB 成立前 55 年）的泛美会议提出。参见 Serving A Changing World Report of the Task Force on Multilateral Development Banks，1996，http://www.ecgnet.org/sites/default/files/Serving%20a%20Changing%20world%20Report%20of%20the%20Task%20Force%20on%20MDBs%201996_0.pdf.

② White, J. Regional Development Banks. A Study of Institutional Style. 1970, pp. 140 – 150. London，Produced by Penna Press, St. Albans: Overseas Development Institute Ltd.

WB。由沙特阿拉伯领导的伊斯兰开发银行（the Islamic Development Bank, IsDB）建于1973年，旨在为伊斯兰国家提供发展融资。次区域MDB资本规模有限，成员国范围有限，它们中的许多必须依赖于其他大型MDB或其自身的大股东。

二 新兴经济体及其新建MDB

近年来，基于"南南合作"理念的发展融资机构不断涌现。

随着新兴经济体和发展中国家的经济崛起，它们力求在全球治理结构（包括发展融资体系）中获得相应的投票权和发言权。但构建于战后且资金有限的已有发展融资机构（如全球性机构WB和亚洲地区的ADB）大都受制于西方发达国家，为尽可能保持原有的资本结构和治理结构，它们避免来自新兴经济体的大规模注资，但同时又无法从其他途径有效地获取充足资金。包括中国在内的广大新兴经济体和发展中国家力图寻找其他途径以提升自身地位。2014年7月，巴西、俄罗斯、印度、中国和南非等金砖国家在第六次峰会上通过《福塔莱萨宣言》，正式启动NDB；2015年7月，NDB开业。随着NDB的顺利建立，由中国在2010年11月提议设立的上海合作组织开发银行也在2014年9月的《杜尚别宣言》中正式进入议事日程（如果成立，中国、俄罗斯、哈萨克斯坦、吉尔吉斯斯坦、塔吉克斯坦、乌兹别克斯坦等六国将成为创始国）；2015年7月，李克强总理在上海合作组织成员国总理第十四次会议上指出应"适时考虑成立上海合作组织开发银行"。2013年10月印尼的APEC会议期间，习近平提出筹建亚洲基础设施投资银行（the Asian Infrastructure Investment Bank, AIIB）的倡议。2014年10月24日，21个AIIB创始成员国在北京签署了《筹建亚洲基础设施投资银行的政府间框架备忘录》。2015年6月底，AIIB成员签订建立《亚洲基础设施投资银行的协议》；2016年1月中旬，AIIB正式开始运营。

三 其他多边发展机构

随着越来越多的社会经济事务需要跨越国境的应对措施，MDB"以国家为导向"方式的缺陷就日益突显，一些由MDB的捐赠方控制的"问题"导向型信托"基金"随之建立,见表6—1。

首先是全球性基金。例如在20世纪70年代初,次撒哈拉粮食危机引发了国际社会对全球粮食安全的担忧,这是1974年世界粮食会议(the World Food Conference)召开和1977年国际农业发展基金(the International al Fund for Agricultural Development, IFAD)建立的直接原因。[①] IFAD旨在通过投资粮食生产和应对农村贫困来降低粮食不安全。由于20世纪70年代石油美元充裕以及西方捐赠者作用下降,其初始投票权分为相对均衡的三大部分:OECD国家、OPEC国家和其他发展中国家(后因捐赠国参与增资而调整)。其他例子如建立于1991年的WB旗下的全球环境基金(the Global Environment Facility, GEF),建立于2002年的抗击艾滋病、结核病和疟疾全球基金(the Global Fund to Fight AIDS, Tuberculosis and Malaria)。全球基金有其自身的治理结构,并通过广泛的公私伙伴募集资金。

2008年7月,为帮助发展中国家发展开发清洁能源技术,减少温室气体的排放,并帮助贫困国家适应气候变化,WB理事会根据G8财长会议的决定,正式批准设立了"气候投资基金"(the Climate Investment Funds, CIF)。该基金由两个部分组成:一部分是帮助发展中国家使用先进清洁技术的"清洁技术基金"(the Clean Technology Fund),另一部分是支援相关国家实施保护森林等计划的"战略气候基金"(the Strategic Climate Fund)。

2014年10月,WB、ADB、EBRD、EIB、IsDB等MDB和捐助国与世界最大的资产管理和私人股本公司、养老金和保险基金以及商业银行联手,成立"全球基础设施基金"(The Global Infrastructure Facility, GIF),该基金具有调动巨额资金投资发展中国家基础设施建设的潜力。建立GIF的目的是利用WB内部和外部的专家资源实施复杂的公私基础设施项目,而此类项目是单个机构难以或无法自行承担的。

其次是私人发展基金。最大的私人发展基金是建于1994致力于卫生保健和减贫的比尔及梅林达·盖茨基金会(the Bill and Melinda Gates Foundation),其支持者除了盖茨家族之外,还有沃伦·巴菲特。与MDB

---

① Wihtol, Robert, Whither Multilateral Development Finance? Asian Development Bank Institute Working Paper No. 491, July 2014.

主要关注国家的方式不同，盖茨基金是问题和结果导向的。

表 6—1　　　　　　　　　　各 MDB 与特别基金

MDB	基金与合作伙伴关系
WB	信托基金和伙伴关系计划越来越多地作为 IDA 和 IBRD 融资的补充。WB 的信托基金和伙伴关系部（the Trust Funds and Partnerships Department，DFPTF）负责创建和宣传信托基金和伙伴关系计划的相关政策和商业过程，同时也作为全球大型基金即金融中介基金（Financial Intermediary Funds，FIF）的受托方，提供对捐款的接收、持有和投资等金融服务，并根据金融中介基金的指示将它们转移，在某些金融中介基金中，还提供量身定制的财务管理等服务。 DFPTF 为 WB 管理下的超过 20 个的最大的多边信托基金提供受托人服务。[①] 包括全球环境基金（the Global Environment Facility，GEF），气候投资基金（the Climate Investment Funds），重债穷国倡议（HIPC Debt Initiative），国际农业研究磋商小组（the Consultative Group on International Agricultural Research），国际免疫财政机制（the International Finance Facility for Immunisation），和抗击艾滋病、结核病和疟疾全球基金（the Global Fund to Fight Aids, Tuberculosis and Malaria，GFATM）等。DFPTF 还负责管理跨部门项目信托基金，包括日本政策和人力资源开发（the Policy and Human Resource Development，PHRD）基金，日本社会发展基金（the Japan Social Development Funds，JSDF），禽流感和人流感基金（the Avian and Human Influenza Facility，AHI），以及世行和荷兰伙伴关系计划（the Bank-Netherlands Partnership Program，BNPP）。
ADB	由 ADB 管理的特别基金接近 60 个。[②] 其中比较重要的有如下几个： 亚洲开发基金（the Asian Development Fund，ADF）创建于 1974 年 6 月，用于 ADB 的软贷款业务。资金主要来自 ADB 发达成员的捐赠，其他来源包括：ADB 理事会按有关规定从各成员缴纳的未核销实缴股本中拨出 10% 作为 ADF 的一部分；其他渠道的赠款。 技术援助特别基金（the Technical Assistance Special Fund，TASF）成立于 1967 年，用于以赠款形式进行的技术援助，用于资助发展中成员聘请咨询专家、培训人员、购置设备进行项目准备、项目执行、制定发展战略、加强机构建设、加强技术力量、从事部门研究并制定有关国家和部门的计划和规划等。TASF 的资金来源为：①赠款。②ADF 增资时的转移。 日本特别基金（the Japan Special Fund，JSF）成立于 1988 年，宗旨是帮助 ADB 发展中成员调整结构，促进经济发展，以适应整个世界经济环境的变化，开拓新的投资机会，在此基础上使本地区资本富裕成员和地区的资本回流到发展中成员。资金主要来源于日本政府捐赠。 其他特别基金包括亚洲海啸基金（the Asian Tsunami Fund，ATF）、巴基斯坦地震基金（the Pakistan Earthquake Fund）、区域合作和一体化基金（the Regional Cooperation & Integration FPF，RCIFPF）、气候变化基金（the Climate Change Fund，CCF）、亚洲太平洋救灾基金（the Asia Pacific Disaster Response Fund，APDRF）和日本减贫基金（the Japan Fund for Poverty Reduction，JFPR）等等。

---

① http：//web.worldbank.org/WBSITE/EXTERNAL/EXTABOUTUS/ORGANIZATION/CFPEXT/0, contentMDK：20135627～menuPK：64060203～pagePK：64060249～piPK：64060294～theSitePK：299948, 00. html.

② http：//www.adb.org/site/funds/funds.

续表

MDB	基金与合作伙伴关系
EBRD	目前由 EBRD 管理的多边捐赠基金主要有如下几个：① 东欧能源效率与环境伙伴关系（the Eastern Europe Energy Efficiency and Environmental Partnership, E5P），旨在投资能源效率和环境项目，以降低东部合作伙伴国家（乌克兰、亚美尼亚、格鲁吉亚和摩尔多瓦等）的温室气体排放。捐赠方包括：欧盟、捷克、丹麦、爱沙尼亚、芬兰、冰岛、拉脱维亚、立陶宛、挪威、波兰、罗马尼亚、斯洛伐克、瑞典、乌克兰和美国。 早期转型国家基金（the Early Transition Countries Fund, ETC Fund），启动于2004，旨在为早期转型国家提供可持续融资支持。捐赠方有加拿大、芬兰、德国、爱尔兰、日本、韩国、卢森堡、荷兰、挪威、西班牙、瑞典、瑞士、中国台北和英国。 EBRD 股东特别基金（the Shareholder Special Fund, SSF）建于2008年，融资供给以早期转型国家、可持续能源、基础设施建设和小型企业为重点，还为地中海东部和南部地区提供非技术援助捐赠。资金来源于 EBRD 的净收入。 EBRD 水资源基金（the Water Fund）建于2010年，致力于 ODA 国家的水资源安全和供水项目，重点关注中亚国家。捐赠方包括芬兰、韩国、挪威和瑞典。 核安全基金（the Nuclear Safety Funds），对加强核安全提供支持。约有30个捐赠方，包括 G8 国家和欧盟委员会（the European Commission）。 俄罗斯小企业基金（Russia Small Business Fund, RSBF）建于1994年，旨在为小微企业提供融资，帮助提升俄罗斯银行部门向小微企业可持续供贷的能力。捐赠方包括欧盟、G7 国家和瑞士。 南部和东部地中海多边捐赠账户（the Southern and Eastern Mediterranean Multi-Donor Account）建于2012年，旨在支持 EBRD 在埃及、约旦、摩洛哥和突尼斯的业务。捐赠方是澳大利亚、芬兰、法国、德国、意大利、荷兰、挪威、瑞典、中国台北和英国。 乌克兰稳定和可持续增长多边捐赠账户（the Ukraine Stabilisation and Sustainable Growth Multi-Donor Account），建于2014年，旨在支持乌克兰的经济改革、商业环境和恢复可持续增长，也为 EBRD 在乌克兰的投资铺平道路。2014年捐赠方包括丹麦、芬兰、法国、德国、日本、荷兰、瑞典、瑞士、英国和美国，2015年，意大利和波兰成为新的捐赠方。
EIB	由 EIB 管理的基金主要有： 欧洲投资基金（the European Investment Fund, EIF）建立于1994年，旨在为中小企业提供融资支持；EIF 并不直接提供贷款，而是通过私人银行为中小企业提供贷款；绝大部分资金来源于 EIB、欧盟委员会、欧盟成员国和其他区域性机构。 全球能源效率和可再生能源基金（the Global Energy Efficiency and Renewable Energy Fund, GEEREF），在2008年启动，是一种专门投资于其他证券投资基金的基金，旨在撬动私人部门资本服务于发展中国家和转型经济体的清洁能源项目。捐赠方为欧盟、德国和挪威。 自然资本融资工具（the Natural Capital Financing Facility, NCFF）是旨在支持自然资源和生态多样化以及适应气候变化，资金来源于 EIB 和欧盟委员会。② 城市地区可持续投资欧洲联合支持项目（the Joint European Support for Sustainable Investment in City Areas, JESSICA）旨在支持可持续的城市项目。 此外，EIB 还投资于大量的外部基金。③

---

① http://www.ebrd.com/who-we-are/our-donors/multi-donor-funds.html.
② http://www.eib.org/products/blending/esif/index.htm.
③ http://www.eib.org/products/lending/equity_funds/index.htm.

续表

MDB	基金与合作伙伴关系
CAF	CAF 的特别基金包括如下几个:① 投资和业务开发基金（the Investment and Business Development Fund，FIDE）支持拉美地区的中小型创新型企业，主要通过对风险资本基金对有竞争力的中小企业进行股权投资实现目标。 补偿性融资基金（the Compensatory Financing Fund，FFC）。当 CAF 成员国申请机构融资时，CAF 通过 FFC 部分资助保证金，以降低成员国主权投资项目的融资成本，从而降低地区差异、促进区域基础设施一体化，最终实现促进投资的目的。 拉美气候变化计划（the Latin American Climate Change Program，PLACC）追求三大战略行动方针：减缓气候变化、适应气候变化和碳市场。具体而言是为降低温室气体排放而开发政策工具。
IDB	IDBG 的特殊运行基金（the Fund for Special Operations，FSO）成立于 1960 年，为在某些国家的特殊情况和具体项目提供具有优惠条件的贷款，主要有以下几个基金提供赠款： 多边投资基金（the Multilateral Investment Fund，MIF）：MIF 成立于 1993 年，作为 IDBG 的一部分，由 IDB 负责管理。其职责是促进私人部门的长期可持续发展和改善拉美和加勒比地区的投资环境，尤其关注影响微观经济及小企业的问题，通过赠款和投资两种手段，为探索发展小企业、培养员工技能、加强环境管理、改善金融和其他市场功能的新途径提供资金支持。MIF 是 IDBG 自主基金的成员，是拉丁美洲和加勒比地区私人部门发展的技术援助赠款的主要来源。 泛美投资公司（the Inter-American Investment Corporation，IIC），是一个投资于小型和中等规模私人项目的多边投资机构，这些投资活动直接进行，或是通过股权投资基金进行。此外，IDB 本身并不直接进行股权投资，而是通过 MIF 和 IIC 投资私营企业。 IDBG 还管理约 40 个信托基金。信托基金一般是由一个或者一些国家共同建立的基金，其管理权被委托给了 IDB。信托基金赠款主要用于相对欠发达国家。这些信托基金主要由主权和非主权捐助者建立，用来进一步补充 IDB 为其借贷成员国所提供资源的不足。具体包括奥地利、加拿大、智利、中国、丹麦、欧盟、芬兰、法国、德国、意大利、日本、韩国、荷兰、挪威、葡萄牙、西班牙、瑞典、瑞士、英国和美国以及其他私人部门、基金会和多边机构。 IDB 有一些基金用来支持项目筹备，例如： 项目筹备融通资金（the Project Preparation Facility，PPF）为补充融资以完成项目的最后筹备工作；旨在加强和缩短项目的筹备阶段，以此推动贷款审批和项目执行。 项目筹备和执行融通资金（the Project Preparation and Execution Facility，PROPEF）通过资助项目的启动工作，以此来推动项目从筹备到执行的无缝过渡。 基础设施基金（the Infrastructure Fund，InfraFund）为公共、私人和混合机构提供资源。 整合基础设施基金（the Fund for Integration Infrastructure，FIRII）为有关区域性物理整合的项目研究提供技术合作以及为包括借贷成员国的跨境基建业务提供项目筹备。 防灾融资基金（the Fund for Financing Disaster Prevention，FDP）为 IDB 的借贷成员国的灾害防治项目的筹备和风险评估提供技术合作。

---

① CAF2014 年年报。

续表

MDB	基金与合作伙伴关系
AfDB	AfDB 的软贷款由非洲开发基金（the African Development Fund，AfDF）和尼日利亚基金（the Nigeria Trust Fund，NTF）完成。 非洲开发基金（AfDF）成立于 1972 年并于 1974 年开始运行，是 AfDBG 的优惠贷款窗口。AfDF 通过为特定项目或计划提供优惠贷款，开展技术援助和能力建设活动帮助非洲最不发达国家实现减贫和经济社会发展。 尼日利亚基金（NTF）于 1976 年由 AfDBG 与尼日利亚政府一起成立，是个自我维持的周转基金，致力于协助银行在经济和社会状况需要优惠融资的区内低收入成员所进行的开发工作。 此外，AfDBG 还参与管理其他特别基金，如阿拉伯石油基金（the Arab Oil Fund）、非洲干旱饥荒特别基金援助基金（the Special Emergency Assistance Fund for Drought and Famine in Africa）以及特别救助基金（the Special Relief Fund）、非洲水资源基金（the African Water Facility）、农村水资源供应和卫生倡议（the Rural Water Supply & Sanitation Initiative）等等。

四 借款国

世界上的大部分发展中国家都能够同时从两个 MDB（WB 和相关区域性发展融资机构）获得贷款。但也有例外，太平洋地区的某些国家仅是 ADB 的成员国（例如库克群岛、瑙鲁以及图瓦卢等），某些发展中国家仅是 WB 的成员国（安地瓜和巴布达、多米尼加、格林纳达、伊朗、伊拉克、约旦、黎巴嫩、圣基茨和尼维斯、圣卢西亚、圣文森特和格林纳丁斯、叙利亚、土耳其和也门）；而中亚某些发展中国家（如阿塞拜疆、哈萨克斯坦、吉尔吉斯斯坦、蒙古国、塔吉克斯坦、土库曼斯坦以及乌兹别克斯坦等）同时是三个 MDB（ADB、EBRD 和 WB）的成员国。

各 MDB 的借款国，因人均收入、官方发展援助（ODA）在总资本流入中的占比、人口规模而不同。AfDB 的借款国大部分是低收入国家，EBRD 和 IDB 的借款国大部分是中等收入国家，而 ADB 和 WB 借款国的收入水平范围较广。对于部分投资级（Investment grade）新兴经济体，私人融资占资本流入高达 95%，其他国家私人资本占比较低，因此 ODA 的重要性更大，这使得 MDB 融资作用比起它对借款国政策及催化作用而言，更显重要。若将人口数量高于 1 亿的划分为大国，低于 150 万的划分为小国，则全球共有 9 个大国借款国，其中 AfDB 有 1 个（尼日利亚），ADB 有 5 个（孟加拉国、中国、印度、印尼和巴基斯坦）、EBRD 有 1 个（俄罗斯），IDB 有 2 个（巴西和墨西哥）。在 AfDB、IDB 和 WB，小国约占发展中国家数量的 20%—30%，在 ADB 约占 35%，在 EBRD 不到 5%。

第二节 国际发展融资机构的合作与协调

鉴于有大量的国际发展融资机构和双边捐赠方同时运作，各机构间存在复杂的伙伴关系网络和共同融资安排。在各机构职能、法律规定和融资程序存在一定的差异，以及无效率、无效果和角色重叠等问题广泛存在的情况下，如果不加强协作，各机构的努力将造成重复建设和效率低下，降低对借款国需求的针对性，造成部分浪费或彻底地事与愿违。

一 MDB 间的合作与协调

（一）战略层面上的合作与协调

MDB 越来越多地在全球主要发展挑战上表达共同战略立场，包括通过共同支持和举办全球性会议，通过发表联合声明强调对商定主题的共同态度等。迄今为止，MDB 多次依托 OECD 的全球高水平论坛开展合作，具体是 2002 年的罗马论坛、2005 年的巴黎论坛（the High Level Forum on Harmonization Alignment and Results）、2008 年的阿克拉论坛（the Accra Agenda for Action）以及 2011 年的釜山论坛（the Busan Partnership for Effective Development Cooperation）。OECD（2005[①]、2008[②] 以及 2011[③]）是上述论坛形成的文件。其中，OECD（2005）（即《关于援助有效性的巴黎宣言》，the Paris Declaration on Aid Effectiveness）正式提出援助有效性议题，并提出有效援助五项原则为：所有权（Ownership）、协调（Alignment）、联合（Harmonization）、目标管理（Managing for Results）以及援助方与受援方的共同责任（Mutual Accountability）。

为了更好地衡量 MDB 的运作业绩，WB、AfDB、ADB、EBRD、IDB 以及 IsDB 等机构于 2005 年建立了 MDB 的通用业绩评估体系（the Com-

---

[①] OECD. 2005. The Paris Declaration of Aid Effectiveness. http://www.oecd.org/dac/effectiveness/parisdeclarationandaccraagendaforaction.htm.

[②] OECD. 2008. Accra Agenda for Action. http://www.oecd.org/dac/effectiveness/parisdeclarationandaccraagendaforaction.htm.

[③] OECD. 2011. Busan Partnership for Effective Development Co-operation. http://www.oecd.org/dac/effectiveness/busanpartnership.htm.

mon Performance Assessment System，COMPAS），用于跟踪 MDB 对发展结果的管理能力。COMPAS 已成为确定的、公认的关于 MDB 内部及之间进行建设性对话以及参与方更具针对性地管理发展结果（Managing for Development Results，MfDR）的报告。COMPAS 着重衡量 MDB 实施和改善业务运作过程的能力。虽然它为各 MDB 间的相互学习提供了机会，但 COMPAS 的目的并非为了各机构间的直接比较。最新 COMPAS 参见 WB 等（2012）[①]。

此外，成立于 1996 年的评估合作小组（the Evaluation Cooperation Group，ECG）是一个由 MDB 评估机构组成的联合组织。其宗旨是加强对评估的利用，提高 MDB 的成效和责任；分享经验教训；协调绩效指标和评估方法及途径；改善 MDB 的专业评估水平以及与双边和多边发展组织评估部门主管之间的协作；促进借款成员国在评估方面的参与度和建立他们自己的评估能力。目前，ECG 已为四类 MDB 共同评估建立最佳实践标准（the Good Practice Standards，GPS）：评估机构的治理和独立性；公共部门的运行；私人部门的运行；国家战略和计划。[②] 制订这些标准的目标是在 ECG 的成员中协调评估实践并改进对评估实践的理解。这些最佳实践标准提炼自 OECD - DAC 的评估原则，建立在最佳评估实践的基础之上，并设计以与 MDB 的运作政策保持一致。ECG 的成员包括 AfDB、ADB、EBRD、EIB、IDB、国际农业发展基金评估办公室（International Fund for Agricultural Development Office of Evaluation）、IMF 独立评估办公室（International Monetary Fund Independent Evaluation Office）、伊斯兰开发银行业务评估部（Islamic Development Bank Group Operations Evaluation Department）以及 WB 集团独立评估小组（World Bank Group Independent Evaluation Group）等机构。

（二）各种主题层面上的合作与协调

财务管理方面的合作。MDB 财务管理工作小组（the Financial Management Working Group，FMWG）由 WB、EBRD、ADB、AfDB、IDB 等五大 MDB 和 IsDB 组成，主要目标是寻求财务管理政策和程序方面的协调，

[①] WB et al. Common Performance Assessment System (COMPAS) 2012, http://www.mfdr.org/Compas/index.html.

[②] ECG, Good Practice Standards, 2012, https://wpqr4.adb.org/LotusQuickr/ecg/Main.nsf/h_9BD8546FB7A652C948257731002A062B/daf1de8e9ecece6c48257731002a0631/? OpenDocument.

以支持更为广泛的捐赠协调和共同目标。具体的合作内容包括：(1) 联合诊断已成为常规性举措。例如 AfDB、IsDB 和 WB 经常性地开展联合诊断，ADB、IsDB 和 WB 曾对印度尼西亚和巴基斯坦开展了联合诊断，此外，还有 IDB 和 WB。(2) 信息共享。例如 IDB - WB 在拉美数个国家就独立审计质量控制审查中的标准和准则报告（Reports on Standards and Codes and Quality Control Review of Independent Auditors）方面进行的信息共享。(3) 联合学习。MDB 相互参与对方的培训活动。例如，几乎所有的 MDB 都参加了 WB 于 2004 年 7 月在华盛顿举办的受托人论坛（the Fiduciary Forum）；WB 参与 ADB 于 2004 年 7 月在印度德里一个为期一周的培训；AfDB 参与 WB 于 2005 年 2 月在亚的斯亚贝巴的非洲地区受托人周（the Africa Region Fiduciary Week）。(4) 国家层面的活动。工作组支持国家层面的活动，例如在埃塞俄比亚，AfDB 和 WB 联合参与治理，努力达成共同报告和审计安排以运用于所有捐赠方资助的活动和那些建立在国有体系基础上的活动；或者专门业务层面的活动，例如孟加拉国教育部门援助方法（the Sector Wide Approach，SWAp）[①] 以 ADB 为首，WB 也是捐赠方之一。(5) 贷款发放是财务管理小组之下的一个"次小组"，寻求贷款发放政策和程序的协调。

在能力建设、治理和反腐方面的合作。在 2000 年初之前，WB 和各主要 MDB 都已相继建立各自的反腐政策和程序，包括调查机制、裁决以及在所融资项目内制裁欺诈和腐败等规则，[②] 并设立调查和检查机构——诚信办公室（integrity offices）。[③] 所有这些制度都是各自为政的，但同时，MDB 面对的是共同的发展融资市场，往往具有相同的主权和私人部门客户，在相同的市场上获得融资，且对部分发展项目和规划开展联合融资。各自独立的制度体系将导致合同订约方受到某个 MDB 的禁止的同时继续与其他 MDB 开展业务，甚至是在同一个联合融资项目中，这将造成极大混乱。国际金融机构反腐联合特别工作组（International Financial Institu-

---

① 部门援助方法是在政府领导下，依靠政府规划来支付或支持某部门政策或项目的所有费用。

② Stephen S. Zimmerman & Frank A. Fariello, Jr., Coordinating the Fight Against Fraud and Corruption: Agreement on Cross-Debarment Among Multilateral Development Banks, 3 WORLD BANK LEGAL REV. 189, 191 (2011).

③ Integrity Vice Presidency, WORLD BANK, http://go.worldbank.org/036LY1EJJ0.

tion Anti-corruption Task Force，the IFI Task Force）建立于 2006 年 2 月，致力于成员机构（AfDB、ADB、EBRD、IDB 和 WB）之间就反腐活动进行持续合作。① 各 MDB 签订的预防和打击腐败统一框架（the Uniform Framework for Preventing and Combating Corruption，Uniform Framework）包括两大重要部分：（1）共同设定了"不当行为"（sanctionable conduct）的定义，（2）共同设定了调查原则和指南（IFI Principles）以指导每个 MDB 的"诚信办公室"实施调查职能。②

在低碳、可持续经济方面的合作。例如在气候融资方面，2005 年，MDB 领导人在巴黎决定将 EBRD - WB 在气候投资和业务环境方面的合作"商业环境与企业绩效调查"（the Business Environment and Enterprise Performance Survey，the BEEPs）以及在其他地区的相关气候投资转型为一个全球性的 MDB 倡议工作。AfDB、ADB、EBRD、EIB、IDB 以及 WB 等全球六大 MDB 通过联合声明，重申将继续加强气候融资贷款。例如，IDB 承诺在 2015 年内将 25% 的贷款提供给与气候变化及可持续发展相关的项目。自 2011 年各行共同致力于此项目标以来，六大 MDB 已向发展中国家和新兴经济体应对气候变化项目输送接近 750 亿美元融资。③ 又如，2015 年 7 月中旬，六家主要 MDB（AfDB、ADB、EBRD、EIB、IDB 和 WB）与 IMF 发布联合声明，宣布未来三年内在可持续发展领域增加 4000 亿美元以上的投资，并致力于与公私部门合作伙伴密切合作。④

在基础设施建设领域的合作。在政策层面，MDB 合作共同开发全球公共产品和知识共享工具，包括涵盖项目识别、准备、采购、监测和监督的标准文件以及能力建设。MDB 正在推动共同采取协调的项目准备和监

---

① Agreement for Mutual Enforcement of Debarment Decisions pmbl. , para. 2, Mar. 3, 2010 [hereinafter Cross-Debarment Agreement], available at http://siteresources.worldbank.org/NEWS/Resources/AgreementForMutualEnforcementofDebarmentDecisions.pdf.

② IFI Principles 的基础是第三次国际调查会议（the Third International Investigators Conference）所采用的调查原则；基于此，国际金融机构反腐联合特别工作组规定了：渎职（misconduct）的定义；证据的标准；证人的权力和义务；调查对象；调查工作人员；针对投诉来源的程序指南，投诉的受理等等。

③ Multilateral Development Banks Agree to Reinforce Climate Lending in Advance of UN Summit, September, 2014, http://www.iadb.org/en/news/news-releases/2014-09-12/development-banks-to-reinforce-climate-change-lending, 10907. html.

④ IMF, http://www.imf.org/external/np/sec/pr/2015/pr15329.htm.

督模式，包括通过采用标准化的采购政策和文件以及环境和社会保政策、相似的事前成本效益分析和项目"可执行性"评估要求和采用发展成效监测和报告的具体衡量指标。

在发展结果管理方面的合作。MDB 发展结果管理工作组（Working Group on Managing for Development Results）是个重要的机构间小组，它已将自身建设成关于发展战略、过程、制度、程序、经验和工具的信息和经验共享的常设论坛，以使上述方面更加有利于结果管理。

此外，MDB 还在基于业绩的款项划拨（the Performance Based Allocation，PBA）和国家业绩评估，信托基金和联合融资，以及采购等众多方面进行合作。

二 MDB 与其他发展机构间的合作与协调

在国际发展融资机构体系中，"国家"导向的 MDB 必须与"问题"导向的各类基金（例如，气候投资基金和全球基础设施基金等）进行密切协作。

MDB 与气候投资基金（the Climate Investment Funds，CIF）的协调与合作。由于 MDB 的核心使命是可持续经济增长和减贫，所以将缓解和适应气候变化与可持续发展进程相联系。CIF 通过其五大合作伙伴（包括 IDB、AfDB、ADB、EBRD 和 WB 等）拨转贷款资金，以帮助发展中国家减缓气候变化并应对气候变化的影响。在 2012 年末，14 个捐赠国对 CIF 新增了 72 亿美元承诺，包括赠款、软贷款和接近零利率贷款等。截至 2013 年，CIF 在超过 49 个发展中国家的超过 200 个项目分配 60 亿美元以上的资金。CIF 是 MDB 所设临时性机制。CIF 包括与未来的气候变化制度协议相联系的具体的日落条款（sunset clauses），这反映了其"临时性"的特征。CIF 运作时考虑如下协调原则：（1）MDB 的融资政策须是国家导向型的，其设计须致力于支持可持续发展和减贫。CIF 的筹资活动则必须与国家发展战略相结合，并与巴黎宣言的思想一致。（2）联合国是广泛设立气候变化相关政策的主要实体，MDB 约定不可取代气候变化协议所取得的成果，任何行动都需满足《联合国气候变化框架公约》（the United Nations Framework Convention on Climate Change，UNFCCC）关于气候变化的原则。（3）必须明确 CIF 和全球环境基金（the Global Environment Facility，GEF）和 UN 的各自职责，特别在国家层面上，必须建立有效的合作，实现最优协同，避免职责重叠。①

MDB 与相关"基金"加强在基础设施建设领域的合作。MDB 通过特定或专门的项目筹备基金（the Project Preparation Facilities，PPFs）加强项目准备。除了现有的项目筹备基金（例如，IDB 的 InfraFund、AfDB 的新伙伴关系的基建项目准备基金（the Infrastructure Project Preparation Facility，IPPF）和 EIB 主持的倡议如支持欧洲地区项目的联合援助、伊斯兰开发银行和 IFC 共同管理的阿拉伯融资基金技术援助基金（the Arab Financing Facility Technical Assistance Fund，AFFI – TAF）等），MDB 正在通过互补性的新举措加大力度，例如 EBRD 的 IPPF 和 ADB 亚太区项目准备基金（Asia Pacific Project Preparation Facility，AP3F），以及和 AfDB 的非洲 50 年（Africa50）倡议，重点放在项目准备和项目融资两方面。全球基础设施基金（the Global Infrastructure Facility，GIF）作为 WB 的合作伙伴基金，将提供一个开放的全球性平台，在准备和建构复杂的基础设施项目方面扩大合作，与一些 MDB 作为技术合作伙伴开展合作，并与私营部门、政府和双边及国家发展金融机构开展合作，以促进私营部门投资新兴市场和发展中经济体的基础设施建设，并在建构设计项目时有利于参与的机构投资者及其他提供长期融资的私人投资方。②

三　新兴国家对现有 MDB 的参与和融入

（一）新兴经济体的参与：以中国为例

中国积极支持区域性金融机构的发展融资。长期以来，中国通过直接捐资或设立相关合作基金等多种方式，加强 ADB、AfDB、IDB、西非开发银行（Banque Ouest Africaine de Developpement，BOAD）以及加勒比开发银行（the Caribbean Development Bank，CBD）等 MDB 的合作，促进更多资本流入发展中国家的基础设施、环保、教育和卫生等领域。截至 2012 年底，中国向上述区域性 MDB 累计捐资约 13 亿美元。③

以 AfDB 为例，在 1985 年加入 AfDB 时，中国在 AfDB 的初始出资为 1459 万美元，至今中国已参加了 ADF 的八次增资并做了总额为 48600 万

---

① http：//www.climateinvestmentfunds.org/cif/node/48.
② Statement by the Heads of the Multilateral Development Banks and the IMF on Infrastructure, http：//www.imf.org/external/np/msc/2014/111214.pdf.
③ 国务院新闻办公室，中国的对外援助（2014），2014 年 7 月。

美元的出资承诺。① 截至 2014 年 5 月，中国已累计向其旗下的非洲开发基金（ADF）承诺捐资 9.38 亿美元，已按期拨付 6.27 亿美元，向非洲开发基金落实多边减债行动（MDRI）承诺捐款 2 亿美元以上，并与 AfDB 建立了 200 万美元的双边技术合作基金，支持其开展能力建设。1996 年，AfDB 和中国启动了一个额度为 200 万美元的双边技术合作协议（the Technical Cooperation Agreement，TCA）。在此框架下，双方在环境、农业、水力、卫生保健及其他领域开展了一系列技术合作。还举办了知识共享研讨会和访问考察活动。2008 年，AfDB 分别和中国进出口公司（the Export-Import Bank of China，China Eximbank）和中国国家开发银行（the China Development Bank，CDB）签订了谅解备忘录；2011 年，AfDB 和中国农业银行签署了谅解备忘录。这些谅解备忘录推进在贸易融资、私营部门、农业和清洁能源等领域的联合融资、知识共享和联合分析工作，促进优先领域内的知识共享和联合分析工作。

2014 年 5 月，中国与 AfDB 就总额 20 亿美元的联合融资基金"非洲共同增长基金"（the Africa Growing Together Fund，AGTF）签订协议。该基金将在未来 10 年向非洲的主权担保和非主权担保项目提供联合融资，以支持非洲基础设施及工业化建设。非洲国家每年在缓解能源紧缺和交通瓶颈方面存在 500 亿美元资金短缺。

再如 ADB，截至 2012 年底，中国累计向 ADB 的亚洲发展基金捐资 1.1 亿美元，"减贫与区域合作基金"是重要方式之一。2005 年，中国出资 2000 万美元在 ADB 设立"减贫与区域合作基金"（the Poverty Reduction and Regional Cooperation Fund），成为首个由 ADB 的发展中成员国建立的信托基金。2012 年 4 月，中国再次出资 2000 万美元续设该基金用于支持发展中成员的减贫与发展，使 2005—2016 年间的累计出资额达到 4000 万美元。自 2005 至 2013 年，中国财政部共收到申请资金的 71 个项目建议书，其中 55 个项目共涉金额 2557 万美元得到批准。在得到批准的项目中，截至 2013 年底，29 个项目已完成，25 个正在进行中，1 个正接受技术援助审核。在这 8 年期间，该基金主要支持了公共部门管理、多部

---

① http://www.afdb.org/en/topics-and-sectors/topics/partnerships/non-regional-member-countries/china/.

门、工业和贸易、农业和自然资源等部门。①

此外，中国还向加勒比开发银行特别发展基金捐资3320万美元，并与加勒比开发银行和西非开发银行分别建立了100万美元的技术合作基金。②

(二) 新兴经济体新建MDB的参与和融入

新机构受到了包括MDB在内的国际社会的欢迎。以AIIB为例，ADB、WB和IMF欢迎AIIB作为一个新的融资来源成为连接亚洲地区储蓄和投资的中介。③ WB在2014年10月建立全球投资基金（the Global Investment Facility，GIF）时表示，GIF可与AIIB合作。

MDB及国际社会积极为AIIB的政策制订出谋划策。自2015年5月（ADB第48届年会）后，ADB开始为AIIB多边临时秘书处提供支持，特别是在AIIB业务政策制定方面（包括采购、环境与和社会保障等）。2015年8月，AIIB发布环境和社会政策、环境和社会标准的总体框架草案并向国际社会征求意见，包括乐施会和亚洲原住民联盟在内的国际组织都提出了相应的意见和建议。

MDB纷纷为它们与AIIB的具体合作方式献计献策。2015年6月，EBRD总裁苏玛—沙克拉巴蒂（Sir Suma Chakrabarti）呼吁EBRD和其他现有MDB未来加强与AIIB的合作，建议EBRD和AIIB从"气候变化的常见原因"和"可持续基础设施投资合作"等方面入手启动新的合作伙伴关系。④ ADB行长中尾武彦在接受《每日新闻》采访时指出，"除了帮助AIIB寻找融资项目之外，我们将向AIIB提供五十年以来积累的经验和专业知识"。他建议从"人力资源"入手进行合作，认为"ADB前官员和现有员工受聘于AIIB有助于AIIB引入ADB的政策。"⑤

AIIB与WB的业务合作迅速进入实质性阶段。2016年4月13日，

---

① ADB, Annual Report of the People's Republic of China Regional Cooperation and Poverty Reduction Fund 2013, March 2014, http://www.adb.org/zh/node/34143.
② http://www.un.org/chinese/millenniumgoals/china08/8.html.
③ Miller, Matthew & Brenda Goh, IMF, ADB Add to Supporters for China-led Development Bank, Reuters, March 22, 2015. http://www.reuters.com/article/2015/03/22/us-china-finance-ministry-adb-idUSKBN0MI03I20150322.
④ http://www.ebrd.com/news/2015/ebrd-president-calls-for-strong-cooperation-with-aiib.html.
⑤ Mainichi Japan, Japan-backed ADB Ready to Cooperate with Nascent AIIB, November 14, 2015, http://mainichi.jp/english/articles/20151114/p2a/00m/0na/010000c.

WB 与 AIIB 签署了两机构间的首个"联合融资"框架协议。截至协议签订日,两机构正讨论近 12 个联合融资项目,涉及中亚、南亚和东亚的交通、水务和能源等领域。该协议列出投资项目的联合融资参数,同时,WB 将遵循 WB 采购、环境和社会安全保障政策与程序进行项目筹备和督导,为两机构当年后续联合开发项目铺平道路。AIIB 2016 年批准贷款预计约为 12 亿美元,与 WB 的联合项目将占相当大的比重。2016 年 5 月,AIIB 和 ADB 签订谅解备忘录,以支持共同为可持续发展项目提供融资。[1]

NDB 也广泛地与其他 MDB 开展合作。2016 年 9 月 9 日,为满足全球基础设施融资需求,NDB 与 WB 签订关于加强合作的谅解备忘录。合作内容包括开展项目联合融资;促进业务政策和程序方面的信息交流;为咨询服务提供机会;促进借调和人员交流。[2] 2016 年 9 月 11 日,NDB 与 CAF 签订合作谅解备忘录。两机构将探索在具有竞争力的战略领域(包括可持续基础设施、能源、供水和卫生以及环境等)上的互补性;除了提供技术援助和通过研讨会方式促进信息交换之外,备忘录还为两机构的联合融资创造了可能性。[3] 据 NDB 副行长祝宪,NDB 和 AIIB 已签署相关合作协议,NDB 计划就某些项目与 AIIB 进行联合融资。[4]

四 MDB 与借款国之间的协调

2016 年 10 月,NDB 创始成员国的五大发展融资机构(印度进出口银行,Export Import Bank of India 等)就银行间合作机制签署谅解备忘录。[5]

理论上,项目具体运作方面的协作主要是借款国的责任。有效的协调首先始自借款国政府的国家发展战略,它反映当地公共政策偏好,而发展实践对于项目的可持续以及整体实施是至关重要的。借款国层面的协调必

---

[1] ADB, ADB, AIIB Sign MOU to Strengthen Cooperation for Sustainable Growth, May 2, 2016, http://www.adb.org/news/adb-aiib-sign-mou-strengthen-cooperation-sustainable-growth.

[2] NDB, http://ndb.int/World% 20Bank% 20and% 20New-Development-Bank-sign-MOU-to-boost-partnership.php.

[3] NDB, http://ndb.int/Development-banks-CAF-and-NDB-agree-to-co-operate-more-closely.php.

[4] NDB, BRICS NDB, AIIB to Start Joint Financing of Projects, September 1, 2016, http://ndb.int/BRICs-NDB-AIIB-to-start-jointfinancing-ofprojects-NDBVP.php.

[5] NDB, Cabinet Nod for EXIM Bank's MOU with New Development Bank, October 13, 2016, http://ndb.int/Cabinet-nod-for-Exim-Banks-MoU-with-New-Development-Bank.php.

须由捐赠方和借款国政府的共同定期评估以确定最佳实践,例如减贫的影响。协调努力必须重在就援助需求、多边和双边捐赠基于各自长处和实践而造成的多样性方面达成共识。其次是借款国之间的协调,例如数个国家(包括智利、乌拉圭、牙买加、墨西哥、多米尼加和秘鲁)已开展信息共享,就国际会计方面的标准和准则报告(Reports on Standards and Codes and on International Accounting Standards)进行合作。在财务管理方面,玻利维亚、秘鲁、厄瓜多尔、乌拉圭和哥斯达黎加等国已就国家财务责任评估(financial accountability assessments)展开合作。审计要求必须协调并简化贷款发放政策和法律文件。

但 MDB 也在这一方面负有相当大的责任,这基于以下原因。其一,有时借款国不具备必要的能力。例如,在基础设施建设领域,MDB 帮助借款国选择合适的项目,设计项目实现成效和效率,力争对增长和就业的影响最大化。通过政策对话,MDB 协助借款国根据各国的制度能力和政策环境,思考公共部门最适于提供什么,在哪些领域与私营部门合作可以提高效率。MDB 还与借款国合作,识别、分配和化解与基础设施项目相关的一系列风险。[①] 其二,许多国家同时是多个 MDB 的成员,可从多个MDB 同时获得贷款;MDB 在许多借款国或项目上进行了联合融资。例如,在阿尔及利亚,AfDB 为支持一项 WB 关于电信和邮政改革方面的技术援助项目,为其提供了贷款。在摩洛哥,自 1998 年所有的调整方案都是通过 MDB 联合融资实施,并且从准备、评价到监控都是联合进行。在孟加拉国,ADB(占主导)和 WB 合作(还有其他伙伴)在初等教育发展方案方面进行合作,努力在同一个政府方案中做出新的努力以联合所有的合作伙伴。在秘鲁和厄瓜多尔,IDB 和 WB 也在许多项目上进行了联合融资。

面对同一个借款国或同一个项目,MDB 之间的充分沟通和协作应能够使多边、双边捐赠方和借款国之间实现更好的信息共享,改善外部援助使用决策,通过对捐赠实践和程序进行更高程度的协调,巩固发展结果,对借款国所做的努力提供更大的公共支持。加强在同一借款国开展发展融资活动的 MDB 之间的协调,特别是在分析和评估方面,还必须尽可能减

---

① Statement by the Heads of the Multilateral Development Banks and the IMF on Infrastructure, http://www.imf.org/external/np/msc/2014/111214.pdf.

轻借款国的行政负担,提高 MDB 运作的互补性,加强与其他捐赠方的协调,并最终改善发展有效性。MDB 需立足于各自所援助的国家建立协调战略,涉及经济和部门改革,贫困评估,环境概貌和私人部门分析。在这些领域,MDB 间的良好协作能够有效降低重复建设。并且作为规则,它们必须就所有联合融资的运作准备联合评估、实施和审计报告。

MDB 之间协调的重点内容涉及以下方面:进一步评估吸引私人部门发展资金(担保、融资、保险和基于政策的方式)流入的机构,对 MDB 不良资产的处理,对高负债低收入国家的多边债务减免,优惠贷款的资格标准,分级政策和实践,MDB 的业绩比较,以及 MDB 作为一个整体与国际社会其他部分例如联合国体系和 WTO 之间的关系等等。

五 MDB 与其他机构的合作与协调

MDB 继续在低碳经济、基础设施、供水、教育、交通、农业和医疗保健方面加强与其他机构的合作。

(一)在低碳经济领域的合作

ADB 和 OPEC 国际发展基金(the OPEC Fund for International Development, OFID)签订了就亚太地区公共部门进行联合融资的框架协议。为提高所有国家的能源使用效率,EBRD 已通过签订谅解备忘录加强与国际能源监管协会(the International Confederation of Energy Regulators, ICER)在信息共享和研究全球最佳实践领域内的合作以推进能源基础设施部门的改革。

为帮助发展中国家走向低碳经济,2012 年,六家主要 MDB(AfDB、ADB、EBRD、EIB、IDB 和 WB)做出了联合声明,宣布显著扩大它们在可持续发展领域的投资(此前为每年 930 亿美元)。[1] 这些 MDB 宣布它们将进一步涉及公共与私人融资。各机构就缓解气候变化和适应性项目建立统一方法来追踪资金分配,在全球努力下建立温室气体报告制度改善对气候融资流动和有效性的控制。至目前为止,全球绿色增长研究院(the Global Green Growth Institute, GGGI)、OECD、联合国环境计划署(the United Nations Environment Programme, UNEP)和 WB 等四大主要全球性组

---

[1] Yulia Sterligova, Multilateral Development Banks: Overview of Activities in 2012, 2012http://www.eabr.org/general//upload/CII% 20 - % 20izdania/YearBook - 2013/a_ n6_ 2013_ 19. pdf.

织签署了谅解备忘录建立了一个领先的全球协议"绿色增长知识平台"（the Green Growth Knowledge Platform）。该平台通过提供严格的经济和环境相关分析改进地方、国家和全球经济的政策制订。

为了支持 MDB 的环境项目和缓解气候变化的努力，IFC 在 2012 年下半年启动了可持续银行网络（the Sustainable Banking Network），通过知识和技术资源共享帮助新兴市场银行监管者建立绿色信贷政策和环境与社会风险管理指南（green-credit policies and environmental and social risk-management guidelines）。

为了配合 OECD、UNEP 和 GGGI，WB 启动了数个信息门户，包括气候变化知识门户（the Climate Change Knowledge Portal）、气候融资选择平台（the Climate Finance Options Platform）和绿色增长知识平台（the Green Growth Knowledge Platform），为利益相关者提供最新资讯，提供与气候变化相关的分析与工具。此外，WB 还在 17 个不同国家发行了接近 33 亿美元的绿色债券以应对气候变化。在 ADB 内建立的亚太气候技术融资试验中心（the Pilot Asia-Pacific Climate Technology Finance Centre，CTFC）成为另一个缓解气候变化的重要举措。CTFC 仅是 ADB 中广泛的合作伙伴关系的一部分，全球环境基金（the Global Environment Facility）和 UNEP 都与投资者、技术供给方和来自其他地区和世界各地的伙伴紧密合作。

（二）在基础设施领域的合作

为在全球范围内，大力推进基础设施建设，MDB 与 IMF、G20 等机构合作。2014 年 11 月，AfDB、ADB、EBRD、EIB、IDB、IsDB、WB 和 IMF 共同发表声明，强调了基础设施建设对新兴经济体和发展中国家克服增长瓶颈并形成私人部门主导的经济增长态势的重要意义，赞同 G20 在过去几年里对基础设施的重视，也欢迎新的 G20 全球基础设施协议并期待为之出力。[1]

就此，IMF 正在制定一套针对不同发展水平的国家加强公共投资管理实践的具体指南。IMF 将与 MDB 合作解决私营部门在参与提供公共基础设施时某些形式所产生的财政承诺。IMF 还与各国合作建立稳健的财政框架和综合预算流程以加强公共投资的预算管理，同时也监测和遏制任何相

---

[1] Statement by the Heads of the Multilateral Development Banks and the IMF on Infrastructure, http://www.imf.org/external/np/msc/2014/111214.pdf.

关的公共债务积累产生的风险。

同时，MDB将与G20就基础设施的工作进行合作，支持关于在悉尼建立一个以知识共享、数据收集为基础的新的全球基础设施中心（Global Infrastructure Hub）的建议。MDB还将致力于知识共享并创设基础设施网络。MDB网络将使全球基础设施政策和设计专家、项目构建、融资以及实施方面的业内人员充分地建立联系，他们包括广泛的私营部门参与者、政府（国家和地方的）的同行以及国家开发银行等。

小　　结

随着国际发展融资体系的不断发展和完善，各主体逐渐变得（包括各MDB、基金和其他私人部门）越来越多样化，它们之间的关系也越来越复杂。国际发展融资体系中的主体主要包括"供给方"（贷款方）和"需求方"（借款国或借款国）。

从供给方来看，长期以来，全球性MDB（由IBRD和IDA共同构成WB）、区域性MDB（如IDB、ADB和AfDB）以及次区域性MDB（如CAF）等构成了国际发展融资体系的主要供给方。但由于它们对国际发展融资体系的"资金"和"制度"（或规则）供给并不能完全满足广大发展中国家的需要，其他多边发展机构就应运而生。例如，随着MDB"联合融资"业务的不断拓展，包括私人部门在内的其他供资主体作用增强。再如，近年来新兴经济体对国际发展融资体系的介入显著增多，中国等新兴经济体主导建立了AIIB和NDB等新的发展融资机构。

从需求方来看，大部分发展中国家能够同时从两个（甚至三个）"供给方"获得发展融资；随着经济发展，中国等少部分发展中国家逐渐成为供给方（贷款方）的同时，它们仍是现有MDB（包括WB和ADB）的主要需求方（借款方）；部分MDB将私人部门作为主要业务对象，因此，私人部门也是资金需求方。

鉴于有大量的多边发展融资机构和双边捐赠方同时运作，各机构间存在复杂的伙伴关系网络和共同融资安排。在各机构职能、法律规定和融资程序存在一定的差异，以及无效率、无效果和角色重叠等问题广泛存在的情况下，进一步开展有效的协调与合作变得更加重要。

长期以来，各层次的MDB之间进行了战略层面上的合作，它们越来越多地在全球主要发展挑战上表达共同的战略立场，包括通过共同支持和举办全球性会议，通过发表联合声明强调对特定主题的共同态度等。它们还进行了各种主题层面上的合作，具体涉及财务管理、能力建设、治理和反腐、低碳和可持续经济、基础设施建设以及发展结果管理等方面。除此之外，MDB 还与其他多边机构（例如，MDB 与气候投资基金、全球基础设施基金、OPEC 国际发展基金、G20 等）间进行了合作与协调。

中国等新兴经济体以及由其主导的 MDB（如 AIIB 和 NDB 等）进一步融入国际发展融资体系，为未来各种发展融资主体之间的协作增加了新的内容，也产生了新的挑战。由于历史原因，中西方在发展援助实践领域存在诸多差异，涉及贷款条件、统计口径以及最佳实践标准等差异，对此，一方面，国际社会和现有 MDB 应对新机构给予应有的帮助与扶持，另一方面，新角色和新机构应不断地完善自身，开拓进取，积极与借款国以及现有 MDB 沟通、协调，共同致力于更加和谐有效的多边发展网络建设。

第七章　中国参与国际发展融资体系的效应

从理论和实证（或实践）角度看，发展融资对借款国（东道国）和贷款国双方的经济增长都具有正向作用，但它对二者的作用机制是完全不同的。发展融资主要通过改善借款国（东道国）的投资环境促进其经济增长；主要通过推进对外直接投资促进贷款国的经济增长。中国参与国际发展融资体系同样将促进借款国（东道国）和贷款国的经济增长。

第一节　发展融资和借款国经济增长：理论分析与实证检验

发展融资对借款国（东道国）经济增长的推动作用主要是通过改善借款国（东道国）的投资环境产生的，实证分析证实了这种正向关系。

一　发展融资与借款国经济增长关系的理论分析

发展融资对借款国（东道国）经济增长的影响主要是通过改善后者的投资环境从而对其经济增长、就业等方面产生影响的，基本理论为FDI的区位选择理论。Hymer（1960）[1] 最早提出垄断优势理论，后经Kindleberger和Caves发展，该理论认为由于市场的不完全性，在同类企业中，投资国企业具有垄断优势，因此，投资国企业会采用对外直接投资的方式进行生产以获取更多利润。Buckley和Casson（1976）[2] 提出内部化理论，

---

[1] Hymer, S. H., The International Operations of National Firms: A Study of Direct Foreign Investment. The MIT Press Cambridge, Mass, 1976.

[2] Buckley, Peter J. and Mark C. Casson, An Economic Theory of International Joint Venture Strategy, Journal of International Business Studies, 1976, 27 (5), 815–842.

认为企业通过内部组织体系以较低成本在内部转移该优势,因此跨国公司是内部化过程的产物,跨国公司倾向投资于交易成本较低的地区。Dunning(1973)[①] 在总结垄断优势理论、内部化理论的基础上,将区位因素纳入 FDI 理论,提出了国际生产折衷理论(Ownership-Internalization-Location,OIL 模型)。该理论认为 FDI 发生的条件是所有权优势(Ownership)、内部化优势(Internalization)以及区位优势(Location)同时具备。其中,所有权优势和内部化优势是企业 FDI 的必要条件,它取决于跨国企业本身;而区位优势则是 FDI 的充分条件,它受东道国因素的影响。因此,改变东道国区位影响因素的现状就能间接影响对东道国 FDI 的流入,这也是 MDB 存在的意义之一。1998 年,UNCTAD 公布的《世界投资报告》[②] 系统地阐述了东道国的区位因素。首先,UNCTAD 将东道国的区位因素总的分为政策性因素、经济性因素、其他商业因素三大类,然后再具体细化(见图 7—1)。

(一)在发展融资项目实施期间,促进借款国经济增长的作用机制

1. 加强借款国基础设施建设

借款国由于缺乏足够的资金、技术和经验投资其基础设施建设,因此需要通过 MDB 为其大型基础设施项目融得所需资金。发展融资既能弥补借款国的资金缺口,同时在基础设施建设的过程中对钢筋、水泥等原材料的需求势必会急剧增加,同时还会扩大对国内相关原材料的需求,进而带动相关产业的生产与发展。此外,由于借款国的发展程度通常较为落后,存在大量的待就业人口,基础设施的建设则能为该国提供就业机会,有效缓解该问题,进而扩大就业,并带动当地居民生活水平的提高。

2. 传播生产技术

由于许多发展中国家的技术水平较为落后,因此,MDB 发放贷款时,往往会配备相应的技术人员,对借款国实施技术援助。技术援助具有积极意义,能为当地的技术人员传播熟练技术,使其获得学习机会,以运用于今后的生产实践中,并培养其自主发展能力。

一国的经济的长久发展需要以自主发展能力为后盾。技术援助为借款

[①] Dunning, J. H., The Determinants of International Production, Oxford Economic Papers, 1973, (03).

[②] UNCTAD, World Investment Report 1998: Trends and Determinants, 1998.

国提供所需的生产技术，倘若借款国的技术研发人员能以此为突破口，进一步进行创新性研究，则能为借款国的经济增长提供长久推动力，甚至有机会在国际上实现技术赶超。

政策性因素：
1. 经济、政治和社会稳定
2. 市场准入和经营管制
3. 对跨国公司分支机构的管制
4. 市场管制措施（特别是对竞争和并购的管理）
5. FDI 规模
6. 私有化政策
7. 贸易管制（包括关税和非关税壁垒）
8. 税收政策

经济性因素：

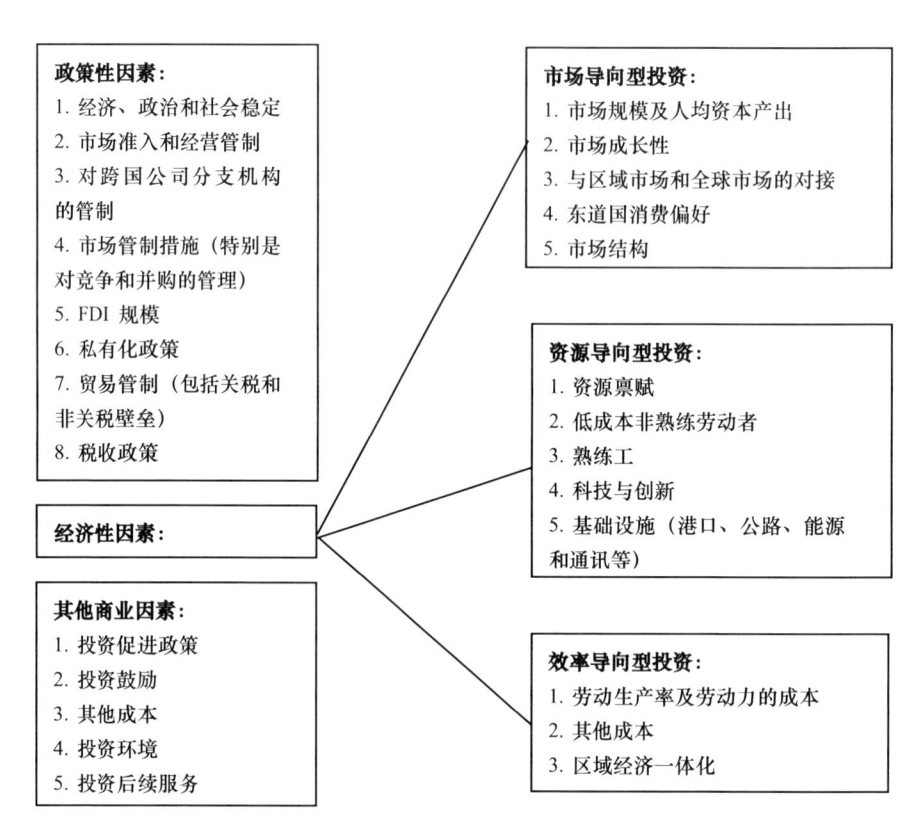

其他商业因素：
1. 投资促进政策
2. 投资鼓励
3. 其他成本
4. 投资环境
5. 投资后续服务

市场导向型投资：
1. 市场规模及人均资本产出
2. 市场成长性
3. 与区域市场和全球市场的对接
4. 东道国消费偏好
5. 市场结构

资源导向型投资：
1. 资源禀赋
2. 低成本非熟练劳动者
3. 熟练工
4. 科技与创新
5. 基础设施（港口、公路、能源和通讯等）

效率导向型投资：
1. 劳动生产率及劳动力的成本
2. 其他成本
3. 区域经济一体化

图 7—1　东道国区位影响因素

资料来源：UNCTAD, World Investment Report 1998: Trends and Determinants.

（二）在发展融资项目完成后，促进借款国经济增长的作用机制

1. 改善借款国投资商业环境

基础设施落成后，借款国的整体生产能力和投资商业环境得以获得较大的改善，如：房屋的建造可以改善借款国的基本生活保障能力；铁路、公路、桥梁等建设则可保证借款国的基本运输能力；工厂，以及生产设备的搭建则可为借款国提供相应的生产能力。一方面，生产能力的提高，则能为借款国的商品生产提供基本保证；而运输条件的改善，则能为借款国

的商品出口提供基本硬件条件。另一方面，整体生产环境和贸易环境的改善还能促使国外对借款国的直接投资，进而再次增加对国内就业的需求，进一步扩大国内就业，以及带动借款国国内相关产业的发展，从而最终推动经济增长；同时，借款国居民生活水平和消费能力的提高还会促使更多的国外企业愿意同借款国进行贸易往来，贸易交流能为今后双方更加深入的经贸合作提供契机，进而推动借款国国内的商品，甚至是企业走出去，实现经济的全方位发展。

2. 增强借款国自主发展的能力

援助的重要意义不仅在于它能促进借款国的短期经济发展，更为重要的是它能增强借款国的自主发展能力，帮助推动借款国实现可持续发展。MDB 作为重要的多边援助载体，主要是通过对借款国经济及社会领域进行援助，帮助借款国提升自主发展能力。社会领域方面，近年来 MDB 对社会领域的援助也十分关注，WB 等机构也侧重将资金投入教育、健康等领域，该领域的投资有助于提升借款国的基本素质，从而促进借款国劳动生产率的提高。经济领域方面，由于借款国的技术水平通常比较薄弱，MDB 在对借款国提供资金进行基础设施建设的同时往往会对借款国进行相应的技术指导，提升借款国相关技术人员的技术水平及其劳动生产率。素质教育和劳动生产率的提高是增强研发能力的重要保障，因此 MDB 的资金流向和援助方式对借款国提升研发能力起到一定的促进作用，为推动借款国经济发展提供长久推动力。

3. 催化借款国的产业升级和经济结构转型

发展融资对于借款国的意义还体现在其催化借款国的经济结构转型中。结构转型的过程是帮助借款国从较低生产率的部门移向较高生产率的部门和职业。一方面，通过对软件和硬件的基础设施投资，以及技术创新，制度建立，以及学习和积累知识、能力改变借款国的初始禀赋，对加快借款国的经济结构转型和维持转型势头的驱动力是至关重要的。发展融资在改变借款国初始禀赋，和引发转型过程及维持势头中起到催化作用。另一方面，发展融资的过程往往伴随着贷款国的直接投资，而对外直接投资通常伴随着贷款国的产业转移，通常情况下贷款国的发展程度高于借款国，在生产价值链上贷款国位于借款国的上端，因此，借款国承接贷款国的产业结构转移也能促进借款国国内的产业结构升级，并创造大量就业岗位，带动经济发展。

二 发展融资与借款国经济增长关系的实证检验

（一）方法和数据

1. 变量的选择和数据来源

由于数据可获得性的限制，本书选取了1998年至2013年25个亚洲国家[①]的400个数据作为研究样本。本书的变量由三个部分组成：被解释变量、解释变量及控制变量。

（1）被解释变量

被解释变量即为25个亚洲国家的年度国内生产总值（GDP），其数据来源于世界银行发展指标（World Development Indicators，WDI）数据库。

（2）解释变量

解释变量包含两部分：WB和ADB对亚洲各国的发展融资总额。其中，WB的融资额度由IBRD、IDA，以及IFC构成，ADB的融资额度由ADB及ADB特殊基金（ADB Special Fund）[②]构成，数据均来源于经济合作与发展组织（OECD）发展数据库。

（3）控制变量

本书选取了贸易开放度、对外直接投资的流入量、女性的劳动参与率、互联网的使用人数作为控制变量。贸易开放度（Trade Openness）是指商品和服务的进出口总额；对外直接投资采用的是流量数据，即25个亚洲国家的外国直接投资年度流入量（Inward FDI）；二者的数据均来源于联合国贸发会议（UNCTAD）数据库。女性劳动参与率是指女性劳动力占15岁以上女性人口的比重，互联网的使用人数是指每百人中互联网的使用人数，二者数据均源于世界银行发展指标（WDI）数据库。

各变量符号和数据来源详见表7—1。

[①] 25个国家具体指：阿富汗、亚美尼亚、阿塞拜疆、孟加拉国、不丹、中国、格鲁吉亚、印度尼西亚、印度、哈萨克斯坦、吉尔吉斯斯坦、柬埔寨、老挝、斯里兰卡、马尔代夫、蒙古国、马来西亚、尼泊尔、巴基斯坦、菲律宾、泰国、塔吉克斯坦、东帝汶、乌兹别克斯坦和越南。

[②] 主要包括亚洲开发基金（Asian Development Fund，ADF）、技术援助特别基金（the Technical Assistance Special Fund，TASF）、亚洲开发银行学院（the Asian Development Bank Institute，ADBI）、区域合作和一体化基金（the Regional Cooperation and Integration Fund，RCIF）以及金融部门发展伙伴特别基金（the Financial Sector Development Partnership Special Fund）。

表 7—1 变量及相应数据来源

变量	符号	数据来源
国内生产总值	y	WDI 数据库
WB（含 IBRD、IDA 和 IFC）发展融资总额	wb	OECD 发展数据库
ADB（含 ADB 和 ADB 特殊基金）发展融资总额	adb	OECD 发展数据库
贸易开放度（商品和服务的进出口总额）	trap	UNCTAD 发展数据库
外国直接投资的流入量	fdi	UNCTAD 发展数据库
女性劳动参与率（即：女性劳动力占 15 岁以上女性人口的比重）	lab	WDI 数据库
每百人互联网使用人数	internet	WDI 数据库

2. 模型的设定

考虑到模型本身可能存在的内生性（可能导致我们的估计结果有偏并影响模型结果的稳健性）以及模型的动态效应，本书采用由 Arellano 和 Bover（1995）[①] 和 Blundell 和 Bond（1998）[②] 发展而来的动态面板系统广义矩估计（系统 GMM）的方法对模型进行估计。模型的基本形式为 $\ln y_{it} = \alpha + \rho \ln y_{it-1} + \beta_1 \ln wb_{it} + \beta_2 \ln adb_{it} + x'_{it}\eta + \mu_i + \varepsilon_{it}$，其中，$i$ 指国家，t 指时间，例如 LNy_{it} 表示 it 时期国内生产总值的对数。解释变量 $\ln wb_{it}$、$\ln adb_{it}$ 即为本书的主要研究对象，控制变量 x_{it} 则包含 $\ln traop$、$\ln fdi$、lad、$internet$，ε_{it} 是随机误差项。为了消除个体因素 μ_i 的影响，对该模型进行一阶差分，差分后该模型为 $\Delta \ln y_{it} = \rho \Delta \ln wb_{it} + \beta_2 \Delta \ln adb_{it} + \Delta x'_{it}\eta + \Delta \varepsilon_{it}$。本模型对所有的变量取对数，因此，变量的系数 β_1、β_2、η 即为国内生产总值 y 对各相关变量的弹性系数。

3. 数据描述

（1）统计性描述

各变量的描述性统计量如表 7—2 所示。在样本中，国内生产总值的对数的均值为 23.8029，最大值为 19.8546，最小值为 19.7236，这意味着 y 的变化较大。而 $\ln wb$ 和 $\ln adb$ 的均值分别为 18.4975、18.2948，其最大

---

① Arellano, M. and Bover, O. Another Look at the Instrumental Variable Estimation of Error Components Models. Journal of Econometrics, 1995, 68, (1): 29–51.

② Blundell R, Bond S. Initial Conditions and Moment Restrictions in Dynamic Panel Data Models. Journal of Econometrics, 1998, 87 (1): 115–143.

值分别为 22.3282、21.3797，最小值分别为 11.6082、9.2103，说明本书主要关注的变量 lnwb、lnadb 和 lny 的变化较为同步。

表 7—2   各变量描述性统计量

变量	样本	均值	标准差	最小值	最大值
lny	394	23.8029	2.2499	19.7236	29.8546
lnwb	381	18.4975	1.7690	11.6082	22.3282
lnadb	353	18.2948	1.8023	9.2103	21.3797
lntraop	360	23.7262	2.1453	19.4706	29.1621
lnfdi	378	20.0949	2.4356	12.0436	25.5434
lnlab	400	0.5345	0.1684	0.1340	0.8190
internet	382	10.4833	14.1500	0.0000	66.9700

（2）相关性描述

各变量间的相关性如表 7—3 所示。解释变量 lnwb 和 lnadb 与被解释变量 lny 的相关性较强，分别为 0.8136、0.6731，且在 1% 的水平上通过显著性检验。而控制变量 lntraop、lnfdi 与 lny 的相关性也分别高达 0.9771、0.8689，并且同时通过 1% 的水平的显著性检验。而劳动参与率 lab 与经济与 lny 的相关性相对较差，仅为 0.0036，但并未通过显著性检验。而互联网用户数 Internet 与 lny 的相关性为 0.3314，同时通过 1% 的显著性检验。总体上，所有被解释变量和控制变量与经济增长均具有正向关系。

表 7—3   相关性矩阵

变量	lny	lnwb	lnadb	lntraop	lnfdi	lab	internet
lny	1						
lnwb	0.8136***	1					
lnadb	0.6731***	0.8505***	1				
lntraop	0.9771***	0.7555***	0.5812***	1			
lnfdi	0.8689***	0.6933***	0.5111***	0.8984***	1		
lab	0.0036	0.0061	−0.0143	0.0184	−0.0040	1	
internet	0.3314***	0.1496***	−0.0623	0.4010	0.3955***	0.0498	1

注：***、**、* 分别表示 1%、5%、10% 的统计水平上显著。

(3) 线性拟合

为了进一步观测解释变量和被解释变量之间的关系，在进行模型设定之前先直观地从散点图中做线性拟合。从图7—2和图7—3可看出，lny、lnwb和lnadb的拟合程度较高，因此进一步肯定发展融资对经济增长具有正向的影响。

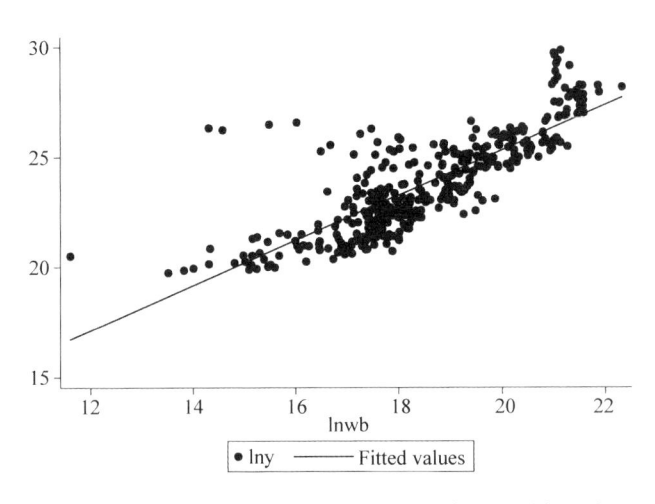

图7—2 GDP与WB发展融资总额的拟合图（对数形式）

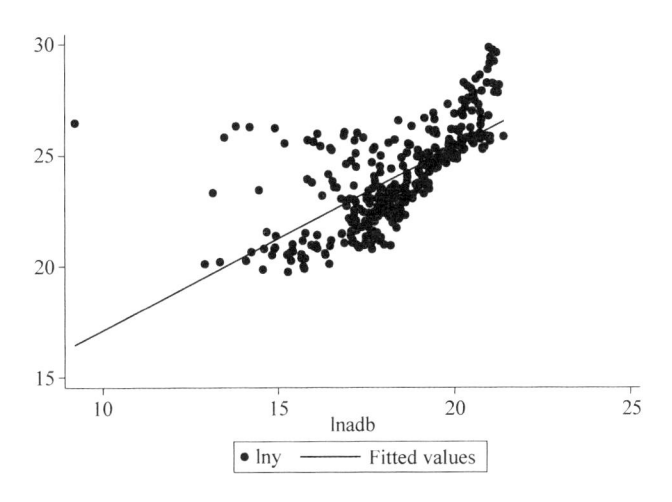

图7—3 GDP与ADB发展融资总额的拟合图（对数形式）

(二) 实证检验

1. 单位根检验

在现代经济学的数量分析中，单位根检验已经成为不可缺失的重要方法。这是因为非平稳的时间序列常表现出相同的变化趋势，而这些序列并不一定有直接的关联，导致这些数据的回归结果虽然可能拥有较高的 R^2，但事实上却没有任何实际意义，这种情况被称为"虚假回归"或"伪回归"（Spurious Regression）。为避免"伪回归"，确保估计结果的有效性，必须在对模型进行回归之前，对各面板序列的平稳性进行检验。许多经济变量呈现出非平稳的数据生成过程（DGP），其中单位根过程无疑是最主要的数据形式，因此对变量进行单位根检验，检验数据的平稳性，可以避免经典回归分析中的"伪回归"问题。

单位根检验通常有三种检验方式：既有趋势又有截距的检验、只有截距的检验、无趋势无截距的检验。对于面板数据而言，通常使用 LLC（Levin，Lin & Chu）、Breintung、IPS（Im，Pesaran 和 Shin）、ADF - Fisher 和 PP - Fisher 这 5 种方法进行面板单位根检验。这 5 种单位根检验方法又分为两类：一类是相同单位根检验，包括 LLC 检验和 Breintung 检验；另一类是不同单位根检验，包括 IPS 检验、ADF - Fisher 检验和 PP - Fisher 检验三种。本书从两类检验方法中各取一种，选择了相同单位根检验 LLC 检验和不同单位根检验 ADF - Fisher 检验。单位根检验的结果如表 7—4 所示。

表 7—4　　　　　　　　　　单位根检验

变量	LLC 检验 统计值	LLC 检验 概率	ADF 检验 统计值	ADF 检验 概率	检验结果
lny	-10.7209	0.0000	107.353	0.0000	平稳
lnwb	-9.73703	0.0000	126.733	0.0000	平稳
lnadb	-9.35055	0.0000	122.944	0.0000	平稳
lntraop	-13.2103	0.0000	134.048	0.0000	平稳
lnfdi	-5.90232	0.0000	82.4003	0.0027	平稳
lab	-3.48052	0.0003	82.5789	0.0025	平稳
internet	-10.9451	0.0000	110.228	0.0000	平稳

根据 LLC 检验的原假设是存在普通的单位根过程，ADF-Fisher 检验的原假设是存在有效的单位根过程，表 7—4 中显示的 LLC 和 ADF-Fisher 检验结果都在 1% 的显著性水平上拒绝了原假设，这说明了本书所用的变量的时间序列数据都是平稳序列。

2. 经济增长的动态面板回归

（1）回归结果

基于系统 GMM 方法，利用 Stata 14 软件及 1998 年至 2013 年 25 个亚洲国家的面板数据，我们得到如下的回归结果（详见表 7—5）。

模型 1 包含了所有的解释变量和控制变量，其回归结果显示 WB 和 ADB 的发展融资额对经济增长具有正向显著影响，尤其是 ADB 的贷款，其弹性系数为 0.0277，即为 ADB 的发展融资额每增加一个百分点可以促进该国经济增长 0.0277 个百分点，且该系数通过了 1% 的显著性检验。但是，模型 1 中，lnfdi、lab 的估计系数虽然为正，却未能通过显著性检验，这可能是由于 lnfdi 与 lntraop 等变量之间存在多重共线性的原因所导致，因为多重共线性会导致 t 值变小，进而导致估计系数不显著。为了进一步探讨 WB 和 ADB 的发展融资额对经济增长，本书进一步进行了 3 组稳健性检验。其中，第一组的稳健性检验包含模型（2）（3）（4）（5）（6），该组仅引入解释变量 lnwb、lnadb，以及控制变量 lntraop、lnfdi。第二组的稳健性检验是在第一组的基础上引入 lab，包含模型（7）（8）（9）。第三组的稳健性检验则是在第一组的基础上引入 Internet，包含模型（10）（11）（12）。

如表 7—5 所示，第一组的稳健性检验中，除了模型（6）的 lnfdi 未通过显著性检验，其余各变量均通过了显著性检验，其原因与模型（1）相同，即：多重共线性。模型（5）仅引入了 lnwb、lnadb、lnfdi，lnfdi 的估计系数为 0.0625，且通过了 1% 的显著性检验，进一步证实了此前对 lnfdi 未通过显著性检验的原因猜测。而模型（2）（3）（4）则表明不论 lnwb、lnadb 是否同时存在，其对经济增长的影响均为正向，且能通过 1% 的显著性检验。

第二组模型的稳健性检验中，模型（8）的 lnadb 的估计系数未能通过显著性检验，而模型（9）的 lnfdi 和 lab 的估计系数未能通过显著性检验。第三组模型的稳健性检验中，模型（11）的 lnwb 的估计系数未能通过显著性检验，而模型（12）的 lnfdi 的估计系数未能通过显著性检验。对比此前的模型（6）和模型（1），不难发现，只要 lntraop 及 lnfdi 同时存在，lnfdi 则无法通过显著性检验，其根本原因还是多重共线性问题，也可能是由于 lnwb、lnadb 通过 lnfdi 的渠道影响 lny，从而影响了 lnfdi 的显著性。

综上所述，尽管在个别模型中，lnwb、lnadb、lnfdi 未能通过显著性检验，但整体上 lnwb、lnadb、lntraop、lnfdi、lab、Internet 对 lny 的影响都是正向显著的，模型（4）（5）（7）（12）可论证以上结论。其次，由于 Sargan 检验的原假设为：所有的工具变量都是有效的，因此，所有的模型的 sargan 检验值均大于 10%，说明所用的工具变量是有效的。再者，从变量的估计系数中可以看出，lntraop 对 lny 的影响最大。最后，较之于 lnwb，lnadb 的估计系数更大，这主要是因为本书所选取的样本范围为 25 个亚洲国家，而 ADB 是区域性 MDB，对于该地区的援助将更为集中，且也更具有针对性。

（2）经济含义

lnwb、lnadb 正向显著的估计系数说明了发展融资对经济增长具有正向影响，说明了 WB 以及 ADB 对亚洲国家的经济增长均起到了促进作用；此外，二者的系数均为正进一步说明了区域性 MDB 与全球性 MDB 之间是兼容并存，区域性 MDB 的加入并不会对全球性 MDB 形成挑战，而是共同缓解目前全球巨大的基础设施缺口。以上两点为中国融入全球发展融资体系提供指导性意义。这说明了中国参与多边发展融资体系，牵头组建 AIIB 和 NDB 等能对亚洲国家与内外国家的经济增长产生正向影响，且不会对目前已存在的全球及区域性 MDB 构成挑战，进而说明了中国牵头组建 MDB 的动议是有必要的，能够有效缓解目前亚洲各国在发展中所遇到的融资瓶颈。

lnadb 的估计系数更大说明了区域性 MDB 比全球性 MDB 对于该区域经济增长的促进作用更强。因此，中国牵头组建的 AIIB 对亚洲经济的发展贡献将更为重大。

第七章　中国参与国际发展融资体系的效应　197

表 7-5　系统 GMM 的回归结果

$\ln y_{i,t}$	(1)	(2)	(3)	(4)	(5)	(6)	(7)	(8)	(9)	(10)	(11)	(12)
$\ln y_{i,t-1}$	0.6745*** (31.05)	0.4912*** (17.93)	0.5871*** (34.74)	0.5899*** (26.86)	0.9076*** (272.68)	0.6700*** (42.18)	0.5968*** (36.98)	0.9087*** (162.86)	0.6684*** (30.62)	0.6038*** (27.68)	0.8973*** (234.70)	0.6560*** (23.44)
$\ln ub_{i,t-4}$	0.0029* (1.83)	0.0106*** (5.52)		0.0074*** (4.36)	0.0090*** (2.73)	0.0075** (2.34)	0.0075** (2.49)	0.0106** (2.18)	0.0093*** (3.28)	0.0053** (2.43)	0.0058 (1.00)	0.0011* (1.79)
$\ln adb_{i,t-4}$	0.0277*** (6.32)		0.0268*** (8.05)	0.0182*** (4.64)	0.0095*** (3.01)	0.0291*** (10.09)	0.0173*** (3.51)	0.0066 (1.24)	0.0288*** (8.69)	0.0231*** (7.67)	0.0143** (2.57)	0.0305*** (7.59)
$\ln traop_{i,t}$	0.3056*** (12.28)	0.5191*** (19.36)	0.4038*** (21.98)	0.4017*** (18.77)		0.3294*** (15.58)	0.3923*** (21.68)		0.3173*** (12.56)	0.3827*** (15.81)		0.3386*** (11.35)
$\ln fdi_{i,t}$	0.0069 (0.78)				0.0625*** (11.86)	0.0025 (0.49)		0.0632*** (9.64)	0.0039 (0.54)		0.0639*** (11.80)	0.0018 (0.28)
$lab_{i,t}$	0.0242 (0.67)						0.0292*** (4.18)	0.0514*** (6.92)	0.0516 (1.51)			
$internet_{it}$	0.0005** (2.00)									0.00002 (0.14)	0.0006*** (2.80)	0.0004** (2.25)
$-cons$	-0.0785 (-0.42)	-0.2580*** (-4.46)	0.4038*** (21.98)	-0.1044*** (0.261)	0.7357*** (7.16)	-0.3134** (-2.10)	-0.3967 (-0.13)	0.6902*** (6.25)	-0.3026 (-1.61)		0.9146*** (11.63)	-0.2599 (-1.39)
Observations	227	272	244	241	249	237	241	249	237	231	239	227
Country	25	25	25	25	25	25	25	25	25	25	25	25
Sargan Test	0.4723	0.3335	0.4000	0.4085	0.3685	0.4424	0.4144	0.3844	0.4328	0.4562	0.4509	0.4829

注：括号内的值为 t 值，***、**、* 分别表示 1%、5%、10% 的统计水平上显著。

第二节 发展融资与贷款国对外直接投资：理论与案例分析

发展融资对贷款国经济增长的促进作用主要是通过推进贷款国的"对外直接投资"实现的，不论是发展融资项目的实施，还是借款国投资环境的改善，都会产生这种促进作用。战后的"马歇尔计划"使美国对欧洲的直接投资激增，ADB 的发展融资带动了日本对东南亚的直接投资，这些案例支持了上述作用机制。

一 发展融资与贷款国对外直接投资关系的理论分析

发展融资对贷款国对外直接投资的影响可从直接和间接两个角度切入。直接影响主要体现在融资项目实施期间对贷款国对外直接投资的促进作用；间接影响主要体现在项目实施期对借款国的投资环境的改善，以及项目完成后借款国整体商业环境和自主发展能力的提高，进而促进贷款国企业对借款国的对外直接投资。

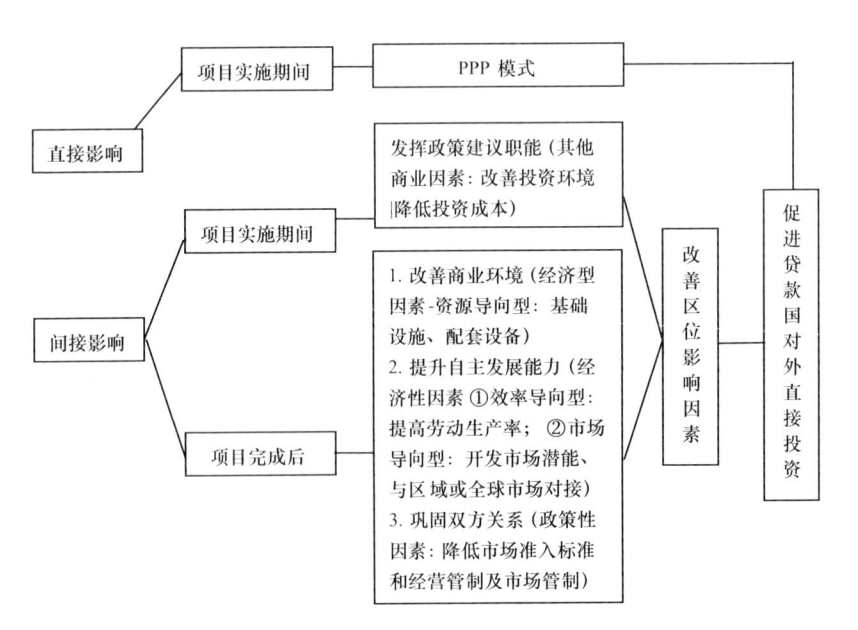

图7—4 发展融资与贷款国对外直接投资的影响机制

(一) 发展融资项目实施期间，促进贷款国对外直接投资的机制分析

1. 有利于引导私人资金介入，弥补发展融资缺口

由于大多数发展中国家（尤其是最不发达国家）的经济实力较差，许多大型项目的开展仅凭一己之力往往难以完成，此时，便需要寻求国际金融组织的帮助，为项目寻求相应的资金和技术支持。一般而言，发展融资的大部分资金主要为借款国的大型基础设施建设融资，以及为部分面临资金约束的企业提供帮助。但鉴于全球仍有众多的发展中国家，它们在基础设施建设等方面的资金需求仍十分巨大，以政府资金注入为主的国际金融组织贷款仍不足以弥补借款国的融资约束，因此需要贷款国的企业一同参与借款国的建设，进而促进贷款国对借款国的直接投资。就目前而言，推动贷款国企业共同参与借款国基础设施建设的主流模式为：公私合作模式（Public-Private-Partnership，PPP）。

PPP 模式是指政府与私人组织之间，为合作建设城市基础设施项目，或是为提供某种公共物品和服务，以特许权协议为基础，通过签署合同来明确双方的权利和义务，彼此之间形成一种伙伴式的合作关系。PPP 提供了一个新的、有别于传统政府采购模式的可行的基础设施建设模式，并使贷款国企业获得项目实施的机会得以增加。成功的 PPP 项目可最大限度地利用私营部门的资金和技术，有效扩大公共基础设施供给，提高公共服务的质量和资金使用效率，合理分担风险和责任[1]。MDB 的资金是有限的，但如果该 MDB 的主要出资国能够通过 PPP 模式吸引主权财富基金、养老金以及私营部门等社会资本与发展融资资金共同构成借款国基础设施项目的资金，共同参与借款国的项目建设，则可以有效地促进贷款国企业"走出去"，增加贷款国的对外直接投资。

2. 发挥 MDB 的政策建议职能，改善借款国投资环境

当前部分西方发展经济学家认为，MDB 应该成为知识性银行，以促进全球范围可持续的经济发展和减少贫困[2]。在西方国家主导的 MDB 中，一个普遍采用的做法是在其提供发展融资的同时附带各种政策条件，即政

---

[1] 《APEC 财长会：撬动民间资本参与投资》，《21 世纪经济报道》，http://jingji.21cbh.com/2014/10－23/3MMDA2NTFfMTMyNTM3Mg.html.

[2] World Bank, Reforming Public Institutions and Strengthening Governance. Washington, D. C: the World Bank Press, 2000.

策限制，通过发展融资这一手段，影响受款国政府采纳和实施"全球公认的良好政策"。MDB 普遍提倡向那些能很好地执行政策的发展中国家提供贷款，而对那些没有能力很好地执行政策的国家，MDB 只提供政策建议，帮助其建立良好的政策环境[①]。尽管这种附带条件性的政策有其不合理性，但它也实际提高了借款国的投资环境，因为借款国只有改善其政策环境才能从 MDB 获得项目资金，如建立具体的项目审批审查制度使其符合国际惯例，加强对劳资、童工等方面的法律法规保障等。因而，MDB 通过发挥知识性银行的作用，对借款国提供法律法规政策等方面的政策建议并帮助其完善制度体系，不仅能够改善借款国的投资环境，还能降低文化、制度差异等因素所导致的投资风险，从而降低投资成本，有效提高借款国的其他商业因素对投资国企业对外直接投资时的区位选择的影响，进而促进贷款国企业对外直接投资的意愿。

（二）发展融资项目完成后，促进贷款国对外直接投资的机制分析

1. 改善借款国商业环境

通过多边发展融资体系，加强对借款国的基础设施建设，不仅在基础设施建设期间表现出对外国直接投资流入的巨大需求，促进贷款国对借款国的直接投资，更为重要的是，还能改善借款国的商业环境。当借款国的基础设施建成后，借款国将具备基本的生产能力和贸易环境，整体商业环境得到改善，资源和效率导向型的贷款国企业更有动力赴借款国投资，以利用其较好的基础设施和配套设备，以及相对较低的劳动力成本。MDB 其实就是通过发展融资改善借款国的吸引外资区位因素中的经济性因素的条件，从而达到鼓励贷款国"走出去"的目的，增加对借款国的直接投资。

2. 增强借款国自主发展的能力

总体上，MDB 的宗旨是帮助发展中国家脱离贫困，并实现自主发展。MDB 的资金主要流向经济和社会领域。流向社会领域的 MDB 资金主要是投资于教育、健康等领域，通过对该领域的投资有助于提升借款国的基本素质，进而促进劳动生产率的提高。在区位因素选择中，劳动生产率的提高则有助于吸引效率导向型的贷款国企业对其投资。流向经济领域的发展

---

① 许高峰、林强：《与多边开发银行和发展融资有关的几个问题及其思考》，《西北农林科技大学学报》2004 年第 5 期。

融资资金则主要是帮助借款国建立基础设施，改善其商业环境，并增加当地就业，促进借款国经济的发展。而借款国的经济发展，一方面，有助于提高借款国居民的生活水平和消费能力，进而增加对贷款国商品的需求，市场导向型的贷款国企业出于成本、发展战略等因素考虑，会相应考虑在借款国设立子公司，并在当地生产经营，从而增加对借款国的直接投资。另一方面，随着借款国经济的发展，借款国的对外贸易也会一同发展，进而加强了与贷款国的经贸合作，良好的经贸合作有利于贷款国企业熟悉借款国当地的投资环境，减少由于信息不对称所带来的经营风险、操作风险和道德风险，从而提高贷款国企业对借款国的投资意愿与投资能力；此外，良好的经贸合作还有利于借款国与区域市场和全球市场的对接，改善区位因素选择中的经济性因素的条件，进而促进贷款国企业对其的直接投资。

3. 巩固借款国与贷款国关系

多边发展融资使得主要借款国与贷款国之间形成良好的合作方式。一方面，多边发展融资可以为双方的合作积累经验，增加对借款国当地文化、制度、商业环境的了解，为今后双方的合作提供借鉴经验；另一方面，借款国通过 MDB 获得发展资金，借款国居民也增加对贷款国企业的熟悉与了解，借款国企业同样会出于信息对称、风险较低以及长期合作所形成的良好关系等因素提高对贷款国企业的接纳意愿，从而放宽市场准入和经营及市场管制等政策限制，改善区位因素选择中的政策性因素的条件，有助于贷款国对借款国对外直接投资的开展。

二 发展融资与贷款国对外直接投资关系的案例分析

（一）马歇尔计划与美国战后对欧洲的直接投资

1. 马歇尔计划出台的背景

1947 年马歇尔计划的出台是有其特定的历史条件的。二战使美国与欧洲经历了截然不同的结果，美国在战争中大发横财，经济与政治实力迅速提升；而欧洲经济则濒临崩溃。1941—1945 年，美国根据"租借法案"向盟国提供了价值 500 多亿美元的货物和劳务，黄金储备迅速增加到 200.8 亿美元，约占世界黄金总储备的 59%，美元的国际地位因此而空前稳固。1937—1948 年，美国经济在资本主义经济中比重迅速增加，工业生产总值由 42%（为英、德、法、日四国总和的 1.3 倍）上升到 53.4%

(四国总和的 2.7 倍), 出口贸易额由 14.2% 上升到 32.4%, 黄金储备量由 50.5% 上升到 74.5%。然而, 战后的欧洲经济则处于崩溃边缘, 欧洲的粮食等物资极度匮乏, 支持生产的基础设施也几乎被毁坏, 遭遇"美元荒"的欧洲货币的支付能力无法满足进口需求。失业率持续走高, 食品短缺导致罢工不断, 社会秩序日趋动荡, 这使欧洲经济到 1947 年仍然徘徊在战前水平以下。其中, 农业生产是 1938 年的 83%, 工业生产为 88%, 出口总额则仅为 59%。[1] 战后欧美经济的极度反差, 为马歇尔计划提供了历史条件。

马歇尔计划的出台更多是美国出于自身战略利益的考虑。经济上, 美国希望通过资本、技术和设备的输出, 将欧洲纳入美国的全球经济体系, 从而控制和开拓战后欧洲市场。二战使美国工业产能和供给能力迅速提升, 但欧洲生产萎缩的同时需求也急剧下降, 这就形成了供需极度不匹配的局面, 因此, 美国需要对欧洲各国进行援助以消化国内的庞大产能。政治上, 马歇尔计划希望通过援助西欧, 使其经济恢复, 并成为抗衡以苏联为首的社会主义阵营的重要力量。马歇尔计划的倡导者之一乔治·凯南曾指出, 战后世界将呈现两极格局, 对苏联必须实施遏制。1946 年, 英国首相丘吉尔在美国发表"铁幕演讲", 美国总统杜鲁门予以首肯, 开始着手制定遏制计划的具体内容, 即向非社会主义阵营国家提供援助, 以遏制苏联的影响及扩张[2]。基于经济和政治考虑, 并结合当时的历史条件, 美国于 1947 年正式启动欧洲复兴计划, 即"马歇尔计划"。

2. 马歇尔计划的实施

由于欧洲国家在二战中几乎耗尽所有的外汇储备, 而马歇尔计划的援助几乎是其进口商品的唯一外汇来源, 因此欧洲人将该大部分援助用于输入美国商品。在计划实行的第一阶段 (1947 年—1949 年), 欧洲国家将援助资金主要用于进口生活必需品, 例如食品和燃料, 以稳定社会政治和经济秩序; 在第二阶段 (1949 年至 1950 年), 欧洲国家重点采购工业原料和制品, 用于战后工农业体系的重建; 第三阶段 (1950 年 6 月至 1951 年底), 在美国国会以及朝鲜战争爆发的双重压力下, "马歇尔计划"的

---

[1] 亚太财经与发展中心:《简析"马歇尔计划"对欧洲战后的重建作用》, http://afdc.mof.gov.cn/pdlb/yjcg/201111/t20111114_607326.html.

[2] 同上。

大量资金开始用于重建欧洲各国军备,这也为北大西洋公约组织的建立奠定了物质基础。

同时,为了监督"马歇尔计划"的执行进程,美国与欧洲国家共同成立了经济合作总署和欧洲复兴基金,指导重建计划。经济合作总署提出的"技术援助计划"使得欧洲得以学习美国的先进技术和经验。经济合作总署还规定,欧洲复兴基金中60%的款项要应用于制造业投资,贷款企业需按期偿还贷款,保持基金的资金充沛以再次贷款[①]。

1951年底,美国宣布提前结束马歇尔计划,代之以《共同安全计划》。在整个马歇尔计划中,美国对欧洲共拨款131.5亿美元,其中赠款占88%,其余为贷款。英、法、意、西德四国获得全部援助的近60%。

3. 马歇尔计划对美国对对外直接投资的影响

从短期来看,马歇尔计划的实施对美国的经济和对外直接投资均产生了重要的、直接的影响。伊曼纽尔·韦克斯勒认为马歇尔计划实质上是一个经济计划。

首先,美国战后的巨额贸易顺差以及由此导致其他国家的购买力和清偿力不足可能会导致美国经济衰退,而马歇尔计划正是要通过增强西欧的出口能力使之获得美元从而增加从美国进口商品的能力。

其次,推动美国经济迅速发展的一个重要力量是战后壮大和新出现的跨国公司,马歇尔计划为这些跨国公司提供了对外投资的大好机会。二战后,西欧各国为获得美国援助放松了对美国企业进入欧洲市场的经营管制和市场管制,因此,美国的大公司利用这一大好机会,在欧洲开始了大规模的跨国投资活动。到1965年,美国的跨国公司达3300家,控制大约23000个海外分支机构和全球对外投资的60%[②]。大型跨国公司的发展标志着美国经济势力的对外扩张,进一步加强了美国对世界经济的影响。

此外,从长期来看,马歇尔计划不仅为美国的对外直接投资提供契机,还为其处于产业链上端提供了机遇。马歇尔计划使西欧各国增加了对美国经济的依赖,而这反过来又进一步为美国公司在西欧的经营投资提供更加良好的合作基础与便捷性,为美国的对外直接投资扫清障碍。罗伯

---

① 亚太财经与发展中心:《简析"马歇尔计划"对欧洲战后的重建作用》,http://afdc.mof.gov.cn/pdlb/yjcg/201111/t20111114_607326.html.

② 刘陵、高沂:《国际关系史简编——半个世纪世界风云》,世界知识出版社1986年版。

特·伍德认为马歇尔计划及其后的一系列援助措施,部分减轻了国外对美国产品出口的限制,放松了市场准入和经营管制的要求,使美国巨大的生产潜力得以发挥①。同时,马歇尔计划期间大量美国跨国公司的建立也为美国对外直接投资的后续发展奠定了坚实的基础。在西欧的跨国公司,为美国建立全球性的生产网络提供基础,同时,其起步早和先进的技术,使美国在全球生产网络中占据了优势地位,从而主导全球生产体系。

(二) ADB 与日本对东南亚的 FDI

1. ADB 成立的背景及其运作

ADB 的成立尽管经历了曲折的过程,但仍在国内外需求的推动下顺利建立。1955 年,日本在印度西姆拉会议上就如何利用美国总统基金问题提出设立三种地区开发组织的设想,并在 1957 年访问东南亚时宣布日本将赞助旨在促进东南亚经济合作的地区开发基金。然而由于各种阻碍因素,这些设想都未能实现②。进入 60 年代,在国内外需求的推动下,日本终于顺利成立 ADB。首先,建立区域性 MDB 存在客观市场需求。据 60 年代初估算,亚太地区要实现其发展目标,每年需要 30 亿美元外援资金,除每年流入的 20 亿美元外,尚有 10 亿美元的资金缺口③。同时,WB 常忽视亚洲地区的利益,并且在亚洲地区的贷款分配极度不平衡:WB 贷款仅有 1/3 流向亚洲地区;其中,65% 的硬贷款和 95% 的软贷款都流向了印度和巴基斯坦④。鉴于此,亚洲大部分国家十分渴望建立区域性 MDB,这成为推动 ADB 成立的重要外部条件。其次,日本需要借助新建 MDB 满足自身的经济政治利益。60 年代的日本已成为技术资本密集型的经济大国,然而,由于有限的国内资源和市场空间,它十分依赖海外资源及出口市场。因此,日本需要使消化国内过剩产能的海外市场"内化",转移国内劳动密集型产业,同时与海外建立起长期友好合作关系,巩固其资源进口的需要。出于地缘政治经济的考虑,亚洲地区尤其是东南亚国家自然是

---

① Robert Wood, *From Marshall Plan to Debt Crisis: Foreign Aid and Development Choices in the World Economy*, Berkeley: University of California Press, 1986.
② 刘兴宏:《亚洲开发银行成立的核心动力因素分析》,《国际论坛》2010 年第 5 期。
③ 中国人民银行国际司:《亚洲开发银行的创立和发展》,中国金融出版社 1997 年版,第 1、2 页。
④ Dick Wilson, A Bank for Half the World: the Story of the Asian Development Bank (1966 – 1986), Manila: the Asian Development Bank, 1986, p. 6.

日本首选的合作伙伴。由于受二战影响，大部分亚洲国家对日本持排斥态度，因此，日本巧妙地利用"对外援助"的方式，通过区域性 MDB 满足亚洲国家的需求，从而顺利地推动了 ADB 的建立。

ADB 的宗旨是通过发展援助帮助亚太地区发展中成员消除贫困，促进亚太地区的经济和社会发展。其战略目标是通过提供贷款和股本投资，促进发展中成员的经济增长和社会进步；通过提供技术援助、开展贷款政策性对话，加强发展中成员决策机构的能力，促进经济向市场化转轨，改善投资环境；增加联合融资，促进私有资本向发展中成员流入。ADB 的资金主要来自：普通资金、亚洲开发基金、技术援助特别基金、日本特别基金、联合融资、日本扶贫基金等。其职能主要是通过开展政策对话、提供贷款、担保、技术援助和赠款等方式，将资金投入基础设施、能源、环保、教育和卫生等领域，并促进发展中成员国金融体系、银行体制和资本市场的管理、改革和开放。

2. ADB 与日本对东南亚的 FDI 的关系

加强借款国的基础设施建设，促进日本企业对外直接投资是日本对外援助的一大特色。日本的这种特色做法始于战后赔偿援助。日本政府通过向民间企业支付相当于赔偿额的日元，再由民间企业向赔偿接受国提供商品和劳务的方式对受侵略国进行战争赔偿，这种援助的做法将赔偿转化为投资，不仅有利于日本企业向东南亚国家出口商品（尤其是成套设备），而且在很大程度上带动了企业对该地区的直接投资[1]。如：作为战争赔偿，日本建设了缅甸水库，这不仅增加了日本设备的出口，也顺利借助援助增加了日本对缅甸的直接投资[2]。同时，1966 年日本召开的东南亚经济开发部长级会议也加大了日本在东南亚经济开发的主导权。1966 年，ADB 成立，日本以出资 2 亿美元与美国比肩成为最大的出资国。此后，日本对亚洲的经济援助额直线上升，1968 年与 1963 年相比增加了161.9%，而同期美国却减少了 2.1%，援助总量仅次于美国居第二位[3]。ADB 的成立确立了日本在亚洲（尤其是东南亚）经济援助的中心地位，也为日本私人资本以及对外直接投资寻找出更为宽广的出路。

---

[1] 朱凤岚：《对外经济援助在战后日本国家发展中的地位》，《世界历史》2003 年第 4 期。
[2] 久保田丰等：《构筑亚洲开发的基础》，亚洲经济研究所 1970 年版，第 21 页。
[3] 通产省贸易振兴局编：《经济协力的现状与问题点》，通产省产业调查会 1969 年版，第 90 页。

据图7—5，在2000年以前，亚洲一直是日本对外援助的核心区域，也是日本对外直接投资的核心区域。从图7—5可看出，1968年至2002年期间，日本对所有其借款国的直接投资和日本流向亚洲的私人资本的走势与日本对ADB的捐款基本一致，说明了ADB的运营为日本私人资本的利用开辟了新路径，促进了日本对受援地的直接投资。ADB的做法其实是对日本特色援助方式的延续，其主要的投资领域还是基础设施，通过开发银行的项目，带动私人资本和技术对需要资金的受援地进行基础设施建设，改善受援地的生产投资环境，提高受援地经济性区位因素对外资的吸引力，进而促进日本企业对其的直接投资；同时，通过提供技术援助、开展贷款政策性对话，加强发展中成员决策机构的能力，改善当地的商业投资环境，促进经济向市场化转轨，因此也为后续更多的市场寻求型的日资企业的对外直接投资提供便利。东南亚作为日本外援的核心及战略区域，ADB的成立自然也进一步促进了日本在该地的直接投资。在2000年之后，日本对ADB的捐款呈下降趋势，主要是因为日本近年来逐步增加对非洲地区的援助，对亚洲的援助比重有所下降，但总体而言，亚洲仍然是日本援助的重心。尽管日本对ADB的援助力度有所下降，但日本流向亚洲的私人资本仍然呈现上升态势，主要是因为日本在亚洲的地位已在亚洲建立了良好合作关系，地位相对稳固。截至2011年底，进驻印尼的日本企业高达614家，进驻菲律宾的日本企业也有343家。日本在东南亚地区经济基础设施领域的援助金额，高达总援助额的60.9%，远高于DAC的平均水平（35.5%）。例如，为了连接印尼、菲律宾等国家的海上走廊，日本援建了苏比克湾（菲律宾）、新山（马来西亚）等港口建设；为了提升对基础设施的管理能力，日本每年均派遣众多志愿者进行技术援助[①]。

由于ADB一直是由日本主导，其资金来源于日本ODA，因此，其资金使用原则自然不会与日本ODA背道而驰，反过来说，日本ODA的使用情况也能从侧面反映ADB与日本对东南亚直接投资的关系。从表7—6可看出日本对主要东盟国家基础设施的贡献，以铁路建设为例，日本对菲律宾、印尼、泰国的铁路建设的贡献中分别达到了51.15%、36.41%、22.05%的比重，可见，日本对东南亚基础设施投资之巨大。体现日本投

---

① 张博文：《日本对东南亚国家的援助：分析与评价》，《国际经济合作》2014年第4期。

资意向的 ADB 自然也会将资金侧重于东南亚的基础设施建设，进而带动日本对东南亚的直接投资。

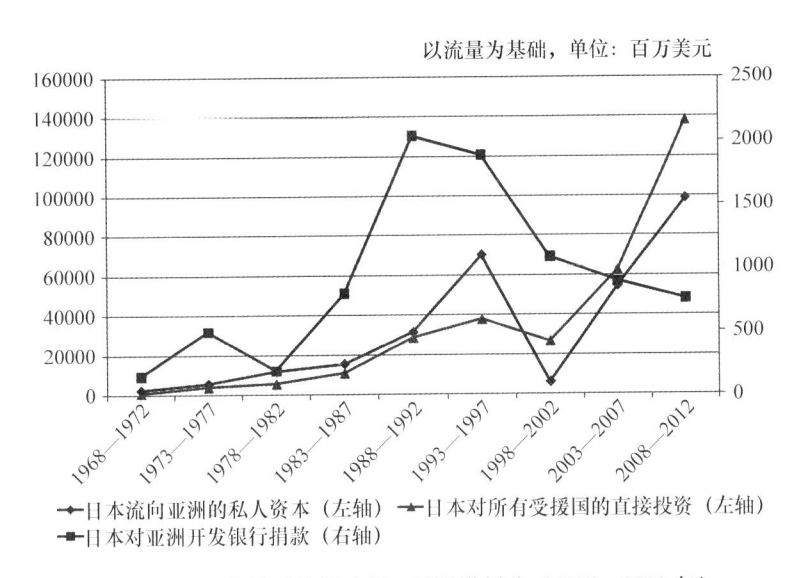

图 7—5　日本的对外援助额：以渠道划分（1968—2012 年）

资料来源：OECD Extract.

表 7—6　日本 ODA 对相关东盟国家基础设施建设的贡献

部门	国家 1	国家 2	国家 3
机场（乘客/天）	越南 84.76%	泰国 75.78%	马来西亚 61.72%
铁路（千米）	菲律宾 51.15%	印度尼西亚 36.41%	泰国 22.05%
港口 集装箱货物（标准箱/天）	柬埔寨 72.84%	印度尼西亚 48.29%	泰国 21.61%
港口 货物操作量（吨/天）	印度尼西亚 40.32%	柬埔寨 39.28%	越南 37.32%
火力发电 （千兆瓦时/年）	越南 36.48%	缅甸 11.69%	印度尼西亚 10.97%
水力发电 （千兆瓦时/年）	印度尼西亚 61.54%	马来西亚 52.89%	缅甸 44.54%

资料来源：《日本官方发展援助白皮书 2013》，由日本国际协力机构（JICA）根据相关国家统计数据、日元赠予及贷款项目的评估报告，以及世界银行发展指标（WDI）信息编辑而成。

第三节 中国参与国际发展融资体系的效应分析

中国参与国际发展融资体系将促进借款国（东道国）和贷款国的经济增长。一方面，中国通过为国际发展融资体系注入资金资源，促进全球（尤其是亚洲地区）的基础设施建设，从而推进借款国（东道国）经济一体化进程和经济增长；另一方面，为发展融资项目供资可带动中国企业的对外直接投资活动，提升对外投资的质量和效益，深化周边经济合作，从而推进中国（贷款国）的经济增长。

一 中国参与国际发展融资体系促进全球（尤其是亚洲）的经济增长

中国作为重要的新兴经济体，参与国际发展融资体系对全球（尤其是亚洲）具有重要的积极意义，主要体现在促进全球基础设施的互联互通建设，加速区域经济一体化进程，以及促进借款国经济发展等三个方面。

（一）促进全球（尤其是亚洲）基础设施的互联互通建设

由于全球（尤其是亚洲）庞大的基础设施的需求，以及中国愈发强大的经济实力支撑，中国参与国际发展融资体系的空间极为广泛。普华永道基础设施及大型项目投融资服务亚太区主管合伙人马克·罗思邦表示：亚太地区的基础设施市场在 2025 年或接近 5.3 万亿美元[1]。中国参与全球发展融资能为全球（尤其是亚洲）的经济社会发展提供高效而可靠的中长期金融支持，尤其是在基础设施领域，AIIB 和 NDB 都明确表示其资金主要投放于基础设施建设，以促进金砖国家以及亚洲域内外的互联互通建设。普华永道的报告预计，未来 10 年间，全球范围内对基础设施的投资累计增长总额有望达到 8 万亿美元。其中，亚太地区的增速最为强劲，该地区的基础设施市场或在未来 10 年间实现平均 7% 至 8% 的增幅，投资规模在 2025 年年末或接近 5.3 万亿美元[2]。因此，中国积极组建新的 MDB

---

[1]《普华永道：未来亚太基础设施市场年均增长 7% 至 8%》，新华网，http://news.xinhuanet.com/fortune/2015-02/22/c_1114416775.htm.

[2] 同上。

将作为投融资平台,通过"杠杆作用"扮演亚洲基础设施建设和互联互通的助推器和催化剂的角色。

(二) 加速互联互通建设,促进区域经济一体化进程

长期以来,区域经济一体化是一个重要的发展趋势。近年来,中国逐步加速与周边国家和地区的合作,签订各种自由贸易协定,推进区域经济一体化进程。区域经济一体化需要以基础设施的互联互通建设为载体,而亚洲的基础设施建设却滞后于其经济的发展,无论在质还是量上均低于国际标准,这已经对亚洲经济发展造成了相当严重的制约[①]。一方面,开发规划良好、高质量和可持续的基础设施项目不仅有助于推动经济增长、提高生产率、促进就业,还可以通过基础设施的互联互通促进商品、服务和人员的跨境自由流动,进而促进区域经济一体化的发展[②]。另一方面,基础设施建成后,借款国的投资环境将得到有效改善,有利于促进国外企业对借款国的直接投资,以及促进借款国与其他国家的多边贸易,进而加速区域经济一体化发展。中国通过参与发展融资体系为亚洲乃至全球的基础设施建设提供金融支持,推进亚洲域内外的互联互通建设,将加速中国参与区域经济一体化进程。

(三) 通过发展融资,促进借款国经济发展

中国参与发展融资体系还将促进借款国的经济发展。首先,基础设施项目建设期间,通过发展融资为借款国的基础设施项目提供资金支持,将带动借款国的就业,促进借款国经济增长。其次,基础设施项目建成后,发展融资还能提高借款国的劳动生产率,改善借款国的投资环境,加速对借款国直接投资,以及与借款国的双边贸易,推进借款国的区域经济一体化进程,进而实现促进借款国经济增长的作用。再者,对外直接投资的过程将伴随着产业转移,倘若借款国能通过发展融资项目顺利承接中国劳动密集型产业的转移,将为其带来大量的就业岗位,进而实现促进经济的发展。最后,中国通过参与发展融资体系投资借款国的软件和硬件等基础设施,以及为借款国带来新的技术和知识积累,加速借款国的技术创新,建立完善的制度体系,将有效改变借款国的初始禀赋,催化借款国的产业结

---

① 张茱楠:《亚投行基建投融资新机制将大有可为》,凤凰财经,http://finance.ifeng.com/a/20141209/13338930_0.shtml。

② 同上。

构转型，有利于促进借款国的经济发展。

二 中国参与国际发展融资体系促进中国企业对外直接投资

"一带一路"（One Belt and One Road）是借助中国与有关国家既有的、行之有效的区域合作平台，主动地发展与沿线国家的经济合作伙伴关系，共同打造政治互信、经济融合、文化包容的利益共同体、命运共同体和责任共同体的合作发展理念和倡议。"一带一路"战略的实施需要以基础设施建设为牵引，从产能合作抓手，以金融合作为支撑。AIIB 和 NDB 的设立既能为"一带一路"战略的实施提供金融支撑，又能牵引"一带一路"的投资方向并为"一带一路"中的产能合作提供便利。

（一）消化国内过剩产能和外汇资产

长期以来，随着中国"出口导向型"经济的不断发展，中国逐渐积累了大量的外汇储备并存在过剩的产能；与此同时，内需仍显不足导致了"高储蓄"的局面，这种经济增长结构难以为继。2008 年全球金融危机后，包含亚洲在内的世界经济正面临着经济结构调整与经济增长方式转变的重大挑战。2014 年发布的《APEC 经济分析报告》称，出口一直是 APEC 经济体的增长引擎，但自 2011 年底以来，出口增长持续低迷，因此，亚洲国家必须寻求结构转型以及新的增长动力。基础设施建设能够促进互联互通和区域经济一体化，从而成为推进经济持续增长的新引擎[1]。充足的外汇储备可为中国参与发展融资体系提供资金保障，同时，参与发展融资体系也是我国合理利用外汇储备的一大重要渠道。发展融资能够将外汇储备运用于实体经济，符合多元化、分散化的资产投资战略；更为重要的是，AIIB 和 NDB 在运作时引入私人资本共同参与基础设施建设，能够有效地带动我国企业的对外直接投资，消化国内的过剩产能。以中国高铁为例，由于"一带一路"沿线的大部分发展中国家缺乏充足资金和技术参与庞大的高铁设施建设，因此，需要寻求 MDB 和各大基金的支持，此时，AIIB 和 NDB 便可为其提供融资便利，但由于多边发展体系的资金仍然是有限的，AIIB 和 NDB 会通过 PPP 等方式引入中国国内的私人资本和高铁技术，共同参与互联互通的高铁建设，在促进我国企业对外直接投

---

[1] 张茉楠：《亚投行基建投融资新机制将大有可为》，凤凰财经，http://finance.ifeng.com/a/20141209/13338930_0.shtml.

资的同时，还能为我国的"高储蓄"、高外汇储备以及过剩的产能寻求出路。

（二）深化周边合作

中国参与发展融资体系能够为"一带一路"战略的实施提供金融支撑。按照《亚太自贸区互联互通蓝图》的规划，2025年亚太地区将实现"无缝联通"的目标。在硬件互联互通方面，采用公私合作伙伴关系（PPP）和其他方式提高基础设施融资额度，发展建设包括交通、信息通信技术和能源在内的基础设施。在制度互联互通方面，应对贸易便利化、结构性和监管改革、交通物流便利化问题。2020年实现各经济体通商成本节约25%，通商效率和便利度提高25%的目标[①]。从《蓝图》的目标中清晰地看到，未来的亚太地区在互联互通的硬件和制度方面都将实现跨越式的发展，因此，"一带一路"沿线的国家和地区的生产、投资、商业环境都将得到较大的改善，使得该地区更加符合FDI的区位选择标准。同时，在对"一带一路"沿线国家进行大规模基础设施投资建设时，必然会雇佣当地的员工，扩大当地就业，带动当地配套产业的发展，促进当地经济发展进而提高收入水平，此外，还有助于提高其对外贸易能力。整体商业环境和对外贸易能力的提高，必将为其今后与中方的进一步合作提供契机，进而促进中国与周边国家的多边贸易和投资。以产业转移为例，"一带一路"沿线大部分发展中国家的生产能力较弱，通过发展融资对其基础设施进行投资建设，可改善其生产环境，在加强制度互联互通的前提下，贸易的便利性也会得到极大的提高。而中国也正加紧产业结构升级的步伐，推动国内劳动密集型产业向国外转移以利用相关国家相对低廉的劳动力成本。而那些拥有基本生产能力的"一带一路"沿线国家便可承接中国的产业转移，并利用互联互通的优势发展出口贸易。中国在该过程中，既实现了对外直接投资，也转移了不具备比较优势的产业。

（三）推动资源寻求型的投资战略

中国对油气资源、矿产资源的依存度较高，而"一带一路"沿线国家拥有丰富的自然资源，中国参与发展融资体系为周边国家提供资金支持可增强双方的经贸合作，减少周边国家对中国企业进入资源型性行业投资

---

① 《亚太自贸区互联互通蓝图或十年后实现》，《澳门商报》，http://www.maccpnews.com/NewInfo.aspx?id=14756&typeid=37.

的敏感性，放松市场管制和经营管制等政策限制，进而可促进以"资源寻求型"为动机的中国企业的对外直接投资。例如，中国龙岩的紫金矿业集团在海外12个国家拥有资源项目，主要项目分布在古丝绸之路的塔吉克斯坦、吉尔吉斯斯坦、俄罗斯图瓦，海上丝绸之路的南非、刚果（金）、澳大利亚、巴布亚新几内亚、秘鲁等国家，海外投资累计134.5亿元人民币（数据截至2015年5月）。2015年5月，紫金矿业借助"一带一路"战略，与全球最大的黄金公司巴里克黄金和艾芬豪矿业公司合作，共同开发矿产资源。

（四）提升我国对外直接投资的质量和效益

中国的海外投资普遍存在一个严重的问题，即缺乏系统性，既没有全球性的生产体系，也没有完整的产业链；从国际化程度来看，中国海外资产、人员和销售指标都远低于发达国家甚至其他新兴经济体[1]。在当前的国际政治经济体系中，对外援助、海外直接投资和政治经济合作已经相互交织，相互渗透，相互影响。"马歇尔计划"的着眼点正是以金融救助和经济扶持的方式，输出安全、金融、贸易规划等"全球性公共产品"，从而塑造符合美国战略利益的全球治理框架，建立并巩固主导全球的地位[2]。因此，由中国主导的MDB可剖析"马歇尔计划"高层次的战略性思维、系统性的制度安排和严谨精细化的执行方式，通过金融和经济扶持的形式输出国内的金融和公共产品，消化国内过剩产能，并借此机会建立区域性的生产网络和产业链，提高战略导向型的对外直接投资的比重，从而提升我国对外直接投资的成效，建立符合我国长远利益的全球贸易及经济合作体系。

小　　结

发展融资对借款国（东道国）和贷款国的经济增长都具有正向作用，但二者的作用机制完全不同。发展融资主要通过改善借款国（东道国）的投资环境促进其经济和就业的增长，实证分析证实了这种正向关系。发

---

[1] 亚太财经与发展中心：《简析"马歇尔计划"对欧洲战后的重建作用》，http://afdc.mof.gov.cn/pdlb/yjcg/201111/t20111114_607326.html.

[2] 同上。

展融资主要通过推进对外直接投资促进贷款国的经济增长,这主要通过发展融资项目的实施和借款国投资环境、自主发展能力的改善来实现。战后的"马歇尔计划"使美国对欧洲的直接投资激增,ADB 的发展融资带动了日本对东南亚的直接投资,这些案例都支持了上述机制。

中国参与国际发展融资体系同样将促进借款国(东道国)和贷款国的经济增长。一方面,中国通过为国际发展融资体系注入资金资源,促进全球(尤其是亚洲地区)的基础设施建设和互联互通,从而推进借款国(东道国)经济一体化进程和经济增长;另一方面,为发展融资项目供资可带动中国企业的对外直接投资活动(特别是资源寻求性的投资活动),提升对外投资的质量和效益,消化国内过剩产能和外汇资产,同时,深化周边经济合作,从而推进中国(贷款国)的经济增长。

主要缩略语索引

英文缩写	英文全称	中文含义
ADB	the Asian Development Bank	亚洲开发银行
ADF	the Asian Development Fund	亚洲开发基金
AfDB	the African Development Bank	非洲开发银行
AfDBG	the African Development Bank Group	非洲开发银行集团
AfDF	the African Development Fund	非洲开发基金
AIIB	the Asian Infrastructure Investment Bank	亚洲基础设施投资银行
CAF	the Andean Development Bank	安第斯开发银行
COMPAS	the Common Performance Assessment System	通用业绩评估体系
DAC	the Development Assistance Committee	发展援助协会
EBRD	the European Bank for Reconstruction and Development	欧洲复兴开发银行
EIB	the European Investment Bank	欧洲投资银行
EU	the European Union	欧盟
FSO	Fund for Special Operations	特殊运行基金
GIF	the Global Infrastructure Facility	全球基础设施基金
GPS	the Good Practice Standards	最佳实践标准
IBRD	the International Bank for Reconstruction and Development	国际复兴开发银行
ICSID	the International Centre for Settlement of Investment Disputes	解决投资争端国际中心
IDA	the International Development Association	国际开发协会
IDB	the Inter-American Development Bank	泛美开发银行
IMF	the International Monetary Fund	国际货币基金组织
IFC	the International Finance Corporation	国际金融公司
IsDB	the Islamic Development Bank	伊斯兰开发银行
JSF	the Japan Special Fund	日本特别基金
MDB	the Multilateral Development Banks	多边开发银行

续表

英文缩写	英文全称	中文含义
MIGA	the Multilateral Investment Guarantee Agency	多边投资担保机构
MSMEs	Micro, Small and Medium-sized Enterprises	中小型企业
NDB	the New Development Bank	新开发银行
NSGL	the Non-Sovereign Guaranteed Loans	非主权担保贷款
NTF	the Nigeria Trust Fund	尼日利亚基金
OCR	the Ordinary Capital Resources	普通资金
ODA	the Official Development Assistance	官方发展援助
OECD	the Organization for Economic Co-operation and Development	经济合作与发展组织
ROE	Return on Equity	股权（净资产）收益率
ROA	Return on total Asset	总资产收益率
SGL	the Sovereign Guaranteed Loans	主权担保贷款
TASF	the Technical Assistance Special Fund	技术援助特别基金
WB	the World Bank	世界银行
WBG	the World Bank Group	世界银行集团

后　　记

随着中国的外交战略逐渐从"韬光养晦"转向"有所作为",在现有国际发展融资体系(包括机构和规则)改革不力的情况下,中国主导建立了亚洲基础设施投资银行(AIIB)和新开发银行(NDB)等新的发展融资机构,一方面致力于为发展中国家提供更多的发展融资资金,另一方面旨在增强中国等发展中国家在国际发展融资领域的地位和发言权。中国主导的新发展融资机构得到了包括西方发达国家在内的国际社会的积极响应和广泛支持,这是中国经济崛起的必然结果。

当前,亚洲基础设施投资银行等新发展融资机构如何更快更好地融入现有国际发展融资体系,关系到中国国际经济战略布局。现有发展融资机构,主要是多边开发银行(MDB),在长期实践中积累的经验和教训对新机构而言是一笔宝贵的财富;新机构须对它们进行吸收、精简与修正,以提高效率并更适于发展中国家的历史与现实情况。同时,新机构还须与现有机构进行多方面的协调与合作。唯其如此,更加和谐有效的国际发展融资体系才能得以构建。

本书是在我的博导——厦门大学经济学院黄梅波教授的悉心指导和大力支持下完成的,她负责设计全书的基本框架、逻辑体系、篇章安排并组织资料搜集、稿件的修改与统稿等工作。2010年6月我从厦门大学获得经济学博士学位,到厦门理工学院经济与管理学院任教至今,黄梅波教授仍时常在学术上对我进行指点和激励。导师的无私帮助使我受益终身,我的感激之情无以言表!

厦门大学经济学院世界经济学科的吕少飒、李星、唐露萍、黄飞翔、卢冬艳、张毅、郭玉伟、郑慧娟和陈冰林都参与了前期数据搜集和整理工作。我负责第一章至第六章的撰写以及全书的统稿工作。厦门大学经济学院世界经济学科的洪燕秋撰写了第七章。

本书获得厦门理工学院"学术专著出版基金"的资助。

本书尚未深入探讨的相关内容（例如 AIIB 和 NDB 的贷款条件及融资效果等）将作为今后进一步研究的方向。因作者的学识和能力有限，书中难免存在缺陷和疏漏。作者非常欢迎学术界同仁对本书提出批评和建议。

陈燕鸿

2017 年 2 月